# 対人支援職者の専門性と学びの空間
―― 看護・福祉・教育職の実践コミュニティ ――

高橋 満・槇石 多希子 編著

創風社

# 目　次

## 序　章　対人支援職者の力量形成 …………………………………11
　第1節　本書の課題――「支援」と「学び」の時代に ……………11
　第2節　〈労働の場の学習〉と専門性形成 ……………………………12
　第3節　本書の構成 ………………………………………………………18

## 第Ⅰ部　対人支援の理論的検討

### 第1章　支援の原理としてのケアの哲学 …………………………27
　はじめに …………………………………………………………………27
　第1節　支援――ケアの構造論 ………………………………………29
　第2節　ケアの存在論 …………………………………………………32
　第3節　ケアの行為論 …………………………………………………35
　第4節　ケアの人間形成論 ……………………………………………38
　おわりに …………………………………………………………………41

### 第2章　対人支援が「成人教育」になるとき ……………………45
　はじめに …………………………………………………………………45
　第1節　ケアとは何か …………………………………………………47
　第2節　ケアとはどのような成人教育なのか ………………………50
　第3節　「成人教育」としてのケアの陥穽 ……………………………52
　第4節　対人支援職の力量形成をめぐる課題 ………………………53

## 第Ⅱ部　学びの空間のリアリティ
## ［看護・福祉職の実践コミュニティ］

### 第3章　看護の力をいかに高めるのか
　　　　　――労働の場における学びの方法と構造―― ………………61
　はじめに――研究の課題と視角 ………………………………………61

第1節　学び方を学ぶ——形式知から実践知・知の創造へ………………62
　第2節　職務に埋め込まれた教育の仕組み…………………………………65
　第3節　〈看護の力〉の意味……………………………………………………69
　第4節　看護実践における信念と感情………………………………………76
　おわりに——看護師の力量形成……………………………………………82

第4章　支援ネットワークをつくる保健師の力量………………………………89
　はじめに——研究の課題………………………………………………………89
　第1節　地域保健活動と保健師のライフコース……………………………90
　第2節　精神障害者支援のネットワーク……………………………………106
　第3節　利用者のライフコース………………………………………………113
　第4節　病みつつ地域で暮らす………………………………………………122
　おわりに…………………………………………………………………………136

第5章　多様な実践コミュニティへの参加とソーシャルワーカーの
　　　　専門職性……………………………………………………………………139
　はじめに…………………………………………………………………………139
　第1節　調査の対象と方法……………………………………………………141
　第2節　結果と考察……………………………………………………………143
　おわりに…………………………………………………………………………154

[子ども・若者支援職の実践コミュニティ]

第6章　保育者の自己形成と実践コミュニティの変容プロセス………………161
　はじめに——研究の課題と目的……………………………………………161
　第1節　研究方法………………………………………………………………163
　第2節　結果と考察……………………………………………………………167
　第3節　総合考察………………………………………………………………175
　おわりに…………………………………………………………………………177

## 第7章　学童保育・児童館における支援者の専門性と力量形成……179
　はじめに……179
　第1節　支援者の専門性と力量形成を分析する視座……180
　第2節　職員の働き方——職員の価値・姿勢……183
　第3節　職員に求められる力量……188
　第4節　職員の力量形成のプロセス……193
　おわりに……200

## 第8章　岐路に立つ青少年施設と職員の力量形成……203
　はじめに……203
　第1節　青少年施設における職員の労働……204
　第2節　青少年施設の存立関係……210
　第3節　力量形成の土台を再構築する……215
　おわりに——力量形成を支える組織マネジメント……220

[社会教育職の実践コミュニティ]

## 第9章　図書館司書の専門性と実践コミュニティの分断……225
　はじめに……225
　第1節　生涯学習社会と図書館司書……225
　第2節　調査の概要と分析方法……227
　第3節　職場でつくられる司書の専門性……227
　第4節　非正規化する職場で専門職を育てる仕組みとその揺らぎ……234
　まとめ……241

## 第10章　博物館職員の専門性と力量形成……245
　はじめに……245
　第1節　学芸員養成の現状と課題……246
　第2節　博物館の教育担当職員の専門性……250
　まとめ……257

第 11 章 公民館職員の専門性と力量形成……………………………………261
　はじめに……………………………………………………………………261
　第1節　社会教育職員の専門性をいかに論じるのか……………………261
　第2節　公民館職員とは何か………………………………………………265
　第3節　公民館職員の専門性とは何か……………………………………266
　おわりに——公民館職員の力量の構造と研修機会……………………273

終　　章　力量形成と実践コミュニティ……………………………………277
　はじめに……………………………………………………………………277
　第1節　対人支援職者の「労働の場」と学習……………………………277
　第2節　対人支援職者の専門性と力量形成………………………………280
　第3節　実践コミュニティの「分断」と「越境」………………………282
　おわりに……………………………………………………………………284

あとがき………………………………………………………………………287

## 執筆者一覧

高橋 満(東北大学・教授)編著者
　序章(1,2),第3章,第4章,第11章,終章
小林 建一(聖園学園短期大学・教授)
　第1章
松本 大(弘前大学・講師)
　第2章
槇石 多希子(仙台白百合女子大学・教授)編著者
　序章(3)・第4章
櫻 幸恵(岩手県立大学・講師)
　第5章
香曽我部 琢(宮城教育大学・准教授)
　第6章
李 智(中国江南大学・講師)
　第7章
上原 裕介(京都市ユースサービス協会・チーフユースワーカー)
　第8章
廣森 直子(青森県立保健大学・講師)
　第9章
渡邊 祐子(東北大学大学院博士課程後期)
　第10章

# 対人支援職者の専門性と学びの空間

——看護・福祉・教育職の実践コミュニティ——

# 序　章　対人支援職者の力量形成

高橋　満・槇石　多希子

## 第1節　本書の課題——「支援」と「学び」の時代に

　現代社会は，失業，貧困などのようなこれまでの社会問題に加えて，質的に異なる諸問題を生みだしている。グローバルな視点では地球環境問題があるが，日本社会にそくしていえば，若者の失業問題だけではなく，引きこもりや子どもの世界に広がるいじめや自殺などが大きな社会問題となっている。同時に，これらの諸問題に対するアプローチにも大きな転換がみられる。国家による社会的配分をとおした制度的保障から，個別臨床的なアプローチとしての支援が主流となっている。これには，メダルの裏側としての政策における「自立」志向や市民の主体性の強調が対応している。例えば，子ども・若者政策についてみると，2009年に制定された「子ども・若者育成支援推進法」は，こうした子ども・若者を対象にして，包括的・個別的・継続的な包摂のための支援をめざしている。「支援」は時代が要請する専門職の役割となる。

　一方，教育の領域でも1980年代以降の議論の焦点に変化がみられる。端的には，1990年以降の生涯学習政策では，行政による「教育」は否定的意味をもって語られるようになり，学習者の自主性・主体性がことさら強調されている。生涯「教育」から生涯「学習」への概念の移行が意味するものは，こうした視点の転換である。社会教育専門職も，その専門職としての役割が求められるとき「学習支援」という視点が求められる。その背景には，後にみるような学習論の転換がかかわっている。しかし，学校型教育方法への批判それ自体はよいとしても，「教育」を否定する議論は適切ではない。そもそも「学習支援」とは何をすることなのか，またそこで必要とされる専門性とは何か，という検討が求められる。

　こうした問いは，対人支援職者の力量形成のプロセスを明らかにするとき，とりわけ重要であろう。活動領域が異なるとはいえ，クライアントを支援する役割が期待される各対人支援職の「支援」に求められる力量，つまり，専門性とはど

のような内実をもつのか。それはいかに形成されるのか。その力量形成を支える研修の内容と研修体制はどのように構築される必要があるのか，という問である。これらの諸点が，本書をとおして明らかにしたい主題である。

本書は，看護師，保健師，ソーシャルワーカー，保育士，児童館職員，ユースワーカーなど対人支援職者の専門職としてのアイデンティティが，日常的な職場の実践コミュニティにおいていかに形成されるのかということを明らかにしつつ，これと対比した図書館司書，学芸員，公民館主事などの社会教育関係職員の専門性を明らかにすることに目的がある。具体的には，① 専門職者がもつべきとされる明示的，暗黙の規範，規則，習慣等とは何か，② それらをめぐり職場でいかなる〈交渉〉が展開されているのか，③〈交渉〉においてジェンダーや経験がどのような役割を果たすのか，ということを明らかにしながら，④ 専門職のアイデンティティの形成における実践コミュニティの役割を実証することにある。

## 第2節 〈労働の場の学習〉と専門性形成

本研究では，対人支援職者の専門性を，彼・彼女たちの実践の場における相互作用のなかで形成されるものとしてとらえる。もちろん，論者により実証的分析の手法だけでなく，理論的立場についても同一ではないが，思弁的に専門性を論じようとする態度ではなく，〈労働の場の学習〉のプロセスを実証的に分析するなかで専門性の内実を明らかにしようとする点で共通の立場に立つ[1]。

では，なぜ，〈労働の場〉としてとらえるのか。その理由は，学びのプロセスをとらえる際の認識論的転換，これによる学習論の転換に求められる。まず，学習論の転換として，こうしたアプローチの必要性を確認しよう[2]。

### 1 インフォーマル教育への注目

専門職教育論をめぐる議論を考えるうえで大切なことは，これまでの学校教育学が，もっぱら特殊な教育形態であるフォーマル・エデュケーションだけをその研究の対象としてきたということを認識することである。しかし，教育には，フォーマル・エデュケーション，ノンフォーマル・エデュケーション，そしてインフォーマル・エデュケーション，あるいはインシデンシャル・エデュケーションなどの形態がある。これらのうちフォーマル・エデュケーションは，労働の場から離れて，典型的には，学歴資格や職業資格と結びつき，教室の場で行われる組

織化された学習であり，後にみる〈獲得としての学習〉というパラダイムにもとづく伝統的な教育，教授学習過程としてとらえられる。これに対して，ノンフォーマル・エデュケーションとインフォーマル・エデュケーションは多義的であり，それらを明確に区別することはむつかしい。ひとまず次のように整理しておきたい。ここでは，資格に結びつくことのない，意図的で，組織的な教育，具体的には，労働から離れての研修や訓練をノンフォーマル・エデュケーションとし，意図的だが，非組織的なインフォーマル・エデュケーション，他の諸活動の副産物として生じる無意図的なインシデンシャル・エデュケーションとは区別しておこう。

したがって，〈労働の場における学習〉を究明するということは，専門職資格と結びつくフォーマル・エデュケーションや，職場の研修として制度化されているノンフォーマル・エデュケーションに対して，専門的力量を高める上で，インフォーマル・エデュケーションがどのような役割を果たしているのか，その実態を明らかにすることを重視することを意味する[3]。

Livingstone (Livingstone 2003, 2005) は，成人労働者に関する定量的な調査にもとづいて，労働と学習の形態的な関連を明らかにしている。それによれば，①フォーマル・エデュケーションやノンフォーマル・エデュケーションよりも，インフォーマル・エデュケーションへの参加は際立って高く (2004年の数値で 80～90％)，②しかも，ノンフォーマル・エデュケーションでは学歴によって明確な格差がみられるのに対して，インフォーマル・エデュケーションではほとんどみられないこと，③ノンフォーマル・エデュケーションへの参加とインフォーマル・エデュケーションへの参加とは相関することを明らかにしている。

これに対して，Billett (Billett 2002) は，教育形態の議論ではなくて，労働の場の構造，規範，価値，そして実践をとらえること，これらの構造が学習の機会と学習への参加をいかにつくりあげているのかということを問題にする。一般に，インフォーマルという言葉は，非構造的，無秩序であるととらえられる (Marsick, V. J., and Watkins, K. 2001)。しかしながら，〈労働の場〉への参加との関連で学習をとらえる立場からいえば，学習は非構造的でもないし，無秩序なままに構成されているわけではない。なぜなら，労働組織の目的に即して労働そのものが機能的に構造化されているわけであるから，そこで行われる教育と学習もある意味で構造化されたものとして理解することができる (Eraut 2007)。

これを別の面からいえば，こう指摘できるだろう。意図的であり，構造化されているからこそ，インフォーマル・エデュケーションの効果を高めるような働き

かけが意味をもつのである (Marsick, V. J., and Watkins, K. 2001)。では，それは，どのように構造化されているのか。それが他の教育形態とどう関係するのか。それらのことを明らかにすることが本研究の課題の1つでもある。

## 2 学習論のパラダイム転換——〈獲得としての学習〉から〈参加としての学習〉へ

〈労働の場における学習〉が問題となる第2の背景として，この30年ほどの間に生じた学習論のパラダイム転換がある。Sfard (Sfard 1998) は，2つのメタファーという表現で，2つの学習論を整理している。すなわち，〈獲得のメタファー〉 ( the acquisition metaphor) から〈参加のメタファー〉(the participation metaphor) への転換である。一方, Lee (Lee et al, 2004) たちも，この2つのパラダイムを〈獲得としての学習〉(learning as acquisition) と〈参加としての学習〉(learning as participation) として，次のように整理して論じる。

まず，〈獲得としての学習〉，それは〈学習の標準的なパラダイム〉であり，3つの特徴があるとする。第1に，学習を理解するための基本的なイメージは，個人の頭に次々と知識が蓄積されるものである。第2に，精神的生活は個人にとって内的なものであり，学習とは個人の精神の内容における変化を含むものとしてとらえられている。第3に，学習は透明性のある過程である。つまり，学習されたものは形式知のように明示的なものであるという考えである。つまり，知識とは学習者とは独立に存在し，学習者が獲得し，内在化し，所有し，明示することのできる何かである。こうした見方に立てば，学校教育の場での教科書を使って行われる学習をとおした知に対して，労働の場における学習，熟練の学習，状況依存的な学習でえられる暗黙の知には「二流の地位」が割りあてられることは当然の事態である。

Lee (Lee et al, 2004) たちによれば，D. Schön (Schön 1983) の理論も〈獲得としての学習〉論の系譜に属するものとして整理される。さらにくわえていえば，Schönの議論は，この過程の過度の単純化であり，還元主義だということで批判する。つまり，焦点とされるのは合理的なコントロールや習熟であるが，そこでは学習欲求の問題が無視しているのではないか。学習者が葛藤や矛盾を回避したり，対抗するようなことは無視されている。また，学習者を非人格的にとらえ，省察をとおして自動的に，かつ合理的に知識をつくる〈自己〉として人間をとらえるような議論をしているとして批判する。

これに対して，〈参加としての学習〉は，〈学習についての生成的パラダイム〉である。つまり，すでに確立したというよりも，議論途上の，その意味で生成的なパースペクティブである。別の言葉でいえば，〈社会的なパースペクティブ〉と表現することができる。知識とは，獲得され，内在化され，所有される客体的なものではなくて，諸個人の関係，相互作用をとおして生みだされるもの，継続的に再構成される，流動的なものととらえられる。〈知〉(knowledge) ではなくて，〈知る〉(knowing) という，活動を示すもの，ひとつの状態ではなくて，活動へと焦点がおきかえられる。したがって，この研究では，孤立した個人ではなくて，人びとの間の社会的諸関係が分析の適切な単位となる。この意味で，〈参加としての学習〉をとらえる方法的立場となる。

 この認識論的な展開を主導するうえで，1990年代初頭に提示された Lave と Wenger たち（Lave & Wenger 1991）の「状況的学習論」（situated learning theory）が与えたインパクトは大きい。彼らは〈獲得としての学習〉論を批判し，学習は，状況に埋め込まれており，実践コミュニティへの参加のプロセスとして生じるものとしてとらえられると主張する。このようにとらえた概念が「正統的周辺参加」である。彼らによれば，学習とは，省察をとおして生みだされた知的概念として人の頭のなかにあるものではなくて，人が参加する状況に根拠をおくものである。学習や知るということ（knowing）は，特定の実践コミュニティへの参加の深まりのプロセスとしてとらえられる。知るということ（knowing）は，すること（doing）により生まれるものであり，それと結びついているものである。

 こうした考え方は〈労働の場における学習〉研究に大きな影響を与えたが，一方で状況的学習論に対してもいくつかの批判がある。

 第1に，徒弟制に象徴される歴史的な労働の形態をとりあげたが，それは現代社会の労働の場や労働とは性格が異なるという批判である。ただし，これについては多分に誤解にもとづく批判であり，彼らの関心も現代社会の労働の場における実践コミュニティにあることは明白である。

 第2に，そこでは，新参者と古参者による相互作用により，十全な参加へと向かうことが学習だとしているが，何度も問題としては言及しているものの，分析では，そこに働くパワーの問題を等閑視しているのではないかという批判である。この点については，アクセスと透明性という2つの視点から，実践コミュニティ内の関係や実践コミュニティ間の関係をみる必要性を指摘してきた（高橋2009）。

 第3に，成人教育の視点からいうと，相互作用一般を学習としてとらえるが，

そこにおける教育の固有の役割を完全に捨象しているのではないかという批判点である（高橋 2009）。この点については，松尾睦（松尾 2006）の「経験からの学習」論も，教育と学習との区別と関連を正しくとらえていない。経験と行動変容の相関関係をみる議論にとどまっている。

## 3　学習環境としての〈労働の場〉

これまでの労働者教育論や職業能力開発研究では，職業能力開発政策の検討や，企業・事業所の教育・訓練体系に関する研究，労働の場の個々の労働者の学習内容が主に取り扱われ，組織構造や労働の場の文脈が，学びにどのような影響を与えるのかを問う問題意識は少なかった。そもそも労働の場とは，個々人の労働への参加の機会を構成するとともに，それに付随して学習機会をつくりあげ，それを促進したり，阻害したりする構造をもつ。この関連を明らかにする必要がある[4]。

Ashton（Ashton 2004）によれば，労働の場の構成のあり方は，学習のプロセスに影響を与えるだけではなく，なぜ，労働者が異なるレベルでの知識や熟練を労働の場で発達させ，獲得するのかを説明することに結びつくという。彼は，実証的研究にもとづいて，この影響を与える因子として，① 関係の階層的・序列的な構造化，② 仕事のデザイン，③ 雇用者の運動，④ 学習とその重要性についての組織的な決定，そして⑥ 報奨制度についての決定，をあげている。それと同時に，彼はエージェンシーとしての労働者や，スタッフ間のフォーマルな，あるいはインフォーマルな関係の意義についても注意を喚起している。Billett（Billett 2001, 2006）も，個々のエージェンシーとしての労働者が，労働実践への参加や何を学ぶのかを決定するとつけ加えている。つまり，究明されるべきは，労働の場によって与えられる学習の機会と，この機会を選択する雇用者の相互関係にある。

したがって，〈労働の場における学習〉を問題とすることは，〈学習環境としての労働の場〉(workplace as learning environments)を理解するという見方をとること，そこにおける働く者の主体的な関与の在り方を究明することを意味する。

## 4　労働への参加としての学習

この研究は，学習を労働への参加としてとらえる社会文化アプローチの学習論的立場に立ちつつ分析をすすめる。Eraut（Eraut 2000, 2007）は，インフォーマルな学習過程を，①グループの過程への参加，② 他の人びととともにする労働，③ むつかしい課題に挑戦すること，④クライアントとの労働という4つの側面で検

討している。Skar（Skar 2008）も，① 労働のコミュニティへの参加，② 個人間の関係への参加，③ 重要な知的源泉へのアクセスの3つをあげている。両者に共通するのは，労働とはすぐれて協同の実践であり，参加とは，この協同の関係をつくるコミュニティの正統な一員となることを意味している。

ここでは，それらをも踏まえつつ，この労働への参加を以下の3つの視点に留意して考察する。

第1に，〈学習環境〉として〈労働の場〉がどのように構成されているのかを考察する。例えば，看護師を例に取ろう。看護師たちが働く病院は，患者，同僚の看護師たち（先輩，後輩たち），医師，コ・メディカル，設備・道具（機器，器具），薬，規範，ルールなどにより構成された多様性をもつ物理的であり，かつ意味的な空間である。労働の場とは，これらの人，関係，道具，機材，意味（規範やルールなど）などにより構成される空間としてとらえられるが，それらは学びにとって，どのような意味をもつのだろうか。いわゆる労働のアフォーダンスと個人の参加との関連を明らかにする必要がある（Billett 2001）。

第2に，労働の場におけるパワーと学びとの関係を明らかにする。高橋（高橋 2009）は，研究の視点として，学習の場におけるパワーの問題の重要性を繰り返し指摘してきた。成人教育研究では，パワーをめぐる視点からの研究は極めて少ない。学習組織を研究事例とする赤尾勝己（赤尾 2009），女性のエンパワーメントとの関連でパワーの問題を論じた松本大（松本 2005）の研究，および看護師を対象にした松本（松本 2010）などの研究がある。とくに労働と学習研究で重要なのは，女性労働者たちをとりあげた笹原恵（笹原 2004）や広森直子（広森 2004）などの研究である。それらの研究では，非正規労働者や女性労働者たちが労働への参加からいかに排除されているのか，そして一方ではそのことが，労働者としての学ぶ機会からの排除であることを明らかにしつつ，労働組合の関係や企業を越えた実践の関係への参加をとおしていかに意識変容をしているのか，エージェンシーとしての成長の過程を学びのプロセスとして考察している。しかしながら，本書ではよりミクロに，労働の場におけるパワーの交渉の姿を描いてみたい。労働の場でパワーがいかに働いているのか。それが学びにとってどのような意味をもつのか，ということを職場における職員たち同士の相互関係をとおして明らかにする。

第3に，個人の主体性や能動性を組み込みつつ，労働への参加と学習の関係を明らかにする。社会文化アプローチとしては，Lave や Wenger たちの実践コミュ

ニティ論，エンゲストロームたちの活動理論など研究史上重要なすぐれた研究があるが，彼らの研究については，先のパワーの問題とともに，主体性や活動主体の能動性をみない議論であるとして批判をされてきた（Billett 2001, 2006, 2008a, 2008b, 高橋 2009）。

したがって，ここでは，2つの側面を重視したい。1つは，労働の場の構造により規定されながらも，自らの選択をとおして参加と学習の経路をつくりあげていく主体でもあるととらえる（Billett 2006, 2008a, 2008b）。学習とは社会的経験からつくられる構成的なプロセスであり，個人はこの経験をとおして何を学ぶのかを決定する。こうした志向性は労働生活をとおした継続的な学習過程を介してつくられる。

もう1つの面とは，情動的な側面である。従来の学習論では，「理想的な対話状況」という仮想の学習の場において省察することが学びのあり方であると主張されてきた（Mezirow 1991）。要するに，そこでは，何を，どのように学ぶのかということを問題にするが，なぜ学ぶのかという問いを等閑視している。喜びや悲しみなど情動的な感情が，労働の過程をとおしてどのようにあらわれるのか，それが労働への参加や学習にどのような影響をもつのか，ということを注視する。そのことは，労働のアフォーダンスと主体的な参加をとおして働き，学ぶ主体性をつくるプロセスを明らかにすることであり（Billett and Smith 2006），そのための労働への参加と学びを創発する諸条件を明らかにすることと結びつく課題でもある。

## 第3節　本書の構成

本書は対人支援職者の専門性の形成に関する共同研究である。本研究では，対人支援職者の領域を大きく3つに分けて対象を選定した。

第Ⅰ部では，対人支援職の職務や力量形成を論じる際の理論的検討をすすめる。まず，第1章「支援の原理としてのケアの哲学」では，対人支援の専門職性を明らかにする視点から，支援とケアの関係構造について，ケアが共感を介して支援行為を基礎づけているととらえた。ケアについては多様な存在根拠が示されるが，存在論的には人間の依存性が徳としてのケアする能力を求める。この能力は，ケア関係の形成に不可欠なもので，対人支援職者にとってエンパワーされるべきことは，行為論の要請である。ケアする能力は幼い頃に芽生える後天的能力であり，

養成される必要がある。この能力の発揮はその主体の人間的成長を促し，人間形成機能が営まれることを人間形成論として確認できる。しかし，専門職性にとってはこの能力がより高度化，倫理化されるべきことを提起する。

第2章「対人支援が『成人教育』になるとき」では，ケア論を手がかりに，ケアはどのような意味で「成人教育」といえるのかを取り上げるものである。ケアのすべてが「成人教育」になるわけではない。また「成人教育」であったとしても，それが「よきもの」であるとはいえない。本章はケア論の整理をとおして対人支援が成人教育であることを確認しつつも，対人支援が「成人教育」になりうるからこそはまる陥穽も指摘する。ここでは学習社会や専門性をめぐる議論が参照され，「対人支援職者」が「成人教育者」になるときの危険性が分析される。その上で，こうした危険性があるにもかかわらず，ケア論が既存の成人教育研究に提起する新しい観点が論じられる。

第Ⅱ部「学びの空間のリアリティ」は，3つの領域の対人支援職者の実践と力量形成の事例分析により構成される。

まず，専門職化が求められる典型的なプロフェッションである「看護・福祉職の実践コミュニティ」を最初の領域とする。ここでは専門職としての社会的認知をもとめる活動を展開する看護師，保健師および社会福祉の専門職として医療ソーシャルワーカーをとりあげる。

第3章「看護の力をいかに高めるのか」では，コメディカルの中核を担う看護師である。看護師は高等教育機関で養成され，国家資格を取得後に専門職として病院などで働きはじめる。しかしながら，彼・彼女たちが病院で働き始めるとき，「何もできない・動けない」と言われている。学校というフォーマルな教育機関で学んだ知識や技術は臨床の場の実践力とはならない。では，看護師たちはどのように専門的能力を高めていくのか。10年ほどの経験をもつ大学病院の看護師を対象にした調査にもとづき，看護師たちが〈労働の場〉でいかに専門的力量を形成しているのかを明らかにする。

第4章は保健師である。1人の自治体保健師のライフコースと精神障害者たちのライフコースをたどりつつ，コミュニティワークとしての保健師の力量とは何か，いかにその力を高めてきたのか，そして，その実践の意義を明らかにすることに課題がある。彼らの人生が交差する実践の空間が，ここでとりあげる「あおば会」である。両者がどのようなライフコースをたどりつつ，その行く先に「あおば会」をつくることになったのか。精神障害者が病を抱えながら地域で暮らす

こと，この課題に対して，この実践がどのような意義を有するのか，その学びの意味を明らかにする。「あおば会」の実践は，こうした絆を回復するにあたって，多様な経路，包括的な支援をとおして支えるために，保健師がこの地域で育んできたコミュニティワークとしての専門的力量の到達点を端的に示すものでもある。

第5章「多様な実践コミュニティへの参加とソーシャルワーカーの専門職性」では，ソーシャルワーク実践の現場で10年以上の勤務経験がある有資格のソーシャルワーカーを対象者としてインタビュー調査を実施し「ソーシャルワーカーが実践現場の葛藤の経験を専門的力量に転換していく学習プロセス」の分析を試みている。その方法として修正版グラウンデッド・セオリー・アプローチ（M—GTA）を手掛かりとして概念とカテゴリーを生成し分析を行った。その結果，危機の肯定的な読み解きと，前提となっているパラダイムに気づき，抜け出すことが力量形成の学びの契機となっており，それは実践コミュニティにおける開かれた学びのコミュニケーションによって担保されていることを確認する。

次なる領域である「子ども・若者支援職の実践コミュニティ」では，子ども・若者に関係する仕事である3つの職種を取り上げる。

第6章は保育士をとりあげる。ここでは，保育士の自己形成と保育実践コミュニティに着目し，これらがどのように関わり合いながら保育士が成長を遂げるのか，そのプロセスを明らかにする。そして，そのプロセスの特徴から現代社会にいきる保育士の専門性について検討を行う。具体的には，少子化，過疎化が進む小規模地方自治体の保育士を対象にインタビューを行い，そこで得られた言語データをSCATで分析する。その結果，保育士の自己形成が実践コミュニティにおいて4段階の階梯として変容していることを明らかにする。さらに，保育士は組織アイデンティティを形成し，保育士の持つ組織文化から影響を受けていること，保育士が自ら生み出した知識資源を新たに生じた問題に適用し，ナレッジ・システムを強く意識していることが示される。このように組織文化の醸成とナレッジ・システムの意識化が現代社会に生きる保育士の専門性として求められることを確認する。

第7章は，学童保育・児童館の指導員である。学童保育を取り巻く制度はますます不安定になり，学童保育の事業形態がさらに多様化するなか，実践文脈に即しながら，今日における学童保育支援者に求められる力量の内実と形成条件を実証することを目的とする。実践構造のなかで，支援者の働きをとらえて，行動や技法のみでなく，支援者が働く背後にある価値観や姿勢を明らかにしている。

第8章「岐路に立つ青少年施設と職員の力量形成」では，青少年施設の存立条件と職員に求められる役割が，子ども・若者支援政策のインパクトによって問いなおされている実態を，現場の職員として報告する。また，職員の力量形成を労働組織のマネジメントの問題として捉え，明確な専門性を持たない対人支援職者が職業的アイデンティティを構築し，力量形成を果たすために必要なマネジメントのあり方を提案する。

　最後の「社会教育職の実践コミュニティ」の領域としては，図書館司書，博物館学芸員，公民館職員をとりあげる。

　第9章は図書館司書をとりあげる。司書の仕事における主要な専門性は，情報と利用者をつなぐことであり，そのための知識やテクニック，「ボランティア的要素」，〈集団的としての専門性〉を発揮していくためのチームワークが求められる。職場のありかたとの関連では，多様な側面で司書の専門性が位置づきにくいこと（職場への従属性の高さ，職場の異動により専門性が深まらないこと，職務分担のありかたなど）が語られる。司書に求められる力量（知識とスキル）はOJTにより形成されており，職場における人を育てるしくみが重要であること，図書館におけるジェンダー構造は，労働の非正規化の流れと密接にかかわっており，「集団としての専門性」の維持や確立を難しくしかねない状況にあることが示される。

　第10章の「博物館学芸員の専門性と力量形成」では，近年，博物館の社会的役割を見直す議論から，博物館学芸員に求められる資質や能力の向上をねらいとした検討が進められている。学芸員制度が，学芸員養成科目，実務経験の導入，大学院における養成課程の観点から見直され始める一方，博物館学芸員に必要な専門性は，それぞれの博物館の館種，規模，設置主体等によって多種多様であり，実地に役立つ技能の養成は，大学や大学院での学びだけでは困難であることが指摘されている。本章では，「対人支援職」としての博物館学芸員の専門性に焦点をあて，学芸員が博物館入職後にどのように専門性や実践力を形成していくのかを，学芸員を対象に行った専門性形成の過程に関するインタビュー調査とその分析を通して考察する。

　第11章では，公民館職員の専門性を論じる。奈良市の生涯学習財団の10年ほどの経験をもつ公民館主事を対象にして，彼らの専門性の内容とその形成のプロセスを明らかにし，この知見を踏まえて公民館主事の力量形成を図るための研修の体制について論じる。利用者である住民との信頼関係を能動的な働きかけにより築きながら，その上に，住民とともに学習プログラムをつくり，コミュニティ

ワークの手法を使って地域に働きかけていることを明らかにする。

　これまで対人支援職者の専門性とその力量の形成の問題は，個々の専門職ごとにそくして論じられてきた。これに対して，本書では多様な利用者や，クライアントを対象とする対人支援職をとりあげ，専門性の形成における実践コミュニティの構造と，その役割を明らかにすることにある。

（高橋　満，槇石　多希子）

注

1）教師など教育職の専門性形成で注目されている省察的実践家モデルへの批判としての意味を持つ。
2）この節は，高橋（高橋 2012）の学習論の展開の記述をそのまま引用している。
3）Marsick と Watkins は，このインフォーマル・エデュケーションの効果を高める条件として，① 暗黙の知識や信念を明示化するための批判的省察，② 選択肢を積極的に見出すととともに，それを実行するため，学習者の側で，新しい技能を学ぶための積極性を刺激すること，③ 選択肢をより広げることを助長するための創造性，をあげている（Marsick, V. J., and Watkins, K. 2001）。
4）組織的な文脈は，異なる労働に対する評価を生みだし，翻ってそれが，異なる学習機会や学習のインセンティブをつくりだす。組織がもつ学習機会や学習文化がノンフォーマル・エデュケーションだけでなく，インフォーマル・エデュケーションへの参加を規定する重要な要素となる。

参考文献

赤尾勝己（2009）『生涯学習社会の可能性――市民参加による現代的課題の講座づくり』ミネルヴァ書房。

Ashton David（2004）The Impact of organizational structure and practices on learning in the workplace, in: *International Journal of Training and Development*, Vol. 8, No.1, 43-53.

Billett, Stephan, 2001a, Knowing in practice: Re-conceptualising vocational expertise, in: *Learning and Instruction* 11（6）431-452.

Billett, Stephan（2001b）Learning through work: Exploring instances of relational interdependencies, in: *International Journal of Educational Research* 47, 232-240.

Billett, Stephan（2002）Critiquing workplace learning discourses: Participation and continuity at work, in: *Studies in the Education of Adults*, vol.34 issue 1, 1-10.

Billett, Stephan, and Ray Smith（2006）Personal Agency and Epistemology at Work, in: Billett, S., Tara Fenwick and Margaret Somerville (eds)（2006）*Work, Subjectivity and Learning; Understanding Learning through Working Life*, Springer, 141-156.

Billett, S., Tara Fenwick and Margaret Somerville (eds)（2006）*Work, Subjectivity and Learning; Understanding Learning through Working Life*, Springer.

Billett, Stephan（2008a）*Subjectivity, Learning and Work: Sources and Legacies, Vocations and Learning*, 1. 149-171.

Billett, S., Christian Harteis and Anneli Etelapelto (eds)（2008b）*Emerging Perspectives of Workplace Learning*, Sense Publishers.

Eraut, Michael（2000）Non-formal learning and tacit knowledge in professional work, in: *British Journal of Educational Psycology*, vol.70, 113-136.

Eraut, Michael（2007）Learning from other people in the workplace, in: *Oxford Review of Education*, Vol.33, No. 4, 403-422.

Eteläpelto, Anneli, Perspectives, Prospects and Progress in Work-Related Learning, in: BIllett, S. (eds)（2008）*Emerging Perspectives of Workplace Learning*, Sense Publishers, 233-247.

Eteläpelto, Anneli, Jaana Saarinen（2006）Developing Subjective Identities Through Collective Participation, in: Billett, S., Tara Fenwick and Margaret Somerville (eds)（2006）*Work, Subjectivity and Learning; Understanding Learning through Working Life*, Springer, 157-177.

Fenwick, Tara（2001）Tides of Change: New Themes and Questions in Workplace Learning, in: *New Directions for Adult and Continuing Education*, No. 92, 3-17.

Fenwick, Tara（2008）Workplace Learning: Emerging Trends and New Perspectives, in: *New Directions for Adult and Continuing Education*, No.119, 17-26.

Lave, Jean, Wenger, Etienne（1991）*Situated Learning: Legitimate Peripheral Participation*, Cambridge University Press.（レイヴ, J., ウェンガー, E., 佐伯胖訳（2003）『状況に埋め込まれた学習——正統的周辺参加』産業図書）

Lee, Tracey, Alison Fuller, David Ashton, Peter Butler, Alan Felstead, Lorna Unwin and Sally Walters（2004）Learning as Work: Teaching and Learning Processes in the Contemporary Work Organisation, in: *Learning as Work Research Paper*, No.2, The Center for Labour Market Studies, University of Leicester.

Livingstone, D. W.（2003）Hidden Dimensions of Work and Learning: The Significance of Unpaid Work and Informal Learning in Global Capitalism, in: *SSHRC Reseach Network of the Changing Nature of Work and Lifelong Learning, Working Paper*, No.3, 1-11.

Livingstone, D. W.（2005）Expanding Conception of Work and Learning: Recent Research and Policy Implications, in: *International Handbook of Educational Policy*, 1-19.

Marsick, V.J., and Watkins,K.（2001）Informal and Incidental Learning, in: *New Directions for*

*Adult and Continuing Education*, No.89, 25-34
松尾睦（2006）『経験からの学習：プロフッショナルへの成長プロセス』同文館出版。
Mezirow, Jack, 1991, *Transformative Dimensions of Adult Learning*, Jossey-Bass.
Schön, Donald A.（1983）*The Reflective Practitioner*, Basic Book.（ショーン，D., 柳沢昌一・三輪建二監訳（2007）『省察的実践とは何か──プロフェッショナルの行為と思考』鳳書房）。
Sfad, Anna（1998）On two Metaphors for Learning and Dangers of Choosing just One, *Educational Researcher*, Vol. 27, No. 2, 4-13.
Skar, Randi（2010）How Nurses Experience Their Work as a Learning Environment, in: *Vocations and Learning*, Vol.3, 1-18.
高橋満・槇石多希子（2004）『ジェンダーと成人教育』創風社。
高橋満（2009）『NPOの公共性と生涯学習のガバナンス』東信堂。

（高 橋　満・槇 石　多 希 子）

# 第Ⅰ部　対人支援の理論的検討

# 第1章　支援の原理としてのケアの哲学

## はじめに

　対人支援は，医療や看護，保健，福祉，保育，教育など，多様な領域において行われている。このような支援が何のために，どのように行われるのかについては哲学的な考察もみられる。これを支援の哲学と称してもよいかもしれない。しかし，この支援の哲学を包括的に論ずることには，多くの困難がともなうであろう。

　このような状況にあって，「ケア」について哲学的に考察する視点が，人間の存在や行為の意味をよくとらえ，人間関係の形成や社会問題の解決へとつなげる機能をもつと評価されるようになっている。ケアのもつ意味については，対人支援の各領域に応じて多様な分析と理解がなされつつある。ところが，これらの領域を横断した対人支援職者の専門性とは何かを問おうとすれば，支援とケアの概念の異同を明らかにしたうえで，ケアが支援を基礎づける原理として位置づけられるかどうかを検討する必要があろう。

　ケアにかかわる関係性や能力については，それらの構造や存在根拠を哲学的に追究しようとする試みが認められるが，それもまた多様であり，哲学的考察というよりも単なる主張のようなものも存在する。しかし，そのような追究の過程をふまえるだけも，ケアの人間形成機能を確認できたり，あるいはケアしケアされる関係を維持し発展させるような能力の発達的側面をとらえることができたりする。さらに，対人支援職者の専門性という視点に立つならば，支援行為のもとになると考えられるケアにかかわる能力の形成と行為のあり方の問題に行きつくことになる。

　本章は，ケアの概念を支援の原理として正当化できるかどうかを論証するため，「ケア」にできるだけホリスティックかつラディカルにという意味での哲学的なアプローチをしようとするものである。そのために，全体を「支援―ケアの構造論」，「ケアの存在論」，「ケアの行為論」「ケアの人間形成論」として構成し展開することにしたい。これらの論拠は，次のとおりである。

　対人支援を狭義にとらえると，社会的な弱者や不利益者といわれる立場の人々

に支援の手をさしのべるという意味になろう。このような人々が支援の対象になるには，社会的承認を必要とする。これに対し，広義の対人支援は，生存がおびやかされたり，苦痛・苦悩に陥っているなどの困難な立場から，社会的弱者・不利益者を経て，人間的な成長・発達を必要としている人々などまでを支援の対象とする。これらの支援はまったく私的に行われる場合もあるが，社会的に，とりわけ対人支援職者の職務として行われるときは，公共性に位置づけられる。また，支援行為ついては，社会心理学の立場を中心に心理学的メカニズムも探求されてきた。ところが，支援にかかわる心理・社会的レベルから人間形成論で扱うレベルまでをカバーする包括的かつ統一的な概念ないし原理の解明については，実証的科学の性格からも不可能であったように思われる。これまでは，支援の概念についてはケアのそれをあまり意識しないで論じられてきた。また，ケアの概念も独自に考察され研究が蓄積されている。しかし，ケアする行為はその実行過程において支援の側面がみられると同時に，支援行為を動機づけるような意味をもっている。このようなことから，「支援―ケアの構造論」として，支援とケアの関係構造を明らかにする必要があるだけでなく，ケアの概念の新たな意義に注目しなければならない。

　次に，「ケアの存在論」は，ケアの存在根拠を探るものである。人間世界や社会生活においては，ケアしケアされる行為やそれにもとづくケア関係が存在する。それゆえ，有償，無償を問わずケア労働のあり方を規定するものとして，また労働の概念にあてはまらないような多くのケア行為の動因となるものとして存在するケアの概念を，必要に応じて実証的科学の助けを借りながら哲学的に根拠づける必要がある。このような根拠づけなくしては，現実に行われているケア行為は意味のないものとなり，ケアのさまざまな機能を考察する思考も停止してしまうからである。したがって，この存在論はケアを行為論として，また機能論として展開する場合の必然的な前提となる。

　ケアしケアされる行為によって成り立つケア関係は相互的な受容的・応答的な関係であることから，ケアする行為とケアされる行為の間には優劣や軽重がないことになる。したがって，ケア関係について考察するにあたっては，双方の行為に同等に焦点をあてなければならないだろう。しかし，ケアにかかわる行為の能力が育まれる原点に立ち返ると，ケアする行為の能力の芽生えとその発達について追究することによって，同時にケアされる行為の能力の発達を説明できることがわかる。そこで，ケアの行為能力論として「ケアの行為論」を展開し，ケアす

る能力が対人支援職者に備わっていなければならず，しかも専門性に応じてのエンパワーメントが必要であることを論証する。

　ケアの行為論において中心となるケアする能力は，ケア関係にある教育を通じて育成され十分に発揮された場合に，その主体の人間的成長を促すものとなる。つまり，ケア関係における相互的・互恵的なケアしケアされる行為の実現を通じて，ケアの人間形成機能が営まれる。この過程を「ケアの人間形成論」として論じるが，自己のうちに育成されつつ他者のそれを育成するケアする能力がすべての人間に備わっているだけではなく，対人支援職者にとってはとくに高度化・倫理化されたものであるべきことを明らかにする。

　本章では，以上のような理論的追究を通して，対人支援職者の専門性の基礎として，支援の原理となるべきケアの概念の内容構造とその変容について考察しようとする。

## 第1節　支援──ケアの構造論

　対人支援については，さまざまな理解や考え方があるといわれる。その1つに，他者との関わりで自分の苦しみが和らげられ，軽くされ，なくなったとき，人は「援助」を実感するのであるとして，人間の共同生活においては苦しむ人を助けるのが「援助」であるという理解がある（村田 2012, 43～44）。このような視点は，苦しみの構造を老いや病，死に直面する人々の身体的な苦痛と精神的な苦悩に見いだし，そこから支援としてのサポートの根拠を導きだすという意味において，医療や看護，福祉の現場をふまえたものである。

　他方において，対人関係を患者やクライエントのように限定せず，発達の遅れや歪みの是正，諸能力の実現のための助長を必要とする人々にまで広げる視点がある。これは保育や教育の現場をも含めて，広く支援を理解するものである。

　このように，大きく2つに分けられる対人関係の理解から，あえて支援の意味をまとめるならば，苦しみをかかえる人や成長・発達を必要としている人を助け，支えるということができる。たしかに，対人支援においては，相手が困難に直面したり，直面することが予想されるときに，支援者から支援としてのサポートが行われる。また，そのように困難をかかえるときだけではなく，相手の成長・発達にとってのニーズに応じて支援が行われる場合もある。しかも，相手にとっては，提供された支援がつねに望ましい効果をもたらすとは限らず，不快感や否

定的な感情を引き起こす場合さえあるだろう（遠藤 2005, 375 〜 376）。このような心理学的なアプローチはさておくとしても，本章の哲学的アプローチの視点では，支援は対人関係を外形から表現したもので，支え支えられる人間関係を形式的にとらえたものと評価できよう。このため，その関係構造はいまだ明らかではない。これを明らかにするためには，何らかの概念が必要であり，その概念としてケアに注目したい。

　この点に関連して，支援としてのサポートとケアについては共に，支えようとする人とその相手との関係性，つまり人と人との相互行為ととらえる視点に注意する必要がある。この視点においては，サポートが自己決定できる自立した主体を相手とするのに対し，ケアは相手に対する配慮であるということが共通認識になっているが，しかし，それらは相反するものではなく，相互補完的なものであるから，研究者の視点や強調点によって用語法の相違が存在するにすぎないとされる（三井 2011, v 〜 vii）。このように，支援としてのサポートとケアの概念の間には，ニュアンスの違いがあるにもかかわらず，同列におかれ一括的に決着がつけられていることに問題はないのだろうか。

　たしかに，支援としてのサポートは，対人支援の専門性という視点に立つ場合であっても，直接的な行為から間接的な行為まで考えられ，また先にあげた医療等の領域のみならず，司法や行政，さらに経営等の領域にまでまたがる。しかし，たとえば医療の専門家である医師の場合は，その支援は治療（キュア）なのか，それともケアなのかが論じられ，行政職員にいたっては支援といっても間接性が色濃く，対人支援の専門性が追求されることは少ないであろう。したがって，支援の概念については，できる限り領域を限定するほうがより明確にすることができる。そして，ケアの概念についても，これに相応した領域に限定した考察によって，支援における対人関係の構造の解明に寄与できるのである。

　これまでも，村田（2012）のように，対人支援職者の専門性については，医療，福祉，看護の領域においてケアの概念にもとづき考察が行われている。そこには，支援の概念がケアの概念によって支えられるだけでなく，ケアの概念がキュアの概念をも基礎づけているという前提がある。しかし，そのように支えているとか基礎づけているという説明では抽象的で漠然としており，後者の関係構造ついてはここでは問わないとしても，前者の関係構造はあいかわらず不明のままである。そこで，ケアの概念についてややくわしく検討しながら，支援の概念との関連づけを試みる必要があろう。

ケアは，きわめて広い概念である。「世話」「配慮」「気づかい」などという言葉があてられるほどであることから，ケアは無限定に拡大されるおそれさえある。今日では，哲学者のメイヤロフのように「その人が成長すること，自己実現することをたすけることである。」（メイヤロフ 1987, 13）とするケア論はケアする者だけを扱うと批判され，ケアはケアの与え手と受け手との相互行為と理解するようになっている。そして，この相互行為は，与え手もしくは受け手，あるいは双方が認知しないかぎり成立しない，つまり自然現象とは異なってニーズを認知し，それに応えるために行われる（上野 2011, 6～7）。しかし，相互行為としてのケア関係はけっして互酬的なものではなく，むしろ権力関係などに象徴される非対称性が指摘されている（上野 2011, 64）。また，このようなケアしケアされるケア関係をどのような範囲に認めるかについても，視点の違いがある。上野（2011）のように，育児や看護，介護などの身近で直接的な対人関係に限定する視点もあれば，ノディングズ（1992）のように「見知らぬ人や遠い他者」，さらには「動物，植物，地球」などとの間にも構想されている。

このように，なおもケアの概念は拡大の傾向にあるが，ケアの根底にあるものが明らかになれば，支援とケアとの関係構造に迫ることができるだろう。そのためには，規範的な視点が重要な意味をもってくる。これまでも，規範理論の立場ではケアを「徳」の問題として扱い，ケアは徳であり，良い行いとしてケア関係にある双方を充足するもので，思いやりや同情，信頼などを基礎としているということであった（塩野谷 2003, 288～302）。さらに，その心理学的レベルにおいて支えている概念として，「共感」をあげることができる。同様の概念としては，「同感」がある。いずれも，sympathy であるが，相手が感じていることと自分が感じていることとが同じだと思うのが同感で，共感はその人が良いとしていることを探求して理解しようとすること（佐伯 2007, 24），というように区別する立場もある。共感は，empathy ともいい，「感情移入」と同じ意味で使われ，他者の感情を感じとり，その感情を共有することであるから，そのことにより他者を助けていく「向社会的行動」を動機づけるものと理解されている。しかし，実際には，感情を感じたときに共感するとは限らない（無藤 2005, 179～180）。このように，心理学的にはまだ問題が残っているが，いずれにしても，sympathy あるいは empathy によるケアは，徳としてのケアを意味あるものにし，中立的にケアの存在根拠とケア行為の良さを明らかにしているといえるだろう。

このようにみてくると，支援とケアをイコールで結ぶことはできず，また，支

援とケアとは相互補完という形式的で対等な関係にあるのでもない。ケアが心理学的レベルで共感に動機づけられながら，支援の基礎となっているという，支援とケアとの実質的な関係構造を見てとることができるであろう。

　対人支援職者の実践においては，支援行為はその場の具体的な他者を相手とする。そのような他者は，心身の健康回復を求める者，well-being としてのより良い幸福を求める者，発達や能力形成の必要が認められる，あるいは求める者など多様である。これらに対する支援は，本人の意思にそって行われることが多いが，社会的必要から行われることもあるだろう。たとえば，乳幼児の発達への支援や，個人的信念からの自殺願望者以外の，いわゆる防ぐことのできる自殺に追い込まれるような人々に対する予防のための支援は社会的必要にもとづくものであろう。したがって，対人支援職者の支援行為は社会的な正義にかなった行為といえるであろう。しかし，このような正しい支援行為は，自己完結的に成立するものではない。先述のように，支援はケアに基礎づけられるべきであるという意味では，その正しさは徳に裏づけられると考えるので，ケアはまた支援行為が正しくあるための条件といえる。ただし，その関係性は支援に対するケアの直接性ではなく，ケアが何かに媒介されての間接性である。それは，対人支援職者の専門性が公共性に位置づけられるためには，倫理学的レベルにおいて，支援行為の「正」はケアという「徳」を手段としての「善」によって媒介され正当化されることを意味するのである。

## 第2節　ケアの存在論

　ケアがなぜ存在し必要とされ続けているかについてのラディカルな探求は，これまでも看護や医療，介護，福祉などの領域にとくにこだわりながら行われてきた。一方，領域横断的な探求も試みられている。その先駆的な例は，先述のようなケアする者だけを扱うケア論と批判されたメイヤロフにみられる。しかし，その批判の視点にこそケアの存在と必要の根拠が含まれている。上野は，デイリーのケア論をふまえて人間の「依存性」をケアの基礎にすえるが，子どもや高齢者などの弱者だけでなく，成人男性が成人女性のケアの対象になるような依存状態が現実にみられること，状況や環境に応じてある行為はケアになったり労働になったりするなど，依存状態やケアとケアでないものとの境界があいまいな状況から，ケアの概念を「文脈依存的」なものであるという（上野 2011, 40）。たしかに，

上野の研究は，ケアの概念についての社会学的な分析とそれにもとづく評価としてはすぐれていると思われるが，文脈依存的なものと結論づけることで，人間の依存性それ自体の哲学的な根拠づけについての思考を停止してしまう。けれども，このような依存性をラディカルにかつホリスティックに明らかにすることこそが，ケアの概念のあいまい性を克服する方法と考えられる。つまり，ケアの哲学的な根拠を存在論として追究することである。

　そこで，まず注目したいのが，依存による関係性をとらえなおす哲学である。キテイ（1999）は，乳幼児や高齢者，障がい者，病人などのように，人間にとって依存は一定の程度と期間において必然的であり，このようなかよわい依存者と依存に応じてケアする人々はお互いに「脆弱な」や「傷つきやすい」存在であるとみる。しかし，キテイ哲学における依存性は，「みな誰かお母さんの子ども」というキーワードにあらわされるように，人間の誕生以後の「母（親）子関係」の必然性から導き出されているため，ジェンダーの視点から批判される余地がある。

　このような批判を避け，より説得力のある存在論であるためには，依存者につきまとう「脆弱さ」や「傷つきやすさ」を意味づけるより根源的な追究が必要であろう。ハイデガー（1927）の存在論では，死へと投げだされている存在としての現存在を，自分の力だけですべてのことをなしうる主体としてはとらえず，この人間の「非力さ」が共同存在（共同相互存在）の根拠とされている（城塚他 1997, 42, 214～215；池田 2011, 191）。ここでは，人間の依存性が観念論的に語られているとみることができる。しかし今日では，マッキンタイヤーの哲学のように，経験的事実にもとづき人間の依存性が語られている。その視点は，キテイも論じていたような病気や障がいへの「傷つきやすさ」を人間理解の基礎にしていることである。マッキンタイヤー（2001）は，そのような傷つきやすさは特殊な一部の人たちの問題ではなく，私たちの一般的な問題であり，幼児期や病気などのときに誰かのケアに委ねられた他者への依存性という事実にあらわれることを，「人間本性としての他者への依存性」と位置づけている。そのうえで，私たちの共同存在を「学ぶ」という活動を中心に考え，誰もが幼児期に誰かのケアに完全に委ねられた存在であり，また誰もが病気や障がいなどによって誰かのケアに委ねられた存在になりうる以上，このようなケアに委ねられている人は教える者として位置づけられ，ケアというものが学ばれていく（池田 2011, 191～193）。

　このように，キテイにしても，マッキンタイヤーにしても，人間の依存性につ

いての哲学的根拠づけは，乳幼児期の必然的なケアを中核とするため，ラディカルでホリステックなものであることがわかる。しかし，この根拠づけが経験的事実にもとづいているとしても，それは観念論的な哲学の域を完全に脱してはいない。

これに対し，ケアの哲学的考察にあたって，ケアの根拠を科学的にとらえようとする視点，すなわち実証的科学としての心理学や生物学のレベルの視点も存在する。

ケアを「衝動」として構想する今田高俊（2004）は，フロイト理論の発展形態としてケア衝動論を展開しようとした。すなわち，フロイトは「大人」の「男性」をモデルに性衝動や攻撃衝動を導き出したが，「子ども」や「女性」の視点を加えると，ケア衝動も必要になるという。これでは，ケア衝動をジェンダーの視点から導くことになると批判されかねないが，しかし，ケアそのものを衝動ととらえるのだから，実証科学的な心理学理論によってケアをとらえなおしたといえる。このように，より科学的であることは，物事の究極を求める方法としてよく採用されてきた。今田のいうケア衝動は，人間の動物的な本能のあらわれとして説明しやすい。とくに，人間の社会性を強調して人間を社会的動物と規定するにせよ，動物の遺伝子レベルから本能を解明するにせよ，それらは自然科学としての生物学を学際的に発展させた知見にもとづいて，心理・社会的なレベルにおいて本能や衝動にアプローチするものといってよい。

これと同様の視点として，人間には「ケアへの欲求」が存在し，それは人間が「社会性」の強い生き物であることと表裏の関係にあるという，広井良典（2010）の理論をあげることができる。人間は，親から子への情報伝達を自己複製する遺伝子を通じてケアを行うというのではなく，外界を認知したり記憶したりするメカニズムを発達させた高等な動物として，親から子への直接的な個体間のコミュニケーションによってケアを行う。このため，親子関係は人間にとっての「ケア関係の原型」であり，人間は「ケアする動物」なのである。このように，広井の理論は，ケアを動物でありながら人間的なコミュニケーションによる形成に位置づけるような，生物学的な側面と人間形成論的な側面を混在させた理論である。

このようなケアを社会的な動物の本能としてとらえる理論を，さらに遺伝子レベルに徹底させた理論も展開されている。たとえば，柳澤嘉一郎（2011）は，他人の救助行動に関して，それは思考の結果ではなく意識の前に行われている遺伝子の存在に根拠づけられる利他的なケア行動であり，本能であることを示してい

るという。人間のケア行動に科学的な根拠を与えようとしたものであるが、しかし、その遺伝子レベルの本能がケア行動を導くメカニズムを自然科学的に実証しているわけではない。

　以上のように、ケアがなぜ存在するのかを追究しようとすれば、観念論的哲学から科学哲学的領域までの多様なレベルにおいてその根拠が示され、ケアの存在根拠を統一しようとしてもきわめて困難な状況にある。つまり、ケアの存在論は諸説がそれぞれ独自性・自己完結性を主張しているのであり、ケアがなぜ存在し必要とされるかについて、ラディカルでホリステックな哲学的根拠づけが求められている。

　以上のように、統一的な存在根拠を探りあてることができないでいるが、たしかに対人支援職者の支援行為としてケア行為が実際に行われ、ケアする能力が発揮されている。それだけ、ケア行為が人々に広く理解され、ニーズとして求められているのである。しかしながら、対人支援職者のケアする能力がいかに形成され、ケアの対象別に専門化した領域ごとにいかに機能しているのかは十分に確認されているわけではない。また、そのような能力を対人支援職者の専門性として、いかに高めていくべきかは今後の課題である。本節のケアの存在論は、これらの問題や課題にアプローチできるものである。ケアの存在根拠については多様な視点から提起されているが、それらは人間であればケアしケアされる能力が普遍的に身につくことを示唆している。けれども、対人支援職者が正義にかなったケアを行うには、専門職の立場にはない一般の人々よりも徳としての卓越したケアの能力が求められるのであり、そのような能力の自己形成にとってケアの存在根拠についての深い認識が不可欠である。

## 第3節　ケアの行為論

　ケアしケアされる関係においては、基本的にはケアする行為とケアされる行為が存在する。ただし、ここでは行為を人間のあらゆる動作として広義に理解している。しかし、行為は、狭義では意識的に行われる意志的動作であり、ケア関係においてはケアする人の行為として積極的にとらえられる。これに対し、ケアされる人の立場では、ケアされる行為は意識的な動作の場合がないわけでもないが、多くは広義の意味に理解されるだろう。

　ノディングズ（1984）によると、このようなケア関係においては、ケアする人

であり続けようとして関与することで，さまざまな徳の発達が促されるという。この意味では，ケア関係において「徳としてのケアリング」が成り立つ。しかし，これをケアする側の個人の徳ととらえるならば，ケアされる人の存在や倫理を無視し，ケアの責任をケアする人にすべて負わせてしまうことになりかねない。これを克服するために，ケア関係を具体的な他者との間の受容的・応答的な相互関係ととらえる関係的なアプローチがとられる。一方，ノディングズは，ケアする行為には，自分の心身に関心をもち気にかけると同様に，周囲の人や世界にそれを行う能力がともなうと考え，自己へのケアリングを同心円的に他者や見知らぬ人へと拡張していく。さらに，ノディングズ（2005）は，このような見知らぬ人・遠い他者や地球とのケアリングへと拡大する視点からグローバル・シティズンシップに言及している。それらへの専心没頭を通して，他者の課題を自己の課題として引き受けることに，自己犠牲をともなわない愛他的あるいは利他的な行動としてのケアリングを位置づける。

　このように，ケア関係がケアする人とケアされる人との受容的・応答的な関係であるにもかかわらず，ケアする人の能動性や主体性に重きをおき，ケアする行為の基礎として「ケアする能力」という行為能力が必要であるとの仮説がなされている。しかし，ケア関係においては，ケアされる人もケアする人を受け入れ，応答することが要求されるのであるから，それは同じく行為能力であるとしても，「ケアされる能力」，つまりケアを受ける能力といってよいだろう（小林 2012, 6～7）。だが，保育や教育の分野では，しかも一定の発達段階にある学習者に対してはケアを受ける能力を語ることはできるが，それ以外の段階と医療や看護，保健，福祉などの分野におけるケアの対象者については，本来的にはケアを希望しないものの，受けざるをえない立場の人々であり，場合によってはケアされる人としてふるまうことが不可能であるか，ケアを受けていることすらまったく意識できない状態さえある。このため，ケアを受ける能力を問うことは，ケア関係の対称性にとらわれることになる。とにかく，ケア関係においては，非対称性が事実として認められるのである。すなわち，ケアすること，ケアを受けることのいずれもが行為能力であり，それらを行為形態として確認できるならば，ケア関係が成立し維持されているといえる。

　ケア関係が受容的・応答的な相互関係であるとは，非対称的な事実をみる限りで，ウェーバーの提起した理念型のようなものである。ケアする能力が十分で，ケアを受ける能力がケア行為を受容し，それに対して十分に応答することができるな

ら「完全なケア関係」として理念型に近いものとなるが，それぞれの能力が多様であるため，現実的にはケア関係の外形は認められるとしても，ケア関係の構造にはさまざまな差異がある。理念型を追求することは限りなく困難であり，受容的・応答的な関係性が少しでもあればケア関係と認められるのであって，それが良好な状態にあるのかどうかはケア関係の質を問う別次元の視点といえる。あたかも，ケアする能力とケアを受ける能力の不完全性を前提にしているがごとくである。

ケア関係の現実形態がこのようであるとしても，ケアの行為論の原点に立ち返ると，ケア関係はケアされる人の要求に応じて，あるいはケアする人の能動的な行為への応答として形成されているかのいずれかであり，そこではケアされる人の能力不足を問題にしたり，ノディングズのようにケアする人の責任を追求することはできない。なぜならば，ケアは存在論で論議したように，人間の依存性や衝動・本能などに根拠づけられるのであり，ケアされる人の倫理性や責任を問うことは意味がないからである。むしろ，ケアの必要性を判断し，ケアを実践する人の行為能力の有無や水準を問うべきなのである。ケアする能力がすぐれたものであり，それをよりよく行使できれば，ケアされる人の受容的態度や適切な応答を導く可能性が高く，ケアを受ける能力を育てるのみならず，人生において逆の立場になったときに他者のケアを受ける能力の芽生えとさらなる成長を促すことになろう。

このケアする能力の芽生えについては，ノディングズに依拠するとわかりやすい。人間はまったく無力な状態で誕生するので，ケアされなければ生命を維持することすらできない。このようなケアは，ノディングズのいう「自然のケアリング」と名づける乳児期におけるケア関係において認めることができる。そこでは，「赤ん坊がかれをケアする母親に対して，微笑んだり，身動きしたりする形で報いる」（ノディングズ 1984, 279）といわれる。乳児と養育者との関係においては，乳児は一方的に養育者に何かをしてもらっているようにみえるが，養育者の自分への行為に対し，何らかの表情をしたり，声を発したりするなど，養育者の行為に応えているのである。すなわち，乳児によるケアする人の受容と，それに対する応答が行われていることを意味する。こうしたケア関係におけるケアしケアされたここちよい感覚が経験的な記憶を通して，ケアする能力が芽生えていく。しかし，この場合にケア関係を母子関係に求めるならば，彼女自身の母親としての経験から導きだされたケアの原型といわれようとも，キテイと同じくジェンダーの視点からの批判は免れない。また，今日においては虐待や育児放棄などにみられるよ

うに，母子関係が必ずしも良好なケア関係にあるとはいえない。心理学的知見からもわかるように，母親にかわる養育者とのケア関係でもケアする能力が芽生えるのであり，乳児期からケアする能力を育て錬磨していくケア関係の成立・維持こそが重要性を増している。

このようにみてくると，ケアの行為論が十分な説得力をもつためには，ケアする能力をいかにケアしケアされる人間的な関係に位置づけ，いかに養成するかが課題となる。

本節では，受容的・応答的な相互関係としてのケア関係の成立・維持にとって，ケアする能力とケアされる能力の双方が不可欠であるが，その前提としてすべての人々のケアする能力の形成がより重要な位置におかれるべきことを提起した。対人支援職者がケア労働を行うにあたっては，さらにこのようなケアする能力の質が問われるであろう。それは，ケア行為の力量をすべての人々に問う一般論としての行為能力論ではなく，対人支援職者の専門的な能力のあり方を問う特殊な行為能力論である。もちろん，ケアする能力はすべての人々に潜在し，時と場合によって発揮される。これに対し，対人支援職者は公共的な職務において常時ケアする能力を発揮しなければならず，しかも，それはケアされる人にとって最善のケアを受けていると感じるような高度に洗練されたものでなければならない。それぞれ支援する領域に応じて，求められるケアする能力の質は異なるが，それは専門的な知識とスキルをともないながら行使される道徳的な能力である。このような対人支援職者として発揮すべきケアする能力は，職務に就くことによって自然に育つものではなく，その職務の固有の視点から育成することが必要なものである。

## 第4節　ケアの人間形成論

ローチは，看護研究の分野からケアないしケアリングにアプローチし，「ケアする能力」が「他者によって呼び起こされることによってはじめて可能になる」（ローチ 1992, 23）として，ケアリングにおける他者との関わりを通じた人間形成機能を発揮させるうえで，意図的な教育が必要であることを強調した。ローチにとっては，人間の発達と成熟は，そのような能力を他者のために活かすことを通じて達成されるものである。いいかえると，ケアする能力を発揮できた場合に，その主体の人間的成長がみられるということができる。さらに，それは自然成長的

に発達するわけではなく，養成されなければならない能力である。

また，ケアリングと教育との関わりへの哲学的・人間学的アプローチを試みたノディングズには，ケア関係において教師と学習者の相互的・互恵的な教える教えられる（学ぶ）こと，つまり教育を通じてケアすることが，ケアの人間形成機能であるとする理解がある。そこでは，ケアすることを「よきこと」，喜びをもたらすことと措定し，ケアする人の倫理性を高めるものであることが前提にされている。これにもとづいて，ノディングズは道徳教育や学校教育のあり方を提案しているが，ケアする能力の養成を人生の一定の時期に限定しているので，ケアする人間的な能力が長い人生のどのような段階やサイクルを経て発達するのかという視点までは存在しない。

このように，看護と教育という分野の違いにもかかわらず，ケアする能力は自然に発達するのではなく，養成されていくものであるという人間形成の視点がみられる点では共通している。このため，人間形成論としてケア関係をみていくと，やはり分野を問わず，ケアする能力を養成することが課題となろう。林（2003）は道徳教育論として「ケアする心」を育むことを提起しているが，それは道徳的能力というべきものであるから，ケアする能力といいかえてもよいだろうし，道徳教育論は人間形成論に包含されうるのである。

教育の原点に立ち返ると，ケアする能力は人間の後天的能力による後天的学習を促し助ける働きである。それは，乳児期に芽生えるとしても，生まれつき身にそなわっている先天的能力というものではなく，ノディングズ等のいうように，まったく無な状態で生まれてくる人間の子どもがケアされることによって芽生える後天的能力である。さらに，他の道徳的諸能力にみられるのと同様に，ケアする能力が発達段階に応じて変化するものとして，その変化の過程は一生涯という広い視野においてとらえることもできる。

エリクソンの心理・社会的レベルの発達理論では，パーソナリティ発達を遂げた成人期の人間の獲得した徳が「世話・配慮」＝「ケア」であり，これが他のすべての世代とかかわる世代のサイクルの中で重要な役割を担い，とくに乳幼児期の子どもへのケアはケアする能力の芽生えにつながる。このような見解をふまえると，ケアの原型は，幼いころから他者へのケアを生み出すような日常を経験することにあるといえる。先述のように，ノディングズの自然なケアリングのはじまりは，このエリクソンの発達段階論における乳児期の段階に対応する。これは，乳児が授乳や排泄の世話（ケア）を中心とする親ないしそれにかわる養育者との

かかわりを通して，基本的信頼の感覚が準備されていくことを意味している。エリクソンは，このようなケアする能力を成人期の段階においては，自己犠牲的な相手へのケア，さらに自己犠牲を乗り越えた相互的なケアへと発展すると考える。

　しかし，ケアする能力の発達段階論的な先行研究はまだまだ乏しい。すなわち，この能力を道徳的な実践の能力として，その段階的な発達を説明しようとする理論に完結したものはなく，また，その視点は多様である。それでも，それぞれの段階論は関連していたり，共通する面も見られるので，あえていうならばケアする能力は幼いころに芽生え，これを大人になるまで訓練や教育をしないと，十分に力を発揮できないという視点が生涯発達論から導かれるであろう。このような生涯発達論の構築という課題の達成に，手がかりを与えてくれるのがエリクソンの理論である。この意味では，エリクソンの理論は「発達を軸にした人間形成論」（西平 1993, 71）と評価されてよい。

　エリクソンは，人格的な発達が生涯を通じて，自己と他者とのかかわりのなかで遂げられていくと考え，人生の各期で獲得すべき道徳性あるいは活力はそれぞれ異なるという段階論を唱えた。これに対して，ギリガンはケアする能力そのものの発達段階を考えた。それは，ケアの道徳性発達段階論の構築の試みにつながった。コールバーグの正義の道徳性発達段階論が女性の発達にはあてはまらないため，世話（ケア）を大切にする女性の道徳性の発達を論じようとしたものである。これは，ケアの倫理の視点であるが，正義の倫理との統合を試みようとしたので，ジェンダーを超えたケアの道徳性発達段階論と評価されている。たしかに，エリクソン理論には，生涯発達の視点はあるが，獲得すべき活力としてのケアへの焦点化がない。また，ギリガン理論には，女性の道徳性と位置づけるケアの発達の視点はあるが，生涯発達の視点がない。したがって，エリクソンの生涯発達論とケアの発達の視点を提起するギリガン理論を統合するならば，ケアする能力の芽生える乳児期から高齢期までを考慮した，ケアする能力の発達段階論を構築できるであろう。

　エリクソンのいう「ケア」については，virtue（「活力」,「徳」），あるいは「人間的強さ」として位置づけることができる。エリクソンは，青年期の活力を「忠誠」，若い成人期の活力を「愛」，次の成人期の活力を「ケア」としているが，それぞれについては，強烈だが単純な他者愛，その発達としての「愛」，さらに発達した「博愛」ととらえ，これを人間としての「生きる力」と理解することができる。この意味においては，愛の発達を通してケアする能力の発達を見とおすことができよ

う。もっとも，青年期前の各段階の活力をケアする能力にどのように関係づけるかは課題である。また，高齢期は成人期の世代のケアの対象とされつつも，エリクソン理論では「知恵」という活力を獲得する段階にあり，この知恵を新たな世代に継承するために，さらに「老々介護」という現実的経験に対応して，相手に配慮したり心をくだくことがケアの実践ととらえられる。しかし，以上の発達過程については，さらなる研究が必要であろう。

　ケアが人間形成機能をもつことは明らかとなったが，それは教育におけるケア関係を通じて行われることが典型である。育児や家庭教育にはじまり，学校教育や道徳教育，さらには社会教育・生涯学習などにおいて，ケアしケアされる能力が育まれるというレベルでの人間形成であり，教育の領域に限定されている感がしないわけではない。このようなケアの人間形成機能を保育・教育関係に閉じ込めてしまう人間形成論では，ケアの豊かな可能性を阻害してしまうことになりかねない。というのも，対人支援職者がかかわる支援は保育・教育をも包含する広い領域で展開され，ケアしケアされる関係の形成・維持を通じて，支援を受ける者の問題の解決のみならず，人間的な成長・発達の促進を可能にする一方，対人支援職者の専門性としてのケアする能力を質的に高めるのにとどまらず，同じく自らの人間的成長・発達へとつながる意味をもっているからである。本節の人間形成論は，人間社会におけるケアする能力の芽生えから生涯にわたる発達の過程を追究することを提起するものでありながら，基礎的な認識と規範的な視点を示すにすぎない。それゆえ，このような基盤のうえに，対人支援職者と支援を受ける者との相互的なケア関係を通じた人間形成の理論が構築され，実践されることが課題として提起されるのである。

## お わ り に

　ケアする能力がいかなる人にも養成されうるとすれば，対人支援職者の専門性の基礎となるケアする能力を養成し高めることにどのような意味があるだろうか。ケアしケアされる必然性をもって生まれ，育てられてきた人間にはケアする能力が潜在しており，それがケア関係の基盤を形づくっていると考えられる。人間の日常生活においては，このようなケアする能力が育児や介護などにおいて発揮され，また生命の危険が脅かされたり苦難に陥っている人々への救済としてケア行為が行われている。これらのケア行為は，それまでの人生におけるケア関係を通

じて育まれてきたケアする能力にもとづいて行われるものであろう。それゆえ，必ずしも十分な能力とはいえない。だからといって，すべて「完全なケア関係」の実現が不可能とは限らない。時と場合，個別的ケースによっては，実現することが十分想定される。しかし，このようなケアする能力が，対人支援職者の専門的力量の基礎となるケアする能力に連続しているとはいえないだろう。専門職者のケアする能力の基礎はたしかに専門職に就く以前に培われているが，公共性のもとにケア行為を遂行するに値するケアする能力の育成は異なる次元の問題である。

そこで，専門職者のケアする能力を訓練あるいは教育することは，ケアする行為の高度化のみならず，倫理化をはかり，「完全なケア関係」を実現することにつながっていくと考えられる。ケアする能力が具体的にどのようなものであり，それがどのように効果的に発揮され，それがどのような意味をもつかについては，とくに福祉や看護・医療の分野において深く追求されてきたが，それ以外の分野では必ずしも活発であったと評価することはできないであろう。いずれの分野においても，ケアする能力を発揮する行為は，ケアの倫理に合致するものでなければならない。しかしまた，これらの対人支援職者のケア行為は，職務の特殊性や固有性に応じた職業倫理にも合致するものでなければならない。

職業倫理については，その形成・確立に向けて努力がなされ，倫理綱領を制定して職務を遂行している分野もある。もちろん，完璧なものではないため，今後とも諸課題を克服していかなければならないだろう。職業倫理の形成・確立に意識的に取り組んでいない分野もあり，対人支援職者としての専門的な力量形成のためにもその形成・確立が必要と考えられる。ケア行為を労働の核とする職業倫理は，やはりケアの倫理の導くケアまたはケリングのマインドの円熟した専門的職業人の倫理であるべきだろう。本研究はケアの倫理を根本的に検討したものではなく，ケアの倫理の根源的な追求については今後の課題とする。しかし，第1節から第4節までの各論は，対人支援職者の専門的職業能力の基礎となるべきケアする能力の育成・訓練にとっての今後の方向を提示したものである。また，これまでのケアする能力の育成の理論の再構築を促す新たな視点を提起するものと考えている。

本研究においては，ケアの哲学として，支援の概念との関係構造論，存在論，行為論を展開しながら，それらをケアする能力の発達論としての人間形成論に収斂させた。しかし，ケアが人間の存在や行為により根源的にかかわる概念である

とすれば，さらなるケアの哲学的な探求が求められるので，実証的な科学との関係が問われるだろう。すなわち，ケアないしケアリングは，人間存在にかかわる根本的な概念であると同時に，実践的な行為にもかかわるのだが，哲学上の概念が科学の発達によっても変化してきたことにかんがみると，ケアの哲学もケアの科学的探求の成果を取り入れる柔軟性が求められる。

　このことから，今後の課題の第1としては，ケアの哲学の科学的基礎ともなりうる「ケアする能力」の発達を促進する学習の理論を再構築することがあげられる。そして，第2の課題としては，ケアする能力の生涯発達の理論の構築があげられよう。エリクソンの発達段階論は，乳児期から高齢期までの各段階の心理社会的課題をあげたものである。ところが，今日の生涯発達研究においては，とくに青年期のアイデンティティ形成が成人期や高齢期の課題としても追究されるようになっている。しかも，数は少ないが，幼児期から高齢期までのライフサイクル全体にわたるアイデンティティ発達について検討した研究もでてきている。このことからも，エリクソンの生涯発達論，ケアの発達の視点を提起するギリガン理論，ノディングズ（2002）の提起した家庭から社会政策にまでケアを適用する理論を整合させ，ケアする能力の芽生える乳児期から高齢期までを考慮した，ケアする能力の発達段階論の構築の可能性を示唆することができる。

　しかし，これらの課題はきわめて抽象的な提起であり，実証的・実験的な知見をふまえ，具体的事例で裏づけした精緻な理論として構築されなければならないであろう。

（小林　建一）

## 参考文献

遠藤由美（2005）「人間関係──人と人が向き合うとき──」無藤隆・森敏昭・遠藤由美・玉瀬耕治『心理学』有斐閣。

林泰成編（2003）『ケアする心を育む道徳教育──伝統的な倫理学を超えて──』北大路書房。

ハイデガー，マルチン（1927）（熊野純彦訳 2013）『存在と時間』岩波文庫（1・2）岩波書店。

広井良典（2010）『ケア学──越境するケアへ──』医学書院。

広井良典編（2013）『ケアとは何だろうか──領域の壁を越えて──』講座ケアⅠ，ミネ

ルヴァ書房。

池田喬（2011）「生死の存在論から他者依存性の政治哲学へ——共生の哲学のために」編集人池田喬・前田晃一・UTCP『共生の現代哲学——門脇俊介記念論集』（UTCP Booklet 18）東京大学グローバル COE「共生のための国際哲学教育研究センター」。

今田高俊（2004）「福祉国家とケアの倫理——正義の彼方へ——」塩野谷祐一・鈴木興太郎・後藤玲子編『福祉の公共哲学』公共哲学叢書，東京大学出版会。

キテイ，エヴァ・フェダー（1999）（岡野八代＋牟田和恵監訳 2010）『愛の労働あるいは依存とケアの正義論』白澤社。

小林建一（2012）「シティズンシップ教育における『正義』と『ケア』の統合の意味構造——『正義感覚』の能力と『ケア』の能力の相互補完関係をめぐって——」『聖園学園短期大学研究紀要』第 42 号，聖園学園短期大学。

MacIntyre, A., (2001) *Dependent Rational Animals: Why Human Beings Need the Virtues*（Paul Carus Lectures）, Open Court Pub Co; New ed.

三井さよ・鈴木智之編（2011）『ケアとサポートの社会学』法政大学出版局。

無藤隆（2005）「情動」無藤隆・森敏昭・遠藤由美・玉瀬耕治『心理学』有斐閣。

村田久行（2012）『改訂増補ケアの思想と対人援助』川島書店。

メイヤロフ，ミルトン（1971）（田村真・向野宣之訳 1987）『ケアの本質——生きることの意味』ゆるみ出版。

ノディングズ，ネル（1984）（立山義康他訳 2003）『ケアリング——倫理と道徳の教育——：女性の観点から』晃洋書房。

ノディングズ，ネル（1992）（佐藤学監訳 2007）『学校におけるケアの挑戦——もう１つの教育を求めて——』ゆるみ出版。

Noddings, N., (2002) *Starting at Home*, University of California Press.

Noddings, N., (2005) *"Global Citizenship: Promises and Problems"*, in Nel Noddings (ed.), Educating Citizens for Global Awareness, Teachers College Columbia University.

西平直（1993）『エリクソンの人間学』東京大学出版会。

ローチ，M・シモン（1992）（鈴木智之他訳 2007）『アクト・オブ・ケアリング——ケアする存在としての人間』ゆるみ出版。

塩野谷祐一（2003）『経済と倫理——福祉国家の哲学——』公共哲学叢書，東京大学出版会。

城塚登・片山洋之介・星野勉（1997）『現代哲学への招待』有斐閣。

上野千鶴子（2011）『ケアの社会学——当事者主権の福祉社会へ』太田出版。

柳澤嘉一郎（2011）『利他的な遺伝子——ヒトにモラルはあるか——』筑摩書房。

# 第2章　対人支援が「成人教育」になるとき

## はじめに

　いま，実践的にも理論的にもケアと教育とが分かちがたく展開されている。吉田敦彦（2012）は教育と福祉との協働的・補完的な関係を，①教育の母胎としての福祉，②福祉の方法としての教育，③福祉における教育的支援，④教育における福祉的支援の4つに整理しながら，実際にはこれらの協働・連携は困難な確執や対立を生みだしていると指摘する（吉田2012, 7）。

　本稿が焦点をあてるのは，こうしたケアと成人教育とが接近し相互に越境するなかで生成されている，対人支援職者の力量形成の課題である。これらの越境的な実践の生成のなかで，成人教育研究は次のような課題に直面しているといえるだろう。

　第1に，成人教育とは何かということである。成人教育に関わる労働とケアに関わる労働との質的なちがいが見えにくくなっている。例えばケアに関わる労働では，保健師は，地域を歩いて住民の健康相談にのったり，健康や暮らしを改善するための健康教育をしたりする。公民館職員らしい特徴をもつ。看護師も，患者の生活習慣を改善するために，患者が自らの状態を意識化し自ら学んでいくためのさまざまな働きかけをおこなう。

　一方，成人教育の労働においても，ケアを意識せざるをえない場面が増えつつある。たとえば，社会教育施設における利用者にたいしてケア的対応を求められることも少なくない。震災の避難所となった社会教育施設において，職員は避難してきた市民の心理に配慮したり集団の維持に苦慮したりと，伝統的な教育や学習支援という用語では把握できない内容の職務を担ってきた。

　これらは，ケア的な実践が成人教育にもなり，成人教育に関わる実践がケアにもなるような，いわば成人教育の理論と実践に関する新しい現象が生まれていることを示している。このように現在生じているケアと成人教育との越境的な実践は，どのような意味で「成人教育」といえるのだろうか。

　しかしながらケアは学際的にアプローチされている領域であるが，こうした越境のなかで生じる実践を「成人教育」として分析することは十分に行われてきた

わけではない。例えば社会学では，ケアをとりまく社会関係の布置の機制やその変化がとらえられてきている。ケアが何らかの価値や目的意識のもとにおこなわれる行為となるとき，そこには学習や教育が生じるが，社会学的な分析ではそうした学習や教育をとらえる関心はやはり弱いようにみえる。一方教育学ではケアリングという概念を導入した研究がなされてきているが，多くの場合学校教育が主たる舞台となっており，実際のケア労働それ自体にともなう教育・学習の教育学的分析は十分ではない。このように従来のケア論には，特に成人教育論的分析の不足という限界を指摘できる。この部分に成人教育研究が対人支援研究にはたす役割の1つが存在するのであり，本稿は対人支援の成人教育的可能性を探究することを目指すものとして位置づけられる。

　第2に，ケアと成人教育との越境的な実践が社会に広がっているという現象である。ケアでもあり成人教育でもあるような越境的な成人教育は，社会の周縁の一部分にのみ存在するのではなく，社会の至るところに広がっている。従来は，社会教育と社会福祉との関係は教育福祉にかかわる問題として認識されてきた。それは「教育と福祉の谷間にある諸問題」であり，教育と福祉の双方から疎外された子ども・青年の学習権保障の問題が提起されてきた。しかし，いま広がるケアと成人教育との越境的実践は，そうした子ども・青年の学習権保障に留まらない射程をもっている。

　さらに，こうしたケアと成人教育との越境的な実践は，社会教育とは無縁の医療・福祉施設等においても展開されている。社会教育研究の伝統的な対象とは離れた実践にも「成人教育」の現象が広がっているのである。このような「成人教育」の広がる社会をどのようにとらえたらよいのだろうか，そしてこのときの「成人教育」とは何であろうか。理想的な「学習社会」の到来なのだろうか。対人支援職の力量形成とは，このように成人教育・成人学習が新しく浸透する社会との関わりのなかで論じることが必要であろう。

　本章が論じるのは，このような，至るところにケアという「成人教育」が出現しつつある社会と，このときにあらわれる対人支援職の力量形成の課題についてである。以下では，最初に，ケアの意味を整理しながら，ケアはどのような意味で成人教育なのかを確認する。次に，ケアという「成人教育」が広がる社会にはどのような陥穽があるのかを指摘する。最後に，これらの現象は対人支援職の力量形成という課題にどのような示唆を提起するのかを考察する。

## 第1節　ケアとは何か

　ケアはどのような成人教育なのかを問う前に，ケアとは何かを整理したい。ケアについて精力的に議論を展開している1人が三井さよである。三井（2004）によれば，従来のケア論は，対患者関係に注目したものと，医療専門職間関係に注目したものとにわけられる。そして対患者関係を論じたケア論はさらに，看護学や社会福祉論で多く展開されるケア技法論と，倫理学で展開されるケア倫理論とにわけられる。なおケア技法論は，単なる技術だけではなくものの見方といった技法 art についても展望されている[1]。またケア倫理論は，たとえば「まるごと自分をかかわらせる」「ただ患者を受け入れる」といったような，ケアをより人間的で無限定的な行為として捉えようとする議論である（三井 2004, 64 〜 74）。
　そのうえで三井は，こうした従来のケア論には，ケアを十分に相互行為過程としてとらえていない限界があると主張する。たとえばケア技法論の議論は，「他者としての患者はいない」ために，「ケアにおける相互行為過程を医療専門職の側の主体性に回収してしまう傾向」にある。一方，ケア倫理論は「他者としての患者を重視するあまり，それ自体独自の主体でもある医療専門職を軽視してしまった」（三井 2004, 76）。それゆえ，「あくまでも他者である患者との関わりの中で，1人の主体としての医療専門職が患者の『生』の固有性にどう向き合おうとするのか，それを探らなくてはならない。つまりは，ケアをあくまでも『相互』行為過程として捉え返すことが必要なのである」（三井 2004, 77）。
　では，こうした相互行為としてのケアとはどのようなものなのか。三井はケアを「他者の『生』を支えようとする働きかけの総称である」と定義する（三井 2004, 2）。ここでいう人の「生」とは，人によって固有のものであり，また疾患や生活の状況によって変化するものでもある。他者の「生」を支えるということは，そうした「生」の固有性に合わせて固有な働きかけをするということである（三井 2004, 24 〜 28）。
　ただし，このような「他者の『生』を支えようとする働きかけ」とは，単に「ケアされる側」を「全人的 whole-person」にとらえ，「ケアする側」も同様に「全人的に」かかわるということではない。例えば三井は，看護師の職務における「戦略的限定化」という態度を指摘している。看護師は問題的状況に直面したとき，患者に対して担う責任の多大さと，それを全て担うことの困難さにぶつかる。こ

うした問題的状況のなかにあって，患者に対して責任を担うために看護師は自らの責任範囲を限定する。つまり戦略的限定化とは，「まずは，自らのなすべきことやできること，自らと相手との関係性，こういったものを，そのつど生じた問題的状況に即して限定することであり，また同時にそれによって，限定された範囲内においては無限にありとあらゆることを試みようとすること」である[2]（三井 2004, 108〜109）。

このようにケアとは，無限定に他者に寄り添うことではない。三井はこれを「相手に近寄りつつも，同時に自分と同一ではないと意識すること」であり，「相手を『他者』として見つめつつ寄り添おうとすること」と指摘する（三井 2010, 174）。ケアとは，ケアされる側に寄り添いつつ，ケアされる側と距離をとろうとする正反対のベクトルを同時に内包する行為であるといえる。同様に例えば崎山治男 (2005) は，看護師の労働を，「合理性」と「感情性」との重層的関係のなかにある感情労働としてあらわしている。崎山によれば「合理性」と「感情性」との葛藤は次のような局面で生じる。ひとつには，患者を集団としてとらえ，組織の効率・利潤追求という意味での「合理性」と，個々の患者への配慮というニーズ解釈・応答といった「感情性」との矛盾に直面する可能性である。もう1つには，自身と患者ないしは患者間の適切な距離を維持するという意味での「合理性」と，個々の患者に配慮するという「感情性」とが矛盾する可能性がある。

しかし崎山によれば，こうした「合理性」と「感情性」は単純な二項対立的な重層的葛藤としてとらえられない。「合理性」と「感情性」は併存しているという。なぜなら，「感情性」を重視しつつ「合理性」にも配慮するという志向性は看護実践のなかに埋め込まれており，そもそも「感情性」を重視した感情管理がなければ患者の心理的ニーズを発見・解釈できないからである（崎山 2005, 145〜162）。

なお，こうしたケアの過程のなかで，ケアする側は必然的に自己を省察することになる。つまり「他者の『生』を支えようとすること」は，「ケアする側」自らの主体的な問い直しの過程へと連なる。例えば尾崎新（1997, 1999）は，「ゆらぎ」という用語で，実践のなかで経験する動揺，葛藤，不安，迷い，わからなさ，不安感などをとらえ，この「ゆらぎ」という経験こそが対人支援職の原点であると主張する。なぜ「ゆらぎ」が対人支援職の原点になるのか。それは，「人はいかに生きるのか」「人はいかに自己実現するのか」「自分らしさとは何か」について，「つねに正しい画一的な答え」は存在しないからである。どのようにケアしたらよい

のか,最初から答えがわかっていることなどない。つまり「援助の専門性は曖昧さ・無力感を出発点として形成される」(尾崎 1999)。むしろ対人支援職とは,そのように「曖昧」だからこそ,「創意工夫」をして柔軟かつ自在に「しなやかな」対応をすることができる。尾崎は,対人支援の中核的な技術とは「相手に働きかける技術」ではなく「自分に働きかける」技術であると指摘する (尾崎 1997, 22)。

　しかしながら,このようにケアは,ケアする側が実践コミュニティの相互行為のなかで他者に「他者」として省察的に寄り添う過程であるものの,実践のなかで主体的に省察したり個性的な実践を行うことには困難や矛盾がともなう。例えばチャンブリス (2002) は,病院の看護師は次の使命や役割を同時に満たすことを期待されていると指摘する。それは,① 思いやりのある (caring) 人間であり,② 専門的職業人であり,③ 組織内では比較的従属的な立場のメンバーである,というケアリング,プロフェッショナリズム,従属という3つの使命と役割である。しかしこれらの使命や役割は矛盾しており,ジレンマが生じる。「思いやりがありかつ専門的職業人で,従属的立場にあるが責任もあり,患者の全人的なウェル・ビーイングにくまなく責任を負うが,同時に病院に対しては経済的な雇用関係を持つ,というようにナースに課せられた使命には矛盾がある」(チャンブリス 2002, 85)。対人支援職のケア労働は,職場における矛盾した使命のなかで葛藤を抱えながらも専門的実践をおこなうところから生じるといえる。

　このように対人支援職の行うケアは「真空状態」のなかで生まれるのではなく,職場内外の実践コミュニティのなかで要求され構築されるものである。このなかで相手を「他者」として見つめつつ寄り添おうと創意工夫をしようとしても,対人支援職は多面的な要求の前に身動きがとれなくなることがある。繰り返しになるが,このとき重要なのは,身動きがとれなくなるということである。業務的な態度で合理的に行動すればよいだけであれば,葛藤は生じない。ケアされているその人の思いや「生」を人間的に支えようとするがゆえに葛藤が生じる。三井は「看護職は,『患者のため』を志向しているのであり,『専門性』がさきにあるのではない」と指摘する (三井 2010, 156)。「自分がその場で相手 (＝患者) に何をするのかをまず問題」にして (三井 2010, 156),その人のために寄り添おうとするからこそ,葛藤が強くなる。このようにケアとは,実践コミュニティにおける相互行為のなかで,ケアされる人に寄り添おうとする強い感情を基盤とする重層的で葛藤的な省察の過程として描くことができる。

## 第2節 ケアとはどのような成人教育なのか

　ここまでみてきたように，ケアとは，ケアされる人に重層的・葛藤的に寄り添うことである。では，この「寄り添う」ということは，どのような点で成人教育になるのだろうか。ケアとして他者に「寄り添う」ということには，大きく次の3つの立場が存在するようにみえる。

　第1に，ケアされる側の主体性や自己決定性への注目である。ケアされる人びとが社会に参加したり，自らのことを自己決定していく主体となることが目指される。例えば津田英二（2006）は，知的障害のある成人の学習支援として次の2点を指摘している。1つは，学習支援が生活支援に深く関わるということである。もう1つは，学習支援が知的障害のある成人自身の主体的営為をめぐり行われるということである。つまり「知的障害のある成人の学習支援論は，知的障害のある成人の生活全般の置かれた状況に深く関与しながら，知的障害のある成人の自律性，自発性，自己決定性を中心に据え，それらを支援したり，学習者の自律的，自発的，自己決定的な学習や行為一般のあり方を模索するものなのである」とされる（津田 2006, 8）。

　第2に，協働性を強調する立場である。例としては，べてるの家の「当事者研究」を挙げることができる。それは，一人ひとりがかかえる病気や生きづらさを，あたかも「研究」のように自らを分析することで問題を外在化し，協働的に意味づけるというものである。「一人ひとりがかかえる生きづらさをテーマ化してテーブルの真ん中に置くように，みんなで，ワイワイ，ガヤガヤと議論し，ユニークな対処の仕方や捉え方を生み出そうとする」試みである（向谷地 2008, 117）。これは，当事者同士による自己の協働的な探究といえる。自己を内省するのではなく，他者にひらき，他者とともに自己を発見することで，自己形成がめざされている。

　河野哲也（2013）は，こうした「当事者研究」とは「治療」ではなくまさに「学習」であると指摘する。どのような「学習」なのか。河野によれば，それはデューイの問題解決学習（Problem Solving Learning）の一種であり，「デューイのいう意味での自己についての真の学び」であると主張する（河野 2013, 88）。なぜこのような「当事者研究」が重視されるのかといえば，それは医療や教育といった分野は，「当事者による目的設定をないがしろにして行える学問ではありえない」からである。「医療や教育は，当事者を『成長』させることなどできはしない。当

事者が自ら発達する過程を，側面から支援し，促進するものでしかありえない……医療や教育の本質は，生命の内在する力を引き出し支援するという意味でのファシリテーションであるべきであり，実際，この力に寄り添う以外の介入方法はありえないのである」（河野 2013, 86）。

また，近年ケアを「場づくり」の実践としてとらえるものが注目されているが，これもケアをとりまく協働的な関係性や空間に焦点をあてるものである。「場づくり」とは，「多様な問題もニーズも人びとも集まるなかで，相互作用を活性化して，問題構造そのものを変化させ，資源が発見されていくような『場』を設定し，それを見守る，そしてフォローするアプローチである」（穂坂 2013）。そのような，いわば学びあいの「場」，学びあい育ちあうコミュニティをつくることが「ケア」になるということである。「何らかの困難を抱えている人に対して，多くの人やモノが織りなす〈場〉が，何よりも大きな支援やケアになることがある。誰かひとりの配慮や働きかけに還元できないような，さまざまな人のちょっとしたかかわりや，その〈場〉全体を流れる空気のようなものが，そこにいる人をケアし，支えているように見えることがある」（三井 2012, 13）。こうした「場」の力とは，実践コミュニティに参加することによるインフォーマルな学びあいとしてとらえられる。

第3に，個人やコミュニティをとりまく抑圧的な状況の変革も目指すという立場である。例えばこれについては「エンパワーメント」概念を指摘することができるだろう。ソーシャルワークにおいて「エンパワーメント」とは，「個人，家族，集団，あるいは地域が内部からパワーを発展させること」と定義される（グディエーレス他 2000, 4）。この概念の基盤にあるのはフレイレの教育論である。つまり社会的に不利益を受けている人びと自身が，自分自身や世界を批判的・対話的に意識化し変革していくことが重視されている。このようにして「クライエントたちが自分たちの生活に影響を及ぼし，また関心をもっているような出来事に参加したり，統制を分担したり，影響を与えたりするようなパワーを強めていく」ことが目標とされる（グディエーレス他 2000, 16）。このエンパワーメントの過程は「学習」の過程でもある。

これら3つに共通するのは，いずれもケアされる側の自己省察を必ずともなうということである。ケアとは，「ケアされる人のために」という思いとともに，実践コミュニティにおける相互作用のなかで自己を省察的に構成していく過程であるといえる。つまりケアとは，これらの方法を経由することによる「学習」を引

き起こすことであり，成人教育なのであるといえる。ノールズ（2001）は，「もし『成人教育者』が成人の学習を援助する何らかの責任のある人をさすのであれば，この国の何と多くの人びとにこの称号が与えられることになるだろう」（ノールズ 2001, 10）と指摘している。学習を支援するという意味において，対人支援職とは「成人教育者」なのであるといえよう。

## 第3節　「成人教育」としてのケアの陥穽

　問題は，これらケアに付随する「成人教育」をどのように評価したらよいのかということである。特に，こうしたケア的な成人教育が，福祉，医療，教育など社会の至る所に広がっていることに注意する必要がある。ケアされる人びとが自己を省察的に構成していく実践が広がる社会のなかで，この「成人教育」をどのようにとらえたらよいのだろうか。

　そもそも上野千鶴子（2011）が指摘するように，ケアは文脈依存的であり無条件に「よきもの」とすることはできない（上野 2011）。成人教育も同様である[3]。つまりケアは「成人教育」になるときがあるが，それは必ずしも「よきもの」とはいえない可能性がある。ところが対人支援研究やケア論においては，教育的なアプローチそのものがもつ陥穽を指摘する論考は少ない。本章では，ケアが「成人教育」になるときの陥穽について，次の点を指摘する。

　第1に，ケアが「成人教育」である社会とは，まさに「ゆりかごから墓場まで」生涯にわたって学習を強いられる「学習社会」となる。例えばフィールド（2004）は，ベックやギデンズのいう再帰的近代やリスク社会のなかに再帰的で自己反省的な学習がたえず求められる「学習社会」をとらえ，それを「生涯にわたる意図的・反省的学習の猛烈な爆発」と表現する（フィールド 2004, 70）。ケアされる人もたえず学習することが求められる。あるいはこうした社会を，フーコーのいう「生－権力」が幅広く浸透し，人びとが「生」をめぐり自己管理し自己規律化していく社会としてとらえることもできるだろう。

　これは教育という名の「介入」が正当化される社会でもある。例えばマーゴリン（2003）は，エンパワーメントというレトリックによって「ソーシャルワーカーは，クライエントの生活のなかに闖入し，行動を起こし，結果を判定し，用語と意味とを統制した」と指摘する（マーゴリン 2003, 268）。

　第2に，その教育観・学習観である。ケアにおける教育観・学習観は，エンパ

ワーメントなどの一部を除けば，個体主義的な学習観・教育観にたっている。例えば，「学習」に影響を及ぼすのは，せいぜいケアする人・される人の二者間関係であり，その他の媒介物についてはほとんど考慮されない。また，その学習観も楽観的な立場にあるといえる。例えばラガー（Rager, K 2003）は，肺がん患者の自己決定学習を論じている。肺がんという「危機的な状況」においても患者自身の自己決定的な学習が素朴に求められる。こうした観点は，成人教育研究においては楽観的な観点として批判されてきた。セルベロとウィルソン（Cervero & Wilson 2001）は，ノールズのアンドラゴジーを「成人の学習を支援することによって，成人教育者は，個人の生活を改善することができるし，また組織の有効性を高めることができるし，さらに社会のニーズに適合することができる，という信念」があり，しかしそれは楽観主義であると批判する（Cervero & Wilson 2001, 4）。

第3に，ケアも「成人教育」であるということは，専門職間の関係への挑戦をもたらす。医療や福祉におけるケアが社会教育・成人教育の対象になるということは，社会教育・成人教育の概念そのものの問い直しを迫るものである。一方このことは，他職種間の境界設定の問題をひきおこす。フロスト（Frost, N 2001）は現在の専門職を「正統性をめぐる闘争」として位置づける。いま専門職にとって専門性やその正統性は，他の社会集団によって挑戦されるものであると同時に，社会の急速な変化もまた専門職にその専門性の質と正統性を問い続ける。この「闘争」のなかで，専門職は自身の実践の専門性や正統性について省察せざるをえない（Frost 2001, 9～16）。ケアと成人教育とで，自らの専門性の「正統性をめぐる闘争」が生じる。

第4に，ケアが「成人教育」であるということは，国家との関係性においても考察されるべき余地がある。周知のとおり，社会教育行政は教育行政であることによってその役割を制限されている。しかし社会教育行政の守備範囲以外にも，ケアという「成人教育」の領域が多様に広がっているということになる。ジャービス（2001）も指摘するように，そうしたセクターにおける「成人教育」は教育行政以外の省庁によって国家管掌を受ける（ジャービス 2001, 19）。

## 第4節　対人支援職の力量形成をめぐる課題

以上をふまえ，最後に対人支援職の力量形成の課題について指摘したい。
第1に，ケアの過程における非対称的な権力関係をどのようにとらえるのかと

いうことである。対人支援職の力量は実践のなかで社会的に構築されるが、その相互作用のなかで対人支援職は経験を省察し力量を形成する。しかしその相互作用の質とはいかなるものなのか。例えば信田さよ子（2008）は、専門家と当事者との関係にかんして次のように指摘する。「当事者と協働（コラボレーション）することを強調する言説は、21世紀に入りますます増加しつつある。当事者から学び、対等な関係を心がけるという言説も同様である。しかし、はたして対等な関係性とはどのようなものだろうか」（信田2008, 155）。

つまりケアする側とケアされる側との関係性はどこまでも「対等な関係」にはなりえない。そうであれば、実践コミュニティの相互関係のなかで省察するということに楽観的な意味を与えるわけにはいかなくなる。「当事者から学ぶ姿勢をもっているのが望ましい専門家像であることは言うまでもないだろう。学ばないより学んだほうがいいには違いないが、学ぶためには多くの障壁があることをどれだけの援助者が自覚しているのだろう……両者のあいだには、もっと微細で複雑な、時には敵対や闘争といった関係性が展開しているかもしれないのだ。その部分に触れず、時には気づかずに両者の関係性を語ることは一面的でしかないだろう」（信田2008, 143）。

フェンウィック（Fenwick 2008）はワークプレイスラーニングをめぐる成人教育研究の課題の1つとして、学習に作用する権力関係の実証的研究が不足していることを指摘している（Fenwick 2008）。ケアという「教育」が必ずしも「よきもの」ではないなかで、ケアにともなう教育・学習が、どのような権力関係のもとで教育・学習として成立しているのかをとらえていく必要がある。

第2に、対人支援職としてのアイデンティティについてである。対人支援職は、ケアされる人のためにという思いをもちつつ自己を省察的に構成していく。状況的学習論によれば、実践への関与の深まりとともにアイデンティティも変容する。つまり対人支援職の力量形成は対人支援職のアイデンティティ形成の過程として描くことができる。

しかし問われるべきは、ここでいう対人支援職のアイデンティティとは何かということである。田辺繁治（2008）は、エイズの自助グループを例に次のように指摘する。「エイズの自助グループにとって、アイデンティティといわれる主体の形式はもはや存在しえないだろう。HIV感染者であり、エイズ患者であり、自助グループのメンバーであるというアイデンティティがあるとすれば、それは消去されるべきものである。……自助グループにおける主体とは、まさに消去と転換

の可能性に生きる主体なのである」(田辺 2008, 92〜93)。

これはレイヴとウェンガーが示す「コミュニティの一部となる」アイデンティティとは異なり，主体のアイデンティティが「多様に転換・形成され，つねに持続する形成過程のなかにある」ことを示している（田辺 2008, 93）。この指摘は，自助グループのメンバーだけではなく対人支援職のアイデンティティについてもあてはまるといえる。そもそも対人支援職のアイデンティティは，実践コミュニティにおける相互行為のなかで形成される。ケアされる側が「消去と転換の可能性に生きる主体」であるならば，対人支援職も同様の影響を受ける。

対人支援職は，このようなアイデンティティの多様性とゆらぎのなかで力量を形成していく。しかし成人教育研究においては，主体は，「ゆらぐ」ことはあっても，最終的には研修等で「省察」することにより，職業的なアイデンティティを形成し活躍する姿が美しく描かれてきたといえる。しかしそうではなく，対人支援職は，自らに身体を委ねる「剥き出しの主体」でもある「ケアされる側」と向き合い，職場の感情ルールや厳しい労働環境とのはざまのなかで，アイデンティティが暴力的なほどに揺らぐ（天田 2004）。社会教育研究や成人教育研究では，そのようなアイデンティティ論不在のなかで力量形成が語られてきたといえる。

では，対人支援職はどのようにしてアイデンティティを形成しているのだろうか。前田拓也（2009）に依拠すれば，それは関係性を変えていくプロセスであり，そしてそれは身体を使用した「まるごとの経験」のなかで形成されるという。「『介助者になる』ということは，単に『専門性を獲得する』とか，『障害者のニーズを理解する』とかいったことのみを示すのではない。いわば健常者が，『介助』をめぐって障害者と相互作用を取り交わすことによって生じる自己の立場性やアイデンティティの揺らぎをときに見つめ，ときに疑いながら，それでもなお『現場』にとどまりつづけることによって，障害者との関係性へのフィードバックを繰り返し試みるプロセス」である（前田 2009, 10）。具体的にはそれは「障害者との距離をはかる営み」であり，「身体を通じて障害者という他者とのかかわりかたを『まるごと』体得する営み」であるという（前田 2009, 321）。

なお田辺（2012）は，自助グループにみられる自己や他者の生への強い関心をもとにした，共感的・情動的で触発的な「情動のコミュニティ」は，「みずからの慣習的実践を見直しながら，変動する状況の中で共有されるべき生の意味を問い，情動の働きによって，みずからと他者と変様させながら新たな関係性を形作る」ことによって，生権力が展開する緻密な統治テクノロジーに対する抵抗の可能性

をもつと指摘している（田辺 2008, 265 〜 266）。

　第 3 に，対人支援の職場構造をどのように分析するのかということである。特に，ケアという対人支援労働は，社会的に一定の専門性を期待されるようになっているということは重要である。例えば庄司洋子（2013）は，家族ケアではなく「ケア・サービスにおいてはじめて，ケアの質が問われるようになった」と指摘する（庄司 2013, 13）。この意味で，対人支援職とは，単にサービスを提供することが求められている職業であるというよりも，一定の専門性に基づいたサービス提供が社会的に要求されている職業であるといえる。

　ではその社会的な要求とは何か。1 つには，とくに自己監視型で市場主義的な「査定社会」化した現代社会では，「ケアする側」「ケアされる側」双方の「学習」の方法や成果が容易に標準化され合理化される可能性もある。職場や職務の構造のなかで要求されている「学習」とは何か，どのように評価されているのかをとらえることは重要な課題となる。

　もう 1 つには，ケアと成人教育とが分かちがたく位置づけられるなかで，対人支援職の自己省察への要求の強化である。この強調が，感情労働や「心理主義」を強化するという可能性もある。このような感情労働の強化や心理主義化を，現状を変革しエンパワーメントするための学びをとらえてきた成人教育研究がいかに乗り越えることができるのかも今後の課題となるだろう。

（松本　大）

注

1）例えば技法 art としてのケアとは，1 つには「専門性をもっていないといわれる多くの主婦たちが介護の仕事について，老人の生活や福祉になにほどかは役立っている事実」（副田 2008, 18）に象徴されるだろう。三好春樹はレヴィ・ストロースに依拠して，力任せで，本は読まず，研修にも行かないが，実際には高齢者たちに受け入れられ大きな役割を果たすようなケアを「ブリコラージュとしてのケア」とよぶ。つまりそれは「近代的方法論に比べて遅れているのではなくて，むしろ近代的な価値の代わりとなるもの，近代の分業化されて意味を失った労働を越えていくものなのだ。『サイエンスにはなりえない』のだから，無理に客観的データにする必要はない。その代わり，『アートにはなりうる』」（三好 2008, 159）。

2）なお三井は，「看護師がありとあらゆることを試みたからといって，それで患者の『生』を支えられるとは限らない」と指摘する。そのように不確実であるからこそ，三井は他

の看護職や医療専門職との協働に可能性を見い出している（三井 2004）。
3）ジャービス（2011）は「教えること」（teaching）には「肯定的な意味と同じく否定的な意味も含まれる」と指摘している。たとえば「学びたいとは思わなくても教えてもらわなくてはならない場合があること，あるいは学ばなければ罰を受ける場合があること」といった例があげられる（ジャービス 2011，31）。

## 参考文献

天田城介（2004）『老い衰えゆく自己の／と自由――高齢者ケアの社会学的実践論・当事者論――』ハーベスト社。

チャンブリス，D（浅野祐子訳）（2002）『ケアの向こう側――看護師が直面する道徳的・倫理的矛盾――』日本看護協会出版会。

フィールド，J（矢野裕俊ほか訳）（2004）『生涯学習と新しい教育体制』学文社。

ホックシールド，A（石川准・室伏亜希訳）（2000）『管理される心――感情が商品になるとき――』世界思想社。

穂坂光彦「福祉社会の開発と研究」穂坂光彦ほか編著（2013）『福祉社会の開発――場の形成とワーク――』ミネルヴァ書房。

グディエーレス，L.M. 他（小松源助訳）（2000）『ソーシャルワーク実践におけるエンパワーメント――その理論と実際の論考集――』相川書房。

河野哲也（2013）「当事者研究の優位性――発達と教育のための知のあり方――」石原孝二編『当事者研究の研究』医学書院。

ジャービス，P（渡邊洋子・吉田正純監訳）（2011）『生涯学習支援の理論と実際――「教えること」の現在――』明石書店。

ジャービス，P（黒沢惟昭・永井建夫訳）（2001）『国家・市民社会と成人教育――生涯学習の政治学に向けて――』明石書店。

信田さよ子「専門家は当事者から何を学ぶのか」（2008）上野千鶴子ほか編『ケアすること』岩波書店。

前田拓也（2009）『介助現場の社会学――身体障害者の自立生活と介助者のリアリティ――』生活書院。

マーゴリン，L（中河伸俊ほか訳）（2003）『ソーシャルワークの社会的構築――優しさの名のもとに――』明石書店。

三井さよ（2012）「〈場〉の力――ケア行為という発想を超えて――」三井さよ・鈴木智之編著『ケアのリアリティ――境界を問いなおす――』法政大学出版局。

三井さよ（2010）『看護とケア―心揺り動かされる仕事とは――』角川学芸出版。

三井さよ（2004）『ケアの社会学――臨床現場との対話――』勁草書房。

三好春樹（2008）「ブリコラージュとしてのケア」上野千鶴子ほか編『ケアすること』岩波書店。

向谷地生良（2008）「逆転の発想——問題だらけからの出発——」上野千鶴子ほか編『ケアという思想』岩波書店。

ノールズ，M（堀薫夫・三輪建二監訳）（2002）『成人教育の現代的実践——ペダゴジーからアンドラゴジーへ——』鳳書房。

尾崎新（1999）「『ゆらぎ』からの出発——『ゆらぎ』の定義，その意義と課題——」尾崎新編『「ゆらぐ」ことのできる力——ゆらぎと社会福祉実践——』誠信書房。

尾崎新（1997）『対人援助の技法——「曖昧さ」から「柔軟さ・自在さ」へ——』誠信書房。

崎山治男（2008）「心理主義化と社会批判の可能性——感情を欲望する社会／社会を欲望する感情——」崎山治男ほか編著『〈支援〉の社会学——現場に向き合う思考——』青弓社。

副田義也（2008）「ケアすることとは——介護労働論の基本的枠組み——」上野千鶴子ほか編『ケアすること』岩波書店。

庄司洋子（2013）「ケア関係の社会学」庄司洋子編『親密性の福祉社会学——ケアが織りなす関係——』東京大学出版会。

田辺繁治（2012）「情動のコミュニティ——北タイ・エイズ自助グループの事例から——」平井京之介編『実践としてのコミュニティ——移動・国家・運動——』京都大学出版会。

田辺繁治（2008）『ケアのコミュニティ——北タイのエイズ自助グループが切り開くもの——』岩波書店。

津田英二（2006）『知的障害のある成人の学習支援論——成人学習論と障害学の出会い——』学文社。

上野千鶴子（2011）『ケアの社会学——当事者主権の福祉社会へ——』太田出版。

吉田敦彦（2012）「教育福祉学への招待——人類史課題としての『Edu-care』探求——」山野則子ほか編『教育福祉学への招待』せせらぎ出版。

Cervero, R. M., & Wilson, A. L., At the Heart of Practice: The Struggle for Knowledge and Power. In Cervero, R. M., Wilson, A. L., & associates, *Power in Practice: Adult Education and Struggle for Knowledge and Power in Society*, Jossey-Buss, 2001.

Fenwick, T., Workplace Learning: Emerging Trends and New Perspectives. Merriam, S., (eds.), *Third Update on Adult Learning Theory*（*New Directions for Adult and Continuing Education*, No.119), Jossey-Bass, 2008.

Frost, N. Professionalism, Change and the Politics of Lifelong Learning. *Studies in Continuing Education*, Vol.23, No.1, 2001.

Rager,K. 'The Self-Directed Learning of Women with Breast Cancer'. *Adult Education Quarterly*, Vol.53, No.4, 2003.

第Ⅱ部　学びの空間のリアリティ
看護・福祉職の実践コミュニティ

## 第3章　看護の力をいかに高めるのか
——労働の場における学びの方法と構造——

### はじめに——研究の課題と視角

　対人支援職者である看護師の専門性とは何か。それはいかに形成されるのか。その際に，教育がどのような役割をはたしているのか，ということを実証的に考察することをとおして，専門的職務能力を高める成人教育の方法的な検討を試みるものである。

　看護職の専門性については，専門職としての確立という実践的な関心もあってすでに多くの研究がおこなわれている。その教育方法については，大きく2つの理論的立場がある。1つは，エビデンスにもとづく看護（Evidece-Based Nursing）のように科学的合理性や，医療モデルを前提とした教育・カリキュラムであり，もう1つは，省察的実践家をモデルにした省察的学習にもとづく専門職教育の理論である（バーンズ，バルマン編＝田村他訳 2005，杉山委都子 2009）。

　看護におけるケアの役割の重要性を考えるとき，省察的学習の意義はいうまでもないのであるが，なかには科学的合理性，あるいは技術的合理性を否定したり，省察的実践のみを一面的に強調する理解もみられる。しかし，問題は，科学的合理性と社会的合理性を看護実践のなかでいかに統合するのか，ということになるのではないか。看護師の専門性を問う場合，このキュアとケアに対応する両者の関連を究明することが求められる。

　専門職の養成には，高等教育機関をとおした資格付与が欠かせない。さらに，専門職者の専門性は研修の機会をとおして常に維持・向上が求められる。つまり，フォーマル・エデュケーションやノンフォーマル・エデュケーションに大きな役割が期待されているのであるが，国際的には，インフォーマルな学習である「労働の場における学習」（Workplace Learning）という視角が研究の中心的なパラダイムになりつつある。D. ショーンらの省察理論（Schön 1983），陣田泰子（陣田 2006），佐藤紀子（佐藤紀子 2007）らの研究も意識化されていないが，この系譜に属するといってよいだろう。

　本稿では，看護師たちがどのように看護の仕事をしているのか，労働の過程と

学習とはどのように関係しているのか，その学びとはどのようなものなのか，これらの諸課題を実証的に明らかにしたい。それは，社会文化アプローチの視点から「労働の場における学習」の意義をとらえようとする課題でもある。

## 第1節　学び方を学ぶ——形式知から実践知・知の創造へ

（1）調査の対象者と手続き

東北地方の大学病院に勤める，およそ10年の経験をもつ看護師9人を対象に，大学病院の看護部看護研究倫理委員会の承認をえて実施した。インタビューは半構造化面接法で，一人当たり120分ほどの時間で実施し，了解をえて録音したものを逐語記録として文字化して分析した。分析テーマは，「看護師の専門性とその形成プロセスに関する研究」，分析焦点者は「大学病院で10年ほどの看護臨床経験をもつ看護師」である。修正版グラウンデッドセオリー・アプローチ（M—GTA）の分析手順にそって行ったが，彼らの主張する意味での「理論化」はせず，現象記述的研究ないしは探索的研究としてまとめている[1]。

（2）看護師としての歩みをはじめる

看護師は，高等教育機関でフォーマルな教育を受け，国家資格として看護師資格を取得する。そもそも資格とは，その職業領域で一人前の職務をすることができることを社会的に認定するものであるが，しかしながら，4月に病院に入職したとき，彼・彼女たちはほとんど何もできない。「挨拶をする」「遅刻はしない」ということから学びはじめる[2]。

　　看8：いえいえいえ，全然，全然です。はい。もう仕事はゼロからスタートなんですね。看護学校行ってやれるのなんて，洗髪のやり方とか，足浴のしかたとか，あとは，点滴とか刺すのはやらないですし。採血しかやらないんですよ。まずはなんか，何ができるって，何もできない状況で，なんかお試しで，人生で1回刺したことがあるぐらいの感じで。

学校というフォーマルな機関で受けた教育は，そのままでは臨床での実践力とは結びついていない。これは，フォーマルな教育機会で学んだ医学的な知識や技術は，特定の実践の場において使われることをとおして自分のものになることを

端的に示している。病院には，この意味で看護師が学ぶ機会が構造的に整備されている。

(3)「聴く」「見る」「行う」学びの諸段階
　看護師の臨床技術についての学びの方法は，ある意味で，基本的な型ができあがっている。それは，まず「講義」の形態で基礎的な知識を学び，その手技を「見学」し，そして先輩看護師に見てもらいながら，実践することをとおした学びである。

　　看5：講義をやって，で，上の人から「やったことある？」って言われて「ないです」って言うと，「じゃ，今日見学して」とかっていう感じで始める。どうテープの固定をするのかとか，どこを押さえればいいのかとかは，段階を追っていった気がします。

　まず形式知として学び，実践を見学し，そして先輩看護師の監督のもとで実際に行ってみるという段階が「基本型」である。

(4)「叱られる」をきっかけにした学び
　病棟に配属された看護師たちは，日常の業務をとおして一つ一つの技術を覚えていく。その際に，初心者たちは先輩看護師から厳しく叱られる。

　　看7：厳しい指導を受けて。なんか最初のころは，ほんとになんかマン・ツー・マンで，なんか，なんか言われるっていうか。何を見てるのかって怒られてみたり。……自分でやっぱり体験しないと，なんか，こうなるからこうだとかっていうのは，書いてあるのとやっぱり違うので，実際，体験しないとなんか分かんない。

　ここで大切なことは，「叱られる」ことが看護師の成長で意味を持つのは，これをきっかけにして「自分で考える」ことが促されるからである。初心者たちには「なぜ叱られたのか」ということを省察することが求められる。したがって，一方では，先輩看護師の「叱り方」あるいは「叱った」あとのフォローにより，他方では，これを受け止める主体としての看護師の職務に対する態度により「叱られる」こ

との教育的意味は異なる。

(5) 実際に照らし合わせる学び
　このような日常の看護をとおして看護師たちは技術的な側面を学ぶだけではなく，「学び方を学ぶ」。その学び方とは，教科書等で知識として学んだことを，病棟や患者の状況に照らし合わせて学び直す方法である。

　　看3：一番自分が身になった勉強方法っていうのは，例えば，手術のあとの患者さんだったら，どんな手術をしてきたんだろうな～ということを，実際の値と照らし合わせて教科書を読んでいくって言うのが一番勉強になったと思います。

教科書やマニュアルもそうであるが，文字化された形式的知は，多様な患者の複雑な症状をすべて正しく伝えることができるわけではない。これを「実際に照らし合わせる」ことが不可欠なのである。

(6) マニュアルの身体化
　いま看護病棟には，それぞれの看護の職務の進め方を定めマニュアルがあるが，それだけで手技やアセスメントができるわけではない。この形式知として学んだ知識は，現実に照らし合わせて理解することによって実際に使えるものになる。さらに，マニュアルの知識は看護師の熟練した技として身体化されることをとおして実践力になる。

　　看2：今はどこの病棟でももっと充実したマニュアルがあると思うんですけど，それを新人のときは抱えて，自分で必要なときにそこに書き込んで，自分なりのマニュアルを作って，というのはやっていたんですけど。そのうち体が動くようになるので，いらなくなってくるんですけど。

看護師の仕事にとって大切なのは，抽象化された知識ではなくて，状況に応じて適切に対応できる実践的な力である。新たに学ぶべき課題は経験を経るにしたがって少なくなるであろうが，生涯をとおして，不可欠な学びのプロセスである[3]。

（7） 目標としての先輩看護師

　看護師が働く病棟には、プリセプターなど、新人教育にかかわる制度化された教育の仕組みがある。これはノンフォーマル・エデュケーションである。しかし、教育上意味が大きいのは、制度的なものの「間隙に生まれる」実践コミュニティ、つまり、インフォーマルな看護師同士の関係である[3]。

　　看7：どこの部署に行ってもそうなんですけど、自分はこういう人になりたいっていう人が、あの、いる、いるっていうか、こういうとこはこの人すごいなーって思って、こうなりたいっていう、何となく目標じゃないですけど、この人の、みたいになりたいとか。

　とくに、「目標としての先輩看護師」が新人看護師にとって「重要な他者」としての役割を果たす。彼女たちの考え方や患者との接し方の「真似をしながら」学ぶことの重要性を多くの看護師が指摘している。信頼関係に支えられた「目標」をもつことができるかどうかが、看護師としての成長を左右する。なぜなら、個人の主体性を促進する条件とは、働くコミュニティにおいて「安心である」と感じることであり、役割モデルでもあり、社会的・情緒的な支援者としての先輩との相互作用をとおして看護師としてのアイデンティティがつくられるからである（Eteläpelto and Saarinen 2006）。

## 第2節　職務に埋め込まれた教育の仕組み

　看護師たちは、フォーマルな教育、あるいはノンフォーマルな教育ではなく、看護臨床実践のインフォーマルな看護師間の関係、患者やその家族との関係性のなかでその専門性を日々高めてきた。
　しかし、これを経験一般に解消してはならない。大切なことは、こうした学びの関係が、病院制度や病棟での看護臨床のなかに構造的に埋め込まれている点であろう。以下、「職務に埋め込まれた教育の仕組み」をいくつかの側面から考察してみよう。

（1）　多様な患者を看る
　看護師が、その力量を高める上で、「多様な患者を看る」ことが大切である。そ

の多様性とは，軽症から重症へ，大人から子どもへ，急性期や終末期の看護など，しかも，異なる科の患者を看ることが看護師の力量を高める上で必要な経験となる。その基本は，「患者さんの質を上げていく，重症度を上げていく」ような配置である。看護師の言葉で言えば，「自分の知識と技術とが上がるような患者さん」を選択し，その患者たちを看るなかで学ぶのである[4]。

看1：自分の看たい患者さんを自分でえらぶんですね。で，自分の能力とその送られた内容を聞いて，その患者さんの能力とかとあっているか，大体自分の能力よりも少し高いかなっと思うような人を選択するわけです。それを先輩が，それを聞いていて，私には無理だと判断したら，その人には看させないとか，自分の選択した患者さんが自分の能力よりもう〜んと下だったりすると，何でそこ看たいとなる，というような感じで。先輩があなたの能力はこれくらいだから，この患者さんを看るんでしょう，というのがなんとなくあるんですよ。

専門職の熟練を高める学びの方法として，「段階的学習」と「非段階的学習」の方法とがあるが（松尾 2006），看護師は「段階的学習」をとる。つまり，少しずつ難易度を上げたり，複雑さを増すように周到に「学びの場」がつくられるのである。

（2）〈引き継ぎ〉に埋め込まれた教育的指導

看護師は日常的な看護をしながら，その職務のなかで仕事を覚えていく。その際に，日々くり返される〈引き継ぎ〉が重要な教育の機会となる。

看3：ICUの場合は特にそうでしたね。例えば，日勤で看ていたところには次の勤務には必ず上の人が看るようにしてたんですよ。ま，そんときの手術の患者さんだとか，状況によってちょっと違う場合もあるんですけども，そこでまたチェックがはいるわけなんですね。そこでですね。新人は自分の8時間のふがいなさを露呈させられるわけなんですよ。「あれもできてない，これもできてない」と。

この〈引き継ぎ〉における〈交換〉のプロセスをとおして，看護の考え方，症状の見方，その表現方法にいたるまで学んでいくのである。しかし，日常の仕事

のくり返しのなかで交わされる会話や記録の意味に気づくためには，看護師の主体的な学ぶ態度が不可欠であろう。簡単なことであるが，学ぼうとする意欲や主体性のない人に「気づき」はない。

(3) 学びの場としてのカンファレンス

毎日の看護の職務のなかで必ずもたれるものの1つがカンファレンスである。このカンファレンスは，新人に対する意識的な教育機会としての意味を持つ。例えば，次のような語りにそれを見ることができる。

　看3：毎日，毎日ですね。カンファレンス，カンファレンスというか。それもまた新人から先輩への引き継ぎみたいなもので，私がICUにいたときには昼にしてたんですけど，休憩が終わってですね。そこで新人はまた患者さんの状態を報告して，こういう状態なので，こういうプランで行きますっていうことを発表しなきゃいけないんですよ。そこでまたチェックが入るので，脅威ですよね。本当に最初は。

〈引き継ぎ〉と同じように，新人看護師による患者の症状にあわせた看護ケアプランとか，観察のポイント，処置の適否など，カンファレンスは教育の場として意識的に使われている。さらに，カンファレンスは困難事例をめぐる解決方法をつくりあげる協同の場でもある。とりわけ，患者や家族との関係をどのように調整するのかということは，ある意味で，1つの正解がない「真なる問い」としての性格をもつ。この看護の過程で遭遇する問題を解決すべく，情報を集め，状況についての理解を整理しながら解決方法を協同でつくりあげる創造的なプロセスである。これまでの学びが，形式知を実践知として身体化するプロセスであるとすれば，カンファレンスでは，形式知と暗黙知とを総合しつつ新しい実践知をつくりあげていく学びとしてとらえられる。

(4) 「教えられる」から「教える」立場への転換

これは勤続年数がふえるにしたがって，グループのなかでの役割が，教えられる立場から教える立場へ転換することによって意識的に学ぶことが促され，これをとおして看護師としての力量が高まる契機となることを示す概念である。看護師は，必ずこの役割の転換を経験し，しかも，教える立場の自覚が求められる，

この意味で，病院には〈学習の文化〉とでもいえるものがある。

　　看3：3年目位になって，ある程度一人前になっても上には上がいるもので，その〜，教える，自分の立場で教えるべきことを教えなかったりすると，また上の人から怒られるわけなんですよね。「何でそんなことも教えてないのよ〜」というふうになるんで。先輩たちに，「もう3年目なんだから，もう4年目なんだからちゃんと指導しなきゃだめなのよ」っていうのはつねに言われてましたね。

　新人を「教える」ということをとおして，自ら学ぶことの必要性が自覚化される。つまり，「教える」ためには，自分の看護業務をこなしつつも，「下の子をチェックする」ために手技を観察し，「情報を集めに行く」とか，これまでとは異なる視点から実践を見ることにつながる。

（5）　学びを広げる転科・異動
　看護師たちにとって，定期的な担当科の異動は宿命であるが，この異動の制度そのものが看護師の力量形成にとって重要な契機となる。この大学病院では採用後3年くらいで異動することが制度化されており，その異動の仕方は，内科系に配属された者は外科系に，外科系に配属されていた看護師は内科系にと，たすきがけのような形がとられる。
　この異動は，看護師たちにとっては大きなショックである。なぜなら，最初に配属された科における日々の看護実践のなかで，看護師たちはある程度先輩たちから独立して1人で仕事をこなせるようになっていたのであるが，この自信は転科によって脆くもくずれ去る。

　　看1：そうですね。2年半たったところで，ある程度一外の仕事ができるようになっていたわけですよ。ある程度人に聞かなくても，それなりに自分でこなせて，ある程度できるようになってぽ〜んときたので，ぜんぜん違ったんですね。一外で思っていた常識，知識とICUにはいったときの知識が，考え方が。普通はこれでよかったと思っていたのが，来たらぜんぜん違ったというので，最初はものすごく困りました。

この語りから，外科と比較してICUの看護にはより高度な知識や技術が求められるからだと理解することは正しくない。そうではなくて，転科は，まったく異なる実践コミュニティへの参入としての意味を持つのである。新しい労働の場は，これまでの看護の場のルールや文化とは異なるものであるということ，したがって，異動したての看護師は経験を3年積んでいても，いわば「周辺性」の位置にいるということを端的に示唆している。

ベナーが言うように（ベナー 2005 ＝ 2006：18），「どんな看護師でも，経験したことのない科の患者を扱うとき，ケアの目標や手段に慣れていなければ，その実践は初心者レベルである」。こうして再度，「一人前」になるべく学ぶ必要性が自覚されるのである。

## 第3節 〈看護の力〉の意味

ベナー（ベナー 2000）は，ドレファイスの技術習得モデルを参考にしつつ，看護師の成長を，初心者（Novice）からエキスパート（Expert）に至る5つの階梯としてとらえている。このベナーの定義は，その調査の手法からもわかるように，ドレファイス・モデルの検証が目的であり，いわば外在的に段階を設定したものである。

ここでは看護師たちが「一人前」をどのように認識し，この「一人前」という認識を構成する看護師としての力量をどのようにとらえているのかを明らかにしたい。そのことが力量形成のための教育への示唆を考える際には重要性を持つ。

### 1 「一人前」の看護師ということ

看護大学や短期大学等での教育機関を終えて病院に就職し，歩みを始めた看護師たちも3年目を経過するころには「一人前」として職務をこなすことができる，と感じるようになる。

> 看6：あの，そうですね。大体同じ科を3年もやってると，やっぱりその科で起きる大体のことは，一般的な出来事，普通に，こういうときはこうして，こうしてっていうのは，大体分かってくるんですよね。ていうのは，3年積むと。まあ，その科の中では，一人前として扱われると思います。

先に引用したように，かのベナーも，およそ３年間で「一人前」(Competent)の看護師として職務をこなすことができると指摘する。しかしながら，対象となった看護師のほとんどが，自分が「一人前」であるということについて，やや躊躇している。

　　看４：まあ，院内の教育のレベルとかもあったりもしますけど，ある程度下を教える時点で「一人前」っていう見方と，なんでしょうねー。まあ３，４年目はある程度そこの部署では「一人前」ということですけど，トータル的に一人前になるには，やっぱりまだ先なような気がします。

では，看護師が「一人前」になるとは，どのような力がつくことなのだろうか。これを「患者のケア」の側面に限定して考察したい。

## 2　患者へのケアの力

まず，看護師が「一人前」であるかどうかを判断する際の力量の内容とは何か。患者のケアをする際の力とは何か。これらのことを看護師自身の語りをとおして理解しよう。

（１）　自分で判断する

２，３年の経験を積むなかで，看護師たちは，ある程度一人で仕事をこなしていけるようになる。それは「自分で判断する」ことができるようになることであると表現する。

　　看１：１年目，２年目のときはまたいっぱい聞いてやってた気がするんです。３年，４年になってきたら，ま，聞かねばならないことも，もちろんいっぱいあるんですけども，自分で判断できるように少しはなってきたのかな。

しかし，「自分で判断する」ことができるということは，必ずしも完全に一人で問題を処理できるということを意味するわけではない。ある男性看護師は「わかることと分からないことが分かるようになってきたんですよ」という。

　　看６：そうですね，あのー，うん，正しくやっぱりアセスメントして，一人

でできる。まあ,あの,分かんなかったら,自分で,あの,アドバイスもらったりして,そういう判断は任せられるっていうところです。

したがって,患者の症状や状況を判断して,自分一人で処理できるかどうかを判断し,必要に応じて先輩看護師の応援や医師の指示を受けることを判断できる力,その指示を受けるための症状等の伝達能力までを含む能力である。

(2) 先を読んで準備する

看護師としての成長を示す概念の1つとして「先を読んで準備をする」ということがある。

　看1:予測がつくというか,そういうのはぜんぜん違うと思います。最初の頃やっても仕事が終わんないというのは,本当にこれをやって大丈夫なんだろうかということが判断つかない,つかないんですね。だから,自信ないからやれないし,あとは,準備もできない。やっぱり5,6年たってくると,ある程度の患者さんは数こなしてるんで,こうなったら,こうなっていくだろうという予測がつくので,ある程度準備ができる。

こうした対応力は,やはり年数を経てさまざまな経験をとおして身につけられるものであるが,後輩の指導のなかでも危機感をもつことが強調される。たえず,「急変するかもしれない」,「こうなるかもしれない」という予測にもとづいて仕事するということを意識化することを求める。

(3) 患者の症状を読み取る

患者の症状をアセスメントする力は,先のような「先を読んで準備する」,「自分で判断する」上でも不可欠な力である。通常,患者の症状は,表面的にでてくる症状や,いろいろなデータを総合して判断するわけであるが,患者からの訴えなども当然判断の材料となる。とくに,ICUでは患者が沈静しているなかで,その症状を読み取る力が試される。

　看7:データと実際のその患者さんの,なんか,今,変化しているのとか。もちろんなんか実際に触ってみて,こう例えば手が冷たいとか,温かいとか,

そういうのも総合して，そのデータだけ見ても分からないので，総合するのはやっぱり経験を積んだほうが，あとはいろんな人からの情報も取り入れて看てとか。ただデータなんか基本値を分かってる，とっても頭いい学生あがりの人でも看れないと思います。

この症状を読み取る力は，看護師の成長でも大きな意味を持つわけであるが，初心者と「一人前」との違いは，後者では患者の疾患の種類，これまでの経過，処置の仕方，これまでの推移などの情報を集め，それを総合的に評価しつつデータの意味を読み取る力にある。したがって，看護師の自立的な判断と行動にとって不可欠な力量といえよう。

（4） 管理的仕事ができる

ここでいう「管理的仕事ができる」というのは，管理職になるなど職階上の地位の問題ではない。看護師が成長することの内容として，個別的な対患者へのケアの側面だけではなく，他の患者や看護師たちの動き，これまでの治療経過や今後予想される対応など全体的な状況を考慮に入れながら，自分の仕事を計画できる力量であり，それをもとにして日々の職員配置などの組織化をすることのできる能力である。

　　看9：ある程度患者さんだけではなくて，患者さんの家族とか，そういったことまでケアーできるようになって，かつ，その働いているチームなり，その病棟なりの，何ていうんですかね〜，組織のなかで自分がどういう役割をもつか，持っているかっていうことを，あの〜，意識して働けるようになったら一人前かな〜と思います。

このように患者や患者の家族，それをケアする看護師たちの力量やその構成までも考慮に入れて，そのなかで自分の役割を果たすことのできる看護師である。それは個人の職務遂行能力というだけでもない。いうなれば，ケアする看護師たちの組織そのものをつくることのできる力である。

さらにいえば，これもただ日々の職務を問題なく遂行することのできる看護師の構成を考えるというだけではない。その組織において新人や後輩たちを指導し，その成長を図る教育的な役割を果たすことのできる人材ということである。これ

を端的に示すのが，以下の語りである。

　看5：自分ができるだけではだめだと思います。うん。わたしは，個人的な考えとしては。その人がいなければ何もできないんであれば，その，チームとしてとか病棟として，患者さんを看ているっていうことにはならないと思うので，やっぱりベテランの人は，自分ができるプラス，ほかを育て，人を育てられる。で，育てるのはやっぱ時間がかかりますけど。

（5）　看護師の力量の関連
　看護師たちは，自らの成長をどのようにとらえているのか。患者に対するケアという側面から，ここまで看護師の語りをとおして整理してきた。要は，手技にかかわる技術的な面での力量の向上というよりも，患者の症状をどのように読み取り，これまでの治療や経過などの情報と，数値的にとらえられた情報や症状などを総合的に判断して準備し，必要な処置や対応をすることのできる力である。
　このケアの側面からの3つの力量の相互関係を暫定的に整理すると，図3—1のようになる。看護師のケアにおいて大切なのは，「状況を読み取る」ことであり，この理解のもとに「自分で判断する」あるいは「先を読んで準備する」ことが可

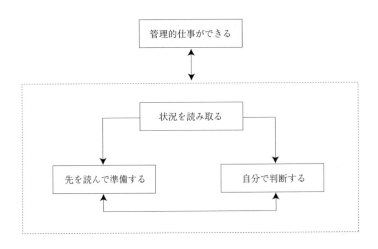

図3—1　看護師の力量の関連

能となるのである。つまり，患者の症状を読み取りながら，自分の経験に照らし合わせてどのように対応するのかを判断する。例えば，自分一人で対応が可能なのか，より習熟した先輩看護師に支援を依頼するのか，医師を呼び出すのか。その適切な判断である。このなかには，患者に対する理解だけではなく，自己認識，病棟の場を構成する人材，機器・器具，看護師や医師など，つまりアフォーダンスとの関連までを含む理解なのである。

この意味で，看護師としての力量とは個人の力という個体主義的なものではない。そのことを端的に示しているのが，「管理的仕事ができる」という力である。それは日々のグループを構成するメンバー，病棟の看護師たちの看護力を推し量り，看護師の組織的構成をつくることのできる力量であり，それにもまして大切なのは，その労働の場を学習する組織として組織化する力量である。

### 3 医師・家族との関係における成長

看護師の業務は，大きく分けて傷病者，褥婦の診療の補助と，療養上の世話の2つがあるが，このうち，とくに「診療の補助」は医師の指示のもとに看護をすることが規定されている。こうした法制度上の権限関係があるものの，しかしながら，看護師と医師との関係は科によっても，そして看護師や医師の経験年数によっても異なり，また変化する。では，その変化とはどのようなものなのか。科によって，いかに関係が異なるのか。

（1）〈問いかけ〉による確認

看護師も，初心者や新人の段階では，「指示に書かれたことをそのままやることしかできないと思います。間違っても，それに気づかない」。つまり，医師の指示や処方に対して，疑問をもつ，おかしいと感じる事自身が，看護師としての知識や技能の成長を前提とする。そして患者に対する医療そのものが，異なる職種の協同の行為であるから，自分自身や他のメンバーの行為を分析し，それをフィードバックする力をもたねばならない。

しかしながら，病棟内の医師と看護師との関係は，ある意味で職種間の権力関係をもっており，率直に，疑問をぶつけることはむつかしい。その時，看護師たちは，いくつかの戦略を使い対応する。

看2：そうですね。言いにくいところではあると思います。「お前何も知らな

いだろ」って。その辺はたぶん言えないとは思うんですけど，言い方ひとつで，「なんでそれをするんですか」とか「いま何をしているんですか」とかって言い方をすると，「こういうふうにやっているから，ここはこうだからこうやっているんだよ」って言えば，自分も納得するし，そこで先生が自分で気づくこともありますよね。

このように，医師との関係は，なかなかむつかしい。しかし，薬の量など含めて医師の指示をめぐる勘違いの類は少なくない。患者が気づくこともあるが，そんなとき使われる看護師の対応が「〈問いかけ〉による確認」という働きかけである。
　あるいは，看護師の経験が浅いときには，先輩看護師や師長をとおして〈問いかけ〉をしてもらうという技法をとることもある。

　看9：もうはっきり点滴の量が明らかに違うとか，あの〜，容量が明らかに間違っているとか，というのはもちろん個人でいって直してもらったりはするんだけど，微妙なインシデントはもうストレスになってますけど，その療養上の世話とか言う，自分たちが主に範疇としているところで医者の制限，医者の制限がかかるというところをいかに交渉していくかってみたいなところが，1つ上になる，まあ，それができるようになるのは1つステップが上になるのかなと思います。やっぱりそれは，例えば，立場上ある程度管理をやってる人に言ってもらったほうがいいようなこともあるし，自分よりも先輩とか，副師長だったり師長さんクラスの人から先生に言ってもらったほうがいいのか，そこらへんの判断ができるようになるっていうのも一人前になるのかなって気がしますけど。そういった道筋をどうやってつくるのか，そういったことを実現していくかというのは大変だと思いますけど。

あたかも，シャイン（シャイン 2009）がいう，気難しいクライアントに対するプロセスコンサルタントに必要なコミュニケーション力である。したがって，支援する者が待たなければならない，適切な相互支援関係を形成するために不可欠な力量でもある。

（2） 家族との関係の調整力

　患者とどのように向き合うのか，患者の家族といかに向き合うのか。それは看護師にとっては，手技など技術的な面にもましてむつかしいケアの側面である。とくに，小児科や救急救命などの科では，この家族とどのように向き合うのかということが看護師の仕事の重要な側面の1つである。

　　看6：あのですね，小児科は，あの，子どもを診てるけど，母なんですよ，やっぱり，母が必ずつきものなので。小児科，特殊ですね，はい。あのー，やっぱりお母さんたち，自分のこと我慢してきても，子どものこと，やっぱり我慢できないんですよね。あの，「これ，やってくれなかった」だの，こうだの。あと，お母さん同士のトラブルだったりとか。あの，さまざまなクレームを処理するのが，看護師の仕事の，かなりを占めてました。

　このむつかしさは，技術的な手技と異なり1つの正解がないという課題の性格によるものであろう。したがって，困難事例では，1人で対応するのではなくて，チームで検討する，そのためにミーティングをもつことが必要となる。そこでの議論や先輩看護師の対応の仕方をみながら，どう患者や家族に接するのかを学んでいく。こうした経験を重ねながら，対応の仕方を自ら考え，そして実践するというくり返しをとおして力量を高めていく。
　小児病棟や精神病棟では診断・処方だけではなく，注射などの手技も主に医師が担当することが多く，看護師は患者や家族に向かい合うことがもっとも重要な職務となる。この点で，カンファレンスやミーティングのなかでの先輩看護師の語りにみられる考え方，対応の仕方がモデルとなっている。

## 第4節　看護実践における信念と感情

　看護実践は，患者とその家族，あるいは医師やコメディカルの人びととの協同と葛藤の関係を含む，対人支援の実践でもある。しかも，病いや死という絶望の淵にある人びと，病から再生しつつある人びととの感情と直接向かい合う仕事である。この意味で，すぐれて感情労働としての側面をもっている。
　さらに，看護師の実践は専門職に求められる価値・倫理に支えられた実践でもある。そのコアとなるものは，「患者の立場に立つ」，あるいは，「患者に寄り添う」

ことである。ここから「成長のジレンマ」が生まれる。こうした精神的負荷を処理するうえで，看護師仲間，同僚同士の関係，「同期の支え」は大きな意味をもつ。

以下，看護と信念，そして感情労働としての看護労働をめぐる状況を明らかにしていこう。

## 1　看護労働と信念

### （1）　患者の立場に立つ

看護師が患者をケアする際に強調される価値の1つがこの「患者の立場に立つ」ということである。以下の事例のように，日常的な療養上の世話だけではなく，手術室の場面でも，この価値観が実践を支える役割を果たす。したがって，看護師の価値観のコアとでもいえるものである。

> 看2：患者さんは寝てるので，そこで私たちが「わかりました」と言って全部先生の言いなりにやっていたのでは患者さんが苦しくなるんですね。だから，そこは譲れない。

この価値観は看護師が経験をつむなかで次第に内在化されるようなものではない。学校でもくり返し強調されるし，比較的初期の頃から看護師がもつ価値観である。この知識として覚えられた「情報的信念」は，実際の経験をとおして新たに内在化される。それが上述の信念である。この信念が実現されるとき看護師としての「やりがい」を感じさせるものである。

### （2）　わからない技術がない

看護師が患者のケアをする際に，コミュニケーション能力とともに重要なのが，この技術的な側面である。看護師たちは，この基礎的な知識や技術の上に，新しい知識や技術を積み上げる形で力量を高めるのであり，コミュニケーション能力も，患者との信頼感も，こうした技術的な基礎の上にはじめて可能となる。

> 看4：消化器系でいくと，やったことない技術はゼロにしたかったりする。看護師ができる技術的なことは全部やりたいって思うので。まあICUでしかやらないような呼吸管理，人工呼吸器の管理だったりするのも稀に一般病棟で急変でなったりするときのために，そういうこともやっておきたい，とか。

個人差がありながらも，技術志向は，看護師としての初期キャリアの段階で高まる。おおよそ最初の科での3年間の経験を経て，この段階に達するのが一般的なようである。したがって，この「技術志向」はキャリアの比較的初期に自覚化されるものであるが，その後の経験のなかでの患者や家族との対応のむつかしさを経験し，「患者の立場に立つ」ことの重要性を実感する。そこで「患者志向」だからこそ，自分の知識や技術の向上が大切であると改めて自覚する。2つの信念は，このように相互に関係している。

## 2 「看護師のやりがい」と「成長のジレンマ」

### （1） 看護職のやりがい

看護職のやりがいとは何か。これは看護労働にともなう精神的な負担や「成長のジレンマ」があっても，仕事をつづけたいと思う重要な要素の1つである。一般的には，患者が病から回復することから「やりがい」を感じるという看護師が多い。

　　看4：外科は，一日一日で手術でとっちゃえば，怪我人のようにどんどんどんどん良くなるのを援助するのがとても達成感があるんです。なので，「昨日寝てた人を1周歩かせよう」って朝に目標決めちゃうと，それをやったから「さあ帰ろう」みたいな。

こうした感情も，患者からの感謝であるとか，患者との直接的なコミュニケーションがあることが条件となる。ICUのように患者が沈静している臨床の場では，むしろ，一抹の寂しさを感じたり，一方では，こうした職場では技術的な側面に「やりがい」を感じる看護師も少なくない。

### （2） 学ぶ意欲がつくられる

学ぶ意欲は，病棟での経験や，看護師のとしての職務をどのように位置づけるのかという個人の戦略とかかわり個人的なものである。しかしながら，看護師としての経験を積み重ねるなかで学ぶ意欲は変化する。しかし，大切なことは，看護師の労働の場は，学ぶための意欲をつくりだす構造をもっている，という点である。

看5:「何を準備すればいいんですか」とかってすごい聞かれたりとかするのは、その2, 3, 5年, その年代です。1年生ではないです。その, 何だろう, それがほんとに危ない, 危険なんだって, 多分認識する年代は, すごい聞いてきますね, やっぱり。それを過ぎて, 別に聞かなくても動ける, もっと上の人たちは逆に聞かないし, 新人さんはそれが多分, すごく危ないことだっていうことにまだ気づけてないので, あまり聞いてこないのかなっていう気がしますけど。

つまり, 先にみたように, 学ぶ意欲は, 学ぶ立場から教える立場への転換という時に高まるが, それは「教える立場」だからもっと自分の力をつける必要性が自覚されるというだけではない。自分の実践力の評価にもとづいて規定される。インタビューの言葉でいえば, 「わかることと, わからないことが, わかるようになる」, そんな段階だからこそ, 学ばねばならないという意識が高まるのである。

(3) 成長のジレンマ

看護師は, 「患者の立場に立つ」という価値観を内在化させ, 患者に寄り添いつつケア労働をするなかで仕事の「やりがい」を感じる。しかも, この価値観は, 技術的な面が不十分であるゆえに看護師のキャリアの初期の段階から重要なものとして認識しうる。しかしながら, 経験を重ねるなかでこれが疎かになるゆえに, そんな自分の姿に反省が迫られる。つまり, 「患者の立場に立つ」という信念をもつからこそもちうる感情, これを「成長のジレンマ」という。

看2:でも, 経験したりとか, 年数がたってくると, 私だけじゃないと思うんですけど, 患者さんの立場に立つことって結構難しくなるのかなって。変な知識とかが邪魔して。新人のときのほうがもっとひたむきに患者さんの立場にたって気づいてあげられたかなって思うことが, もしかしたらあるのかなっていうのはありますよね。

では, なぜ, 患者に寄り添うことができなくなるのか。「変な知識が邪魔する」とはどういうことなのか。

看2:えーと……, 偏見というか, 知識というか, 経験ですかね。こういう

ふうに言ったら，前の患者さんはこういうふうに言ってた，とか。こういうふうに思った人が多かったとか。

これまでの経験をもとにして，予測をたてながら仕事をするということが経験を積んだ看護師の力量を支えるものだとしても，そのことが逆に，個性ある患者に即した看護をむつかしくしているという「ジレンマ」である。こうした感情は，今後，看護師としてどのようなキャリアをとろうとするのか，その選択を迫る契機となる。

### 3　看護と感情労働

(1)　感情労働——感情の表現と統御
まず，小児科では，悲しみの感情を素直に表現することができる雰囲気がある。

　看5：先生たちも，まあ，我慢するんですけど，何だろうな，そこまでこう，感情を抑え込まなくてもいいのかなって思ったような気がしますね。……小児科はやっぱりそうじゃないので，やっぱり一緒にお母さんたちと一緒に泣いて，わたしたちも悲しいっていう，何ですかね，のを伝えたりとかもしてて，あ，それでいいのかなってちょっと思った記憶はあります。

これに対して，他の科ではこみ上げる感情を抑制することが求められる。

　看9：そうだと思います。半分感情商売みたいなところがあって，まあもちろん患者さんとも，プロなんで自分の感情をコントロールして，とくにそれを一面に出して向き合うこともあります。

患者の死に直面した時，看護師の感情の表現の仕方は，個人というよりも，担当する科によっても異なる対応の仕方となる。看護師たちは，働く科の違いをふまえて感情を統御することが求められる。この意味で，看護労働はすぐれて感情労働であるということができる。

(2)　同期・同僚の支え
こうした感情的なつらさや，「成長のジレンマ」など，看護師が仕事をつづける

うえで障害となることを体験したとき，彼・彼女たちを支える役割を果たすのは，「同期・同僚の支え」である。同期や尊敬できる先輩看護師との語らいは，看護師としての仕事の継続を支え，またその力量を高める上でも大切な役割を果たしている。先に指摘したように，労働の場で社会的・情緒的な支援者を得られるかどうかが，その人のキャリアを規定する。

(3) 看護師の信念・感情と学ぶ意欲

松尾（松尾 2006）を参考にしながら，信念・感情と，看護師としての成長，そのための学習との関係を整理しておこう（図3－2）。

看護師の信念，とくに「患者の立場に立つ」という「患者志向」の信念は，まずは看護教育の場をとおして学ばれる。しかし，この「情報的信念」は，実際の看護師としての経験をとおして改めて確認され，強められることをみてきた。もう1つの信念である「わからない技術がない」ようにしたいという「技術志向」は，

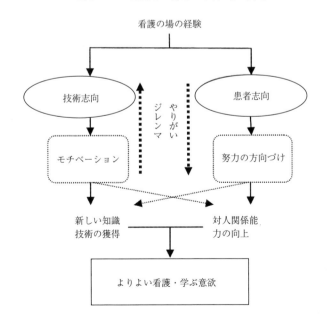

図3－2　看護師の信念と学習（概念図）

2,3年の経験を経て多くの看護師が抱くものである。

　もちろん，こうした信念の強弱は看護師個々人の志向によって多様であろうが，図にみるように，「技術志向」は看護師として働き，学ぶ意欲を強め，「患者志向」の信念は，その努力をどのような方向に向けるのかを規定する。だからこそ，自らの看護師としてのキャリアをデザインする上で，自らの志向性を反省的にふり返ることが大切となる。

　ここで「やりがい」は，それを促進する方向に，「ジレンマ」は阻害する方向に作用することを示している。こうした要素を主体的に受けとめながら看護師たちは「よりよい看護」をめざして学びつづける。

## おわりに——看護師の力量形成

### 1　学習の場はどのように組織化されているのか

　初任者の看護師は，看護師資格をもちながらも，せいぜい清拭ができるくらいで，注射さえも十分にできないまま仕事に参入する。このことは，資格取得の際に問われる学びの成果が形式的な知の獲得であるとすれば，この形式知だけでは臨床の実践力とはむすびつかないことを示している。

　初任の看護師たちは，まず先輩看護師たちによりつねに監督されるような形で見守りを受けつつ，実際にやってみながら看護の技を一つ一つ学んでいく。その際に，「叱られる」ことをとおして，叱られた意味を省察し，行動を修正する。教科書で学んだこと，病棟のマニュアルで学んだことは，病棟で担当している患者の症状に照らし合わせて学び直される。看護師たちは，配属された病棟での労働への参加をとおしてこの形式知を「学びほぐす」（unlearn）ことをとおして，身体化された実践知へと転換していく。

　しかも，この学びの機会は，インフォーマルという言葉から想起されるようにランダムに生じるものではなく，それ自体が労働の構造に規定されて構成されている。「職務のなかに埋め込まれて」構造化されているのである。看護師の語りからでてくる概念としては，まず，「多様な患者を看る」，「〈引き継ぎ〉に埋め込まれた教育的指導」，「学びの場としてのカンファレンス」，「『教えられる』から『教える』立場への転換」，「くり返される転科・異動」が抽出された。労働の場は，教育の場としての働きを果たすようにつくられているのである。

看護の場における知の性格に即して整理すれば，学びの性格は2つに分けることができる。1つは，形式知から実践知への転換である。つまり，教科書やマニュアルに書かれている形式知は，労働の場での学びをとおして実践知へと身体化される。第2に，看護師たち，あるいは医師をも含めた協同の討議のなかで，形式知と実践知，患者の情報等が総合化されて，新たな知がつくられるというプロセスをとる。そして，この知の創造という側面こそが，〈参加としての学習〉の大きな意義なのである。

## 2　看護師として成長することの意味

ベナー（ベナー 2000）は，看護師の成長を，初心者（Novice）からエキスパート（Expert）に至る5つの階梯としてとらえている。この基準からすれば，この研究の対象となる看護師たちは「一人前」から「中堅」へと移行する段階の看護師たちだと考えられる。しかし，看護師の力量をこうした諸段階で区分することは，能力を個人的なものとして実体化するものであり，方法的に正しくない。ここでは，看護師の語りからとらえられる，看護師としての力を整理しよう。

まず，患者との関係では，「自分で判断する」，「先を読んで準備する」，「患者の症状を読み取る」，「管理的仕事ができる」という4つの概念を抽出してきた。つまり，「一人前」ということも，看護の仕事をすべて1人でこなすことのできる力を意味しない。自分の力量をもふまえて状況をとらえ，応援を依頼することを含めて適切に判断することのできる力である。

看護師の力は次第に手技のような個別具体的で，身体的，技能的なものから，状況の認知，評価や判断，調整力など，病棟のアフォーダンスを「正しく」理解し，患者の治療や療養上の世話に活用するために適切に動員することのできる調整力へと重点を移していく。労働の場における労働で必要とされる力量とは，個人に内在するものではなくて，協同の労働で必要とされる集団的な力である。それは日々のグループを構成するメンバー，病棟の看護師たちの看護力を推し量り，看護師の組織的構成をつくることのできる力量であり，それにもまして大切なのは，その労働の場を学習する組織・環境として組織化する力量である。

## 3　労働と学習の場におけるパワーの問題

成人教育研究では，自己主導的学習論や省察的学習論にしても，深い学びをすすめるためには，対等で平等な関係をつくることが重要であると主張されてきた。

学習の場にはパワーをめぐる不均衡があり，それが学習を阻害するからこそ，それを除去することが教育者の役割とも理解される。

　それは学習の場を社会的文脈から切断できるとすれば，理想の姿ではある。しかしながら，〈労働の場における学習〉を問題にする限り，パワーの問題を捨象して議論すること自体がナンセンスである。実際，看護師が働く病棟は，経験の異なる看護師や医師たちにより構成されざるをえない。考察してきたように，先輩看護師から新人看護師への「叱る」という行為は，労働の場におけるパワーの不均衡を前提とする。そして，そのことが初期キャリアにおける力量形成で教育的な意味をもっているということである。先に，パワーの関係が教育的意味をもつ条件として，その成果が肯定的に確認されること，彼らの間に信頼関係があることが必要だと指摘したが（高橋 2009），こうした関係のなかで看護師たちは学びつづける。

　とはいえ，知の創造としての学びをつくる上で，看護師同士，そして医師やコメディカルとの相互の信頼関係が大切であり，多様な契機をとおした相互支援の関係を築くことが重要であることも分析のなかで指摘した点である。それにはパワーを〈中和する〉社会的な力がいる。

　看護師同士の関係を含め，職場ではパワーの不均衡があることは避けられない。そのなかで，このパワーを処理するために看護師たちはいろいろな戦略を使いながら，患者のために看護を行っている。それが医師との関係における「〈問いかけ〉による確認」である。初心者や新人看護師では医師の指示が絶対なものである。看護師たちが経験を重ねるにしたがって，医師の指示や処方に対して疑問をもつことがある。このこと自体が1つの成長であるが，にもかかわらず病棟内の医師と看護師との権力関係があるため，直接それを伝えることができない。そんなとき，使われるのが，この〈問いかけ〉という手法である。それを直接〈問いかける〉だけではなくて，先輩看護師や師長をとおして，そのパワーを〈中和する〉という戦略（techniques of neutralization）をとるということ自体が，看護師の1つの力量としてとらえられる。

## 4　看護労働における信念・感情と学ぶ意欲

　看護労働は，すぐれて感情労働としての特質をもつ。それは喜びや深い悲しみを体験する機会が多いというばかりでなく，状況に応じてそれを抑制したり，逆に，それを意識的に表現することをとおして患者の療養上の世話をすすめる仕事である。

看護師の実践を方向づける核であり，価値として「患者の立場に立つ」ということがある。患者の立場に立つこと，患者に寄り添うこと，これが看護師の実践を支えている。この患者との関係で，看護師は職務上の「やりがい」や喜びと「ジレンマ」を体験する。こうした「ジレンマ」を解消する上で，同僚や信頼できる先輩看護師との絆が大きな役割を果たす。

　もう１つ，これらの信念や感情と学ぶ意欲との関連である。先にみたように，学ぶ意欲は個人的なものであるが，これも労働への参加の深まりとともに次第に変化すること，そのなかで意欲が高まる時期を経験する時期があることが明らかである。しかも，看護師が経験のなかでえた信念は，看護師としての「動機づけ」と「努力の方向付け」という２つの側面をとおして看護師が「よりよい看護」を実践する意識を高め，それを実現するための学ぶ意欲を高めるという関係があることをみてきた。

（高橋　満）

注

1) 詳しい調査手続き，研究報告については，高橋満「看護の力をどのように育むのか――労働の場における学びの方法と構造――」東北大学大学院教育学研究科『年報』第60集第1号，143〜168ページ，2011年及び高橋満「看護の力をどのように育むのか――労働の場における学びの方法と構造――（2）」，東北大学大学院教育学研究科『年報』第60集第2号，99〜124ページ，2012年を参照のこと。
2) 地域を担当する保健師の場合には，採用されるとすぐ独立して，1人で対象者を訪問したり，介入することが求められる。この点，同じ医療職とはいえ大きな違いがある。
3) この知識の「身体化」は，看護師の職務のなかの技術的な側面だけなのであろうか。少なくとも，患者やその家族との関わりにおいては，即興的な対応だけではなくて，自己と相手とを深く省察しながら，対応の仕方をつくりあげていく過程が大切なように思われる。この点の検討は今後の課題である。
4) いうまでもなく，患者を相手にする看護の仕事は，日常的なものであっても命にかかわる働きかけであり，失敗は許されない。試行錯誤するのではなく，「徐々に複雑さを増す小世界」と呼ぶ考え方にもとづいて学習環境＝労働環境をつくることが不可欠なのである（松尾 2006）。

## 参考文献

赤尾勝己（2009）『生涯学習社会の可能性――市民参加による現代的課題の講座づくり』ミネルヴァ書房。

Eteläpelto, Anneli, Perspectives, Prospects and Progress in Work-Related Learning, in: BIllett, S. (eds), *Emerging Perspectives of Workplace Learning*, Sense Publishers, 233—247.

Eteläpelto, Anneli, Jaana Saarinen, 2006, Developing Subjective Identities Through Collective Participation, in: Billett, S., Tara Fenwick and Margaret Somerville (eds), *Work, Subjectivity and Learning; Understanding Learning through Working Life*, Springer, 157—177.

ホックシールド，A.R.，石川准・室伏亜希訳（2000）［2006］，『管理される心――感情が商品になるとき』世界思想社。

陣田泰子（2006）『看護現場学への招待――エキスパートナースは現場で育つ』医学書院。

Lave, Jean, Wenger, Etienne (1991) *Situated Learning: Legitimate Peripheral Participation*, Cambridge University Press.（レイヴ，J.，ウェンガー，E.，佐伯胖訳（2003）『状況に埋め込まれた学習――正統的周辺参加』産業図書）。

松尾睦（2006）『経験からの学習：プロフッショナルへの成長プロセス』同文館出版。

松尾睦（2010）「保健師の経験学習に関する探索的研究」神戸大学, Discussion Paper Series 33.

松尾睦（2010）「救急医の熟達と経験学習」神戸大学, Discussion Paper Series 36.

松本大（2006）「状況的学習と成人教育」東北大学大学院教育学研究科『年報』第55集第1号，219～232ページ。

松本大（2010）「看護師の専門性と成人教育――正統化の機制――」東北福祉大学『東北福祉大学研究紀要』第34巻（通巻37号）303～318ページ。

三井さよ（2010）『看護とケア――心揺り動かされる仕事とは』角川学芸出版。

野中郁次郎・竹内弘高（1996）［2008］『知識創造企業』東洋経済新報社。

野中郁次郎・紺野登（2003）［2008］『知識創造の方法論　ナレッジワーカーの作法』東洋経済新報社。

西川真規子（2008）『ケアワーク　支える力をどう育むか』日本経済新聞出版。

パトリシア・ベナー，井部俊子監訳（2005）『ベナー看護論　新訳版　初心者から達人へ』医学書院。

佐藤紀子（2007）『看護師の臨床の「知」看護職生涯発達学の視点から』医学書院。

スミス，パム，武井麻子・前田泰樹監訳（2000）［2007］『感情労働としての看護』ゆるみ出版。

シャイン，エドガー，金井壽宏監訳（2009）『人を助けるとはどういうことか』英治出版。

ショーン , D., 柳沢昌一・三輪建二監訳（2007）『省察的実践とは何か──プロフェッショナルの行為と思考』鳳書房。Schön, Donald A.（1983）*The Reflective Practitioner*, Basic Book.
高橋満（2009）『NPO の公共性と生涯学習のガバナンス』東信堂。
高橋満・槇石多希子（2004）『ジェンダーと成人教育』創風社。

# 第4章　支援ネットワークをつくる保健師の力量

## は じ め に——研究の課題

「あおば会」は，精神障害者を対象にして，就労継続支援事業，グループホーム，ケアホームなどを運営する NPO である。インターネットの地図で検索すると，小学校の校舎のなかに本拠があるように表示される。もちろん，そのようなことはありえない。実際には小学校と地区公民館（現コミュニティセンター）に隣接する位置にある。すぐ左側にはこの村の中心的な駅があり，川を挟んで右の突き当たりの高台には役場(現宮古市の支所となっている)などがある。いってみれば，この地域の一番の中心地に所在している。

本章でとりあげる元保健師の大洞さんは次のように述べている。

　うちの利用者にも言うんだけども，本当にさ，あんたたちは，部屋でほら，タバコ飲んでは駄目って言うのに，タバコ飲んだっていう話があると，「ここはな，おめえ1人の問題でねえんだぞ」って，「他で精神病院から退院した人たちが住むところだって，みんな反対運動だって，なんだかんだって，全部起こってるんだぞ」って。「おめたちは，みんな一等地だったべ。役場の隣，ここの医師住宅，みんな一等地に住んでるんだぞ」って。「これは，だれのおかげだと思う」って。「住民たちがさ，快くおめたちのことを，病気を理解して，そしてやったからなんだぞ」って。

　小学生たちが学校へ登校する頃，利用者たちも「あおば工房」に集まり，仕事をはじめる。これが村の日常の光景となっている。施設がどこにつくられるのか，その空間的配置は，地域社会が精神障害者たちをどのように受け入れているのかという住民の認識と態度のあり様を端的に示すものでもある。「あおば会」は，住民たちの理解に支えられて運営されている，といえよう。

　ところで，精神障害者をめぐっては，1995年の精神保健福祉法以降，その処遇に大きな転換がみられる。つまり，彼・彼女たちは疾病を抱えた者であるとともに，社会生活上の困難・不利を抱える障害者として社会福祉の主体としてとらえられ

るようになった。したがって，精神障害者たちの単なる社会復帰ということではなく，地域社会における自立と社会参加が政策的な課題として問われる。つまり，これまで社会的に排除されつづけてきた精神障害者たちをどのように社会的に包摂するのか，彼・彼女たちが〈病み〉ながらも，自分らしく生きていくことのできる地域社会をどのようにつくることができるのか，ということが実践的に問われるのである。

　本章では，こうした課題に応える実践として「あおば会」をとりあげる[1]。以下，この設立・運営を中心に担ってきた保健師大洞さんがどのようなライフコースをたどり，村の保健師としてどのような専門的な力量をつけてきたのか，それが，精神保健福祉をめぐるコミュニティワークとして「あおば会」の設立と運営にどのように活かされているのか，大洞さんが中心につくりあげてきた支援のネットワークがどのようなものであったのか，ということを明らかにする。最後に，その支援活動がつくりあげる活動・空間が，精神障害者の社会的包摂にとってどのような意義があるのかをヒヤリングをとおして考えてみたい。なぜなら，保健師大洞さんの実践の史的歩み，精神障害者たちのライフコースをたどるとき，彼らの人生が交差する実践の空間が，本章でとりあげる「あおば会」であり，これをつくりあげてきたのが彼女のコミュニティワークである。

## 第1節　地域保健活動と保健師のライフコース

### 1　地域の概況——地域保健の課題を中心に

　本研究の対象地区は，昭和30（1955）年に，川井，門間，小国の3村が合併して発足した旧川井村である。県の中央を縦断する北上山系の中央部にあり，村としては本州でも4番目の広さ（その94％は山林原野）の典型的な山村であったが，平成22（2010）年に宮古市と合併し，宮古市川井となった。本地区の人口は，昭和30（1975）年の10,117人をピークに漸減し，平成22（2010）年は2,910人で，高齢化率も高い（40.8）。基幹産業は，農林業で，肉牛，高冷地野菜，葉タバコ，しどけ，シソなどの施設野菜の生産をしている。

　日本の保健師制度は，昭和16（1941）年の厚生省令による「保健婦規則」の公布によって誕生をみるが,この制度へのあしがかりになったのは,岩手県の無医村・無医地区における助産婦としての，また看護婦としての地域保健・医療の活動で

あった。これには，県の助産看護婦（当時は産婆看護婦といわれた）の免許取得者[2]には，病院，診療所の看護婦として働くだけでなく，数多くあった無医村，無医地区に入り，医師と連携しながら，「使命感に燃えて村にとどまりながら，人々の命を守り，助産を行い，衛生思想を啓蒙し，捨て身の指導を遂行」[3]した歴史があった。

とりわけ，昭和8，9年の東北大凶作を契機に，岩手医学専門学校（岩手医科大学の前身）の根本四郎教授（小児科）を中心に，無医村の川井地区への定期的な無料僻地診療が開始され，当時すでに常駐していた助産看護婦との緊密な連絡による，地域の保健・医療，特に母子保健の改善を進めた。根本らは，彼女たちの地域に根ざした保健活動，在宅訪問看護の有用性をより確固たるものにするべく中央政府に働きかけて，「保健婦の名称をもって活動する職業人」[4]の制度化につなげたのである。後に，医大小児科の石川敬次郎医師は，「日本で一番最初に保健婦の業務が開始されたのも，先生の指導の下であり，いわば川井村は日本の保健婦の発祥の土地の1つである」[5]と述べている。

昭和25（1950）年ごろから，県は，母子保健や地域保健にも本腰を入れはじめて，結核や赤痢などの伝染病対策，子どもの肺炎，腸チフス，ジフテリヤ，麻疹などに対処した。しかしながら未だ無医地区が半数もあり，母子保健のバロメータと言われた乳児死亡率も岩手県が全国一高率であった。また，政府の戦後対策でもあった「緊急開拓事業実施計画」に応えて，北上山系や奥州山系の山間高冷地を開拓地としたが，入植者の生活は厳しく貧しかった。ここでも保健婦たちが開拓地の人々をささえ，子どもの産み育てを中心に地域の保健・医療に貢献した。このような「捨て身の活動が基盤となり，地域保健，母子保健にようやく明るさが見いだされたのは昭和45（1970）年ころから」[6]とある。

今回取り上げた大洞保健師が赴任した昭和42（1967）年当時の川井村は，明るさはまだまだ見えない状況にあった。乳児死亡率，新生児死亡率，死産率も高く，また自宅分娩が多いので，データも不正確，あるいはない場合もあった（図4—1）。

しかし，昭和44（1971）年には，川井村も初めて乳児死亡率ゼロを達成し，昭和48（1973）年には無介助分娩もゼロとなり，母子センターも新しく設置された。

その後も，保健師，看護師，村民，医大，診療所医師らの連携した取り組み，経済発展や道路整備も大きな力となり，赤痢，腸チフス，結核などの疾病もみられず，検診による早期発見，治療の成果も上がった。この様な時期を経て，結核やガン予防の功労により川井村は，昭和57年（1982）年，平成3（1991）年に全

図 4 — 1 　乳児死亡率（対出生 1,000 人当たり）

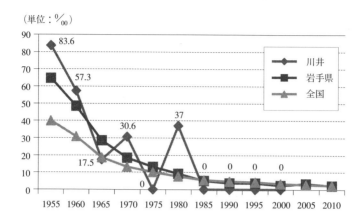

国表彰を受けた。

　川井地区の高齢化[7]は，急速に進んでいることもあって，保健活動も，医療受診・検診に偏ることなく保健，医療，福祉等の協働による地域に根差した健康づくり，生きがいづくりを進めている 。そこには，世界保健機構（WHO）のいう健康の概念，すなわち「健康とは病気をしないだけではなく，家庭に憂いがなく，仕事に張り合いがある状態であり，肉体的にも，社会的にも健康な状態である」ということ，また，「身体的・健康的に自立した生活とは，精神的にも生活リズムを豊かに持っていること」[8]に基づいた活動や事業であることが求められる。

　ここに，地域保健活動の古くて新しい課題がおかれる。それは，これまでどちらかといえば，片隅に追いやられていた問題として，また，不可視な課題とされていた精神保健に関わる活動や事業を，地域のすべての人々の健康を守るという視点から捉えなおして，正当な位置にすえることである。因習的な観念や見方が残るこの課題を，保健，医療，福祉，労働，学習領域との協働により行われる，地域住民へのコミュニティサービスの側面から捉えることが重要である。保健師は，コミュニティワークのメンバーとしておおいに期待されるであろうし，その力量形成においても問われるものが新たにあるだろう。川井地区に即して精神保健領域のデータをみるかぎり，障害者の入院，通院，その他を加えた総数の年次動向を見ると，ここ30年近くの同地区の人口全体の減少に比して，決して少なくなっておらず割合としては増加している。つまり，精神保健の課題はきわめて川

井地区にとってとり組むべき現代的な課題なのである。

### 2　大洞さんのライフコース

　大洞さんの卓越した企画力，統率力，実践力といったガバナンスの中核をなす能力と周りのものを笑いの渦に巻き込むユーモアのセンスはどこからでてくるのだろうか。どこで培われたものなのだろうか。はじめて彼女に会う人は誰もが，この60代半ばの女性のバイタリティと説得力ある話しには驚かされつつも引き込まれるに違いない。

　大洞さんは，保健師であり，NPO法人「あおば会」の事務局長であり，あおば会が運営する指定就労継続支援B型事業者「あおば工房」の実質的な代表であり，日々の具体的な事業を進めている。ここでは，彼女のライフコースを概観することによって，保健師の専門職としての力量形成，およびそれがどのように現在の事業展開に関わっているのかに注目して議論を進める。

（1）　保健師への道

　大洞さんは昭和19（1944）年の岩手県生まれ。高校卒業後に養護教諭を目指して医大付属病院の看護学校に入学，3年を修了し，引き続き保健衛生学院に進み1年間の学業を修めて，昭和42（1967）年に看護師および保健師の免許を得た。大洞さんが看護学校に進学した理由は，教師の姉の勧めで，特段の強い動機はなかったという。むしろ「養護教諭は一番暇でいいっけよ」ということでもあった。しかしながら，保健師の資格を得るために，さらに1年学びを積んだのは，看護学校在学中の経験によるもので，大洞さんの意志である。

　看護学校2年次に，医大の医局員であった石川医師（小児科）に乞われて，川井地区・区界の小学校で10日間のアルバイトをしたことが始まりであった。その後2年間にわたり，地域医療について「先生の熱い思いをいつも聞かされて」，毎月1回川井村の検診に同行した。

　そういう石川先生との出会いがあって，そして，保健学院の時も，看護学校のときにも，もう実習まがいに先生と月に1回くらいは，（地域を）歩いて，そこの家に行って血圧測定をしたり，あそこの家へ行って，して来いと言われてやってきました。「高橋君も川井さ，川井の保健婦になれ」というような感じでした。そして，卒業して，また区界にすんで，そこで看護婦も採用してもらっ

て2人で（はじめました）。

　このように看護学校時代に，山間部の無医村地区のアルバイトやボランティア活動に継続して参加したこと，また，石川医師の，これからの地域保健や医療の重要性，保健師の地域での役割の意義など「熱い思い」をきくことが動機となって，保健師養成課程に進み，さらに卒業後，川井村に自治体保健婦として就職したのであった。

（2）　配偶者からのサポート
　昭和46（1971）年に結婚した大洞さんは，宮古市に住み，そこから川井村に通勤していた。大洞さんの配偶者は川井村出身であり，教育機関に事務用品などを収める営業職にあった。そのことは大洞さんに思いもかけない利点をもたらしたようだ。すなわち，当時の最先端の資料作成ツールや機器の取得であり，作成スキルの習得であった。
　当時，資料の作成は「ガリキリ」によるものが一般的で，大洞さんも学生時代からよく頼まれていたので得意としていた。しかしながら，和文タイプでの資料づくりとなると，専任のタイピストに，タイプを打ってもらう必要があり，それには順番待ちで出来上がるまでに時間がかかった。そこで大洞さんは配偶者に中古の和文タイプライターを買ってもらい，家で打ち，スキルを自分のものとした。
　ワープロ（ワードプロセッサーの略）時代になると，いち早く取得したワープロは，画面に5行位の文章がでるものであったが，資料作成には画期的なものであった。その後も改良された大型のワープロに買い換えたりして，スキルをものにした。そして，学校に教材や図書も納めていた配偶者は，最新の図書や資料・教材についても通じており，「養護教諭さんたちは，こんな本読んでたっけぞって，おめも読まなくていいのか」と知りえた最新の情報を大洞さんに伝えることなど，強力なサポーターでありパートナーであった。

　　「そういうのは，すごい協力してくれて，もうどんどん，だから結局，その時代に事務をこなすための，そういう風なものを入れるのには抵抗なく，それが必要だという認識をどんどん持ったもんですから」という。他の人からは「何で事務屋さんがすることを，何でしなきゃいけないの」と言われたこともあったようだ。

その後のパソコン時代の到来は，言うまでもなく大洞さんの本領発揮となり，その行動力に拍車がかかった。このように大洞さんは結婚することによって，すなわち配偶者は，大洞さんが保健婦を続けていく際の大きな資源でもあった。さらにいえば，現在の「あおば会」の運営に欠かせない様々な事務管理スキルや考え方の変革，そしてITリテラシーのパワーアップは，配偶者のもたらした強力な支援によるといえよう。何よりも大洞さん夫妻の長子が工学部に進み，現在職員として，大洞さんの有能な協力者として「あおば会」の運営に関わっている。

(3) 先達の歴史を引き継ぐ

昭和40年代当時，保健婦は一般的には県職員として，都市部の保健所に勤務する保健婦と市町村の自治体職員として配属されて地域に密着した保健活動をおこなう保健婦がいた[9]。

大洞さんが就いた自治体保健婦は，当時の岩手県にまだ存在した無医村地域の医師の代替役割を担うことが期待された。無論，医師と同様の医療を行うわけではなく，前述したように医師と連絡を取りつつ対処するのであるが，地域の人々の心情として保健婦は医療従事者として，健康の維持というよりも病気を治してくれる存在として頼りにされた。

昭和42(1967)年の大洞さんの保健師スタート時には，「ドクターもいない，救急車もない」無医村だった川井地区は，県下でも乳児死亡率(図4—1)，死産率(図4—2)も高かった。この現状を打開することが保健婦の急務の仕事であった。川井地区では昭和46(1971)年にはじめて乳児死亡率がゼロになり，その数値が10年ほど継続したのは，日本の高度経済成長も終焉を迎えた昭和50(1975)年以降のことであった。

　私が入った時は，やはり，母子保健が中心で，乳児死亡率ゼロ運動の真っ最中でしたね。10ヵ年でゼロにするというところでしたね。農家の人たちの母性が守られていない状況でしたからね。(中略)まだ結核があって，結核の発生率がまだ高くて，それで私たちが知った時には，結核検診そのものを受けることが，結核検診率が，やっぱり高い状況ではなかったですね。
・スキー場もありました。スキー客が来て，怪我をすると。もう搬送する。荷車に乗ってやるとか，もう道路もこういう道路で盛岡まで区界からも1時間かかりましたから。

図4－2　死産率（対出生1,000人当たり）

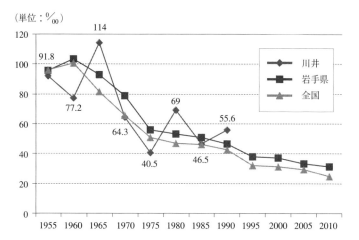

・夜，具合が悪い人がいれば呼ばれて先生と連絡を取って対処するという，一時救急をやっている医者代わりの保健婦活動が，川井村の保健婦のイメージとしてありました。

・根本教授が提唱した看護婦を常駐させて，医師と連絡を取らせて，そこで指示をもらって医療行為をするという仕事と，保健活動と，ダブルでやった2年間でした。

このように，母子の生命・成長をいかに守るか，母子保健が保健婦の最重要課題であったうえに，結核対策もあった。さらに，無医村の川井地区における医師代替役割も果たす必要があった。これらはどれも保健婦に対して戦前から当地域の保健婦に期待されていたもので，若い大洞保健師は，いわば保健婦の衣鉢を継ぐ，歴史を引き継ぐ中で保健活動を模索し，進めていくことに情熱をかたむけた。

### 3　大洞さんの保健師としての実践の姿勢

大洞さんが保健師としての実践活動のなかで培った価値・姿勢・視点を「語り」のなかから読み取ったものが，図4－3のような内容である。ここでいう価値とは，「保健師個人の善し悪しではなく，多くの人が良いと認める普遍的性質」であり，

図4―3　保健師としての価値・姿勢・視点

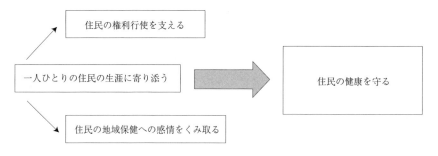

　姿勢とは，「保健師として事態に向き合う態度」，視点とは，「保健師が状況をとらえる視座」を意味する[10]。保健師としての中心的な姿勢は，いうまでもなく「住民を守る」という姿勢である。このコアとなる姿勢を支えるのが，「住民の権利行使を支える」，「一人ひとりの住民の生涯に寄り添う」，「住民の地域保健への感情をくみ取る」の3つの態度である。それぞれの内容を紹介していこう。

（1）住民の権利行使を支える
　国の度重なる保健制度，医療制度，福祉制度の改正・改変のなかで，行政の保健課あるいは保健福祉課の業務は，住民の申請による権利の発生という方向にすすんだ。これらの諸制度や申請方法を，大洞さんは行政職員から，その都度学んだという。必要なサービスは，基本的には，住民個人の選択を重視して，必要な情報をもって，それにもとづき自らが選択し，申請することによって権利は行使されることになる。しかしながら，このような制度は，様々な状況にある個人にとって，また十分な情報の獲得の困難さも含めて，そしてそこからの意思決定についても難しいものである。

　　今は，情報がいっぱいあって，家族が選択，本人が選択って言う時代でもあるんですけども，でも，その選択をできる力って言うのは，高齢者の川井ですから，なかなかないんですよね。ましてや昔は，私たちが活動していた時代は，その情報って言うのはまったくもって，たまにくる広報みたいなもんで，全部国の制度っていうのは，自分が手続きじゃないですか。手続きをしなければ発

生しない権利っていうのが，ばっかしじゃないですか。だから，その状況のところに，まず，訪問して，この人に，この人に何の制度が必要になって，じゃあ，医療者のこの高額の対象になるし，この人はこうなるし，この人は障害者年金の該当になるじゃないかなって，んじゃ，調べてあげよって言って，担当者にいって調べて，ああ，該当になるよって，んじゃ，診断書用意してもらって，今度病院にいつ行くって言って，病院に行くときに書いてもらう，このくらいかかるけど，どうするって言って，じゃあ，書いてもらうって，じゃあ，これきたら，これとこれと書類そろえなきゃいけないよって。

住民の健康の権利を支える姿勢は，自治体保健婦としての情報量とスキルに裏打ちされて，地域住民の権利を守るという具体的な保健活動に連関していたのである。

(2) 一人ひとりの住民の生涯に寄り添う
この小さな村では，乳幼児健診からはじまり，村で暮らす住民たちの生涯にわたる健康を見守りつづけている。やがて，健やかに育って成人する。成人して村を出る。そこまで住民に寄り添って見守ることが保健師の役割として自覚化されている。しかも，WHOのいう健康概念を越えて，人間の発達を生涯を人生を丸ごと地域で見守り続けるということにも通じる姿勢である。

今度は町っていうか，宮古から町の保健婦さんが来て，まさに今言ったように，「見つかった，今年川井さんで2人見つかったよ。よかったね。効果あるよね」みたいな，感じの検診の評価をされたらね。これはもう違うなって。検診の評価はどっかでやってくれればいいんですよ。事務屋さんあたりが。そうじゃないんですよ。その人たちの人生が，その検診によって，使ってもらうことで，元の職場に戻れるとか，元の仕事に戻れて，また，元の生活がまた自分たちに待っている。それが，これを受けなかったら，なかっただろうというように，家族が思えるようなフォローをずっとしていくから，保健婦は検診に関わるんだと思うんですね。そこいらへんが何か違うなという形ですね。ずっといって，あのとき，本当に辛い思いをさせて悪かったねってしゃべるとね，「でも，よく，つらかったけんどもさ，いまじゃべれるもんな」って，こう一緒に会ったり，何か，敬老会で「あのときからすれば，俺まだ生きて敬老会に来れてるんだぞ」

と酒注いだり，注がれたりしていると，「ああ，よかったな」と，これは保健婦冥利ですよ。

　患者の家族を含めて，彼らの人生を実りあるものにするために専門的な支援を行うのである。そして，それが「保健師冥利」というように，もっとも実践の中心的な姿勢の1つであることを示している。

（3）　住民の地域保健への感情を読み取る
　地域保健活動は，地域の住民の健康にかかわるニーズをアセスメントして実践するということではなく，住民の健康を守る実践をどのようにつくるのか，そして住民の生涯の健康にどう寄り添うのか，という保健師の重要な姿勢の前提ともなる態度である。
　大洞さんが学校の保健婦養成課程で受けた教育は，地域の各家庭を巡回訪問して，地域の人々一人ひとりの健康面のデータを作成・整理し，地域全体を診断する，つまり，地域診断によって問題点を洗い出して対処するための保険計画をたてることであった。その上で定期的な健康相談や健康教育を実施して，地域の健康や保健衛生力を高めるというものであった。
　しかしながら，川井村にはその前段階の課題があった。全県的な保健衛生に関わる資料等から川井村の実態を知りたいと思っても，検診率など基礎データが空欄になっていて情報がなく，地域の実態が把握できない状況でもあった。とくに，検診については，誰が，いつ検診を受けに来たのか，何回来ているのか，地域住民の中に来ていない者は誰かなどがまったく分かっておらず，住民個人の記録が不明であった。したがって，個人の状況も，地域全体の状況も確かではなかった。大洞さんは，この原因がどこにあるのか，また他の地域はどうしているのかなど，問題のありかと解決への模索を始めた。
　問題への気づきは，雑談のなかにあった。役場からの検診推進の回覧に名前を「書ぐとさ，あれ具合悪いからいぐんだと思われてんだ」という地域の村民の思い・見方は，受診ということが「どこかからだが悪い」ということを表明することであり，したがって，回覧方式で検診を申請することをよしとしないのは当然の感情であり，態度である。
　「検診は予防のためにやるということじゃなくて，そういう形で検診をみているわけじゃない」ことを大洞さんは，彼らと健康相談も終わっての雑談の中で読み

取ったのである。そうであればこそ，このような回覧の方式を続けている限り，村の人々の検診への感情のありようが受診率の低調さを招き，ひいては病気の発生率を高めることにもなっていくのであり，事実そうであった。

彼女は懸命であったし，賢明でもあった。村民の検診への意識を変えることも必要であるが，まず住民の思いに，耳を傾けた。

　そういう住民の感情，健康相談が終わると雑談に入るんですね。その雑談のなかから住民の声が，こう聞こえてきて，「あ，そうか，そうだよね。自分の名前書ぐと具合悪いと思われるもんね」って。「じゃあ，みんなの名前書いて，受ける人マルッコっていうどいいかな」っていうと，「それもあれだ」と。「ああ，そうか。一人ひとりカードにして，受けるようにすすめる人があればいいね」って。それじゃあ，やっぱ家さ来る人あればすすめるよ」っていうことで，健康推進制度があって，推進委員さんが持って回ると，「何回も足はこんでくるとやっぱり行かないわけにいかないな」となるわけです。

回覧板の受診に名前を書いたり，丸印をつけたりすることの思いに，耳を傾け，人々の本音に応える形で，「一人一人カードにして，（検診を）受けるように勧める人があればいいね」という方法の転換がみえてきた。そして，健康推進委員が「何回も足運んでくると，やっぱり行かないわけにはいかないな」というところまで，村民との対話の中から得たものが展開するのである。

このようなプロセスをとおして，個人の検診カードが整備され，それを川井村の「健康推進委員制度」の導入にまでつなげたのである。その成果は，昭和58（1983）年の老人保健法の施行時における老人検診率に表れて，「川井村は常にトップ」につながり，県で最初の厚生大臣表彰を得たという。

住民の検診や保健をめぐる率直な感情を読み取って，それを活かして活動を少しずつ改善していく。したがって，保健師としての大切な姿勢であるとともに，「雑談のなかから住民の声が，こう聞こえてきて」というように保健師としての力量を示す概念でもある。

### 4　大洞さんの保健師としての技法

大洞さんは保健師の時代に，どのようなコミュニティワークの技法を使ってきたのかを確認しておきたい。なぜなら，「あおば会」での支援のネットワークのつ

くり方は，この時代に培われた関係と技法を力にしていると考えられるからである。

（1） 行政職員を巻き込む

大洞さんは，村の保健師として実践する際に大切な視点として，「行政職員を巻き込む」ということをくり返し指摘している。「巻き込む」とは，例えば，次のようなことである。

　事務方がまたコロコロ替わってきたときに，事務方に教えるってことをしなければ，保健婦活動は絶対前進しないんだと思いましたね。だから一番簡単なのは，保健婦でそういう形でスペシャリストになる人が1人いれば，次に来た事務方を育てるしかない。事務方は自分が来たくて来てるわけじゃないので，その人たちを育てて，自分たちのところに巻き込んで，いい活動を一緒にしてもらうよね，仲間としてもらえばいいじゃないですかね。

自治体の保健師は，専門職ではあるが，村役場の保健福祉課のなかでは行政職員とともに仕事をする。行政職員はいろいろな部署を回って新たに入ってくるわけだが，課長職など役職として上位の職位で入ってくるわけであり，この行政職員といかに協同の関係をつくるのかが実践で大切なこととなる。そのために，いかに「巻き込むか」ということが保健師の力量の1つとなる。

（2） 住民一人ひとりのために行政連携をつくる

同時に，こうして培われた信頼関係を「住民の健康を守る」という目的をふまえて，いかに活用するのかがもう1つの力量でもある。「住民一人ひとりのために行政連携をつくる」とは，具体的にいうと，コミュニティベースの支援のニーズをもつ住民に対して，行政が連携して支援の体制をつくりあげる働きかけを，保健師が担ったのである。

　細かい話になると，建設課っていうのは除雪するじゃないですか。それでも私たちからすると，ここの家は寝たっきりの家で，本当に道路から入って，緊急時にしょっちゅう往診してもらわなきゃいけない人だから，もう，そういうところで，そういう家をピックアップして建設課と話し合いをしたいと，で，

そのもう，ある程度学校とか，その人たちになったら次の優先順位に入れて欲しいって。それはまさに，いつも行って，そこの地域をわかってやっているから，そして，その建設課の，その除雪対策も分かっているから，いってできることじゃないですか。そういうふうなことが，結局，課長さんたちに，「はい，はい」って，「課長さん，頼む」っていう形ができてきたっていうのは，一緒に同じフロアーで働いてきた仲間で事務レベルの人たちがうちに来た時の事務屋さんとか，そういう人たちが課長さんになってるわけですよ。だから，やりやすいっていうか，「お願いだよ」って電話一本でも，「あとから行くがらさ」，「何かのときに酒っこ注ぐからさ，頼む」ってじゃべるような，そういう人間関係もできてくると。だから，すっかり自分たちだけでできないわけですよ，それ，住民を守るっていう視点からいえばね。

　1つの課のなかでの行政職員との協同関係だけではなく，役場の他の課の職員の仕事も理解したうえで，「巻き込んで」，新しい実践をつくりあげていく。つまり，むつかしくいうと，実践コミュニティの透明性を高めるということであるが[11]，要は，普段のつき合いから相互の理解と信頼関係をつくることをとおして資源を正しく把握し，それをふまえてニーズをもつ人のために，彼らを支援するきめ細かな，かつ効果的なネットワークをつくることができるのである。

（3）根拠にもとづき説得する力
　保健師の活動は，国の政策・施策にもとづいてなされるわけだが，さらに，村で新しい施策を行う際には，課の事務職の理解を得る必要があるし，財政部局，最終的には村長の決済を必要とする。したがって，その施策がどのような効果をあげるのか，明確な根拠がなければ説得できない。それが，専門職としての保健師の力量の1つ，「根拠にもとづき説得する力」である。

　　小規模作業所をつくったときに，……110万のお金，高いかね，それを村がだしてどうだかっていう。「単純に考えてみてよ。ほら，レセプトあっぺっ」て。国保のレセプト借りてくると，その当時でも1日だいたい7,000円くらいかかってるんですもんね，精神障害者の入院費が。例えば，3人で21万円。21万でやって，そしてまあ，1割負担。でも，だんだん4ヵ月になると，は，もう国保だと3割でしょ。……そして，村もそういう形で7割だして，そのぶんだ

してるから，だいたい 17, 18 万円もだしてるわけですよ。あんたレセプトから何人をとったっていうんですよ。10人とったら，10人いるんですよね。そしたら 17 万だから，1ヵ月の間のところで，170万じゃないですか。1年だったら，すごいあれで。「たかが110万だと，一人分になるか，なんないかの話でしょ。これ計算したら，「これで説得して来なさい」。「課長，これで説得して来なさいよ」，なんですよ。予算のところでつくって，結局，総務課長の査定があって，助役の査定があって，村長さんへ行くんですよ。で，この人たちが，結局，一人ずっと入院しないでいくとね，国保の財政がね，結局は一番圧迫してる精神の入院の分，そのとき，その当時の私やったときは60何人いましたもんね。

精神障害者の地域社会への移行という政策が，財政的な視点からの要請があることはすでにくり返し指摘されている点である。この語りは，財政的視点からの事業効果を確認するものであるが，しかしながら，大洞さんは財政的な見地からだけで実践の必要性をみているわけではない。

（4）限界を知る——保健師活動から「あおば会」設立へ

保健という概念が，健康・予防にとどまらず，福祉（wel-being）にも関連づけて捉えることがますます必要とされてきた。それは人間の誕生から死に至るまでの人間発達の全プロセスにおける人間の命への尊厳であり，豊かさ，安心，安寧を追求する人間社会にとって欠くことのできないものだからである。

このような中で大洞さんは，保健婦の限界を感じるようになっていたという。その第1は，保健婦の主要な業務がやはり予防にあって，したがって，その時間の余剰の中で地域の家庭を訪問する——彼女の言葉を借りれば，保健師の一方的で相手の必要性を考えない「勝手訪問」であり，「お元気ですか」と一声かける「お元気訪問」，1年に1回の「七夕訪問」——にすぎないのであった。それは地域の人々のニーズに基づいて訪れるわけでもなく，訪問の継続性もなかった。そのことは，とても住民の側に立った保健活動の一環としての家庭訪問とはいえず，そのことが反省すべき点として大きく残ったそうだ。

私の考えで保健活動やってきて，本当に保健婦っていうのはどうにもならない職種だなって思うことがあったのですね。ていうのは寝たきりの人たちにこうね，ようやく時間があいたと思っていくでしょ。すると，このあいだ来てから，

このくらい経って,といわれるんですね。本当に自分勝手な訪問で,自分でつけたの,保健婦の「勝手訪問」だって。そして,「お元気訪問」。「お元気ですか」っていって,そいでね。「いい」っていえば,記録さ「元気だった」って書けば済む,のね。そういう形で,後のことを,その人のことを考えない。そういう職種だなあって,人の生命にずっと関わっていながら,そういうことを平気でやるのも保健婦だなって,いつも思って。

　精神病院から退院してきた場合に,「宮古からよ,保健婦さん来たべ。おめさんも退院してから」って。「ん来た」っていうんですよ。その時「薬飲んでだが」ってば,「飲んでます」っていえば,元気な顔をして「ああ,よかったですね,これからも飲んでください」っていってニコニコすって行って。

　「じゃあ,元気でやってますね」っていってにこにこして帰るけっていって。「ほんとはよ,あの薬飲みたくなくてよ,やめだてさ,あれしているけど,そうだってしゃべればさ,また医者いって医者に怒られるべ,おりゃあ,だからしゃべんねえのさ」

　ここでも,単発的で,継続性のない「お元気訪問」が全く意味をなしえない状況として繰り広げられている。これでは,地域の住民の健康を守ることにはなっていないことになる。

　大洞さんは,コミュニティセンターの一室で,精神障害者と一緒に糸きりの作業を行うことをとおしてまたしても,本音は保健婦にはしゃべらないことを知ったわけである。とくに,精神障害者の場合,病院に連絡されることを嫌っているし,怖がってもいるから余計である。口々に「何,保健婦さん来たってわからねがす」,「行きたくねんだもん」,「あそこは入っとこでねえぞ」というばかりである。

　「結局,おめだじゃ保健婦さんだましてだことだけど,それが自分のためになってないことがわがんねが」っていうのね。「おめたち,精神病院から出て精神障害者だけど,普通の理屈はわかるっぺ」ってね。「だから,おれ,おめたちを病人と思ってね」「普通のことができなくなった時は,おかしいと思う」って私言うんですね。「おめのやってる行動は,川井の人からみればおがってみる行動なんだぞ」っと。「それが結局おめだちを障害者だって見られる行動なんだぞ」って教えるんですけどね。本当に,単なる家庭訪問とか,単なるあれでは全然わからないことでした。はっきりいって同じ糸きりして,同じ土俵に乗って初

めて彼らが本音を言うのを聞いて,「あ,そうか,やっぱこの人たちと生活を共にしながら,生活の中でおかしいことを言ってあげなければ,彼らはそれが病気だと思っていない。自分のおかしい行動だと思っていないことがいっぱいあるなって,仕事をしていても。そういうことがよくわかりました。んだかそれがちょっと,結局,世の中出てってもちょっと違う形をすると,みんなこうしてみるわけでしょ。

このように,生活を共にしながら,つまり,伴走性をともなうことによって継続性を確保し「おかしいこと」を指摘しなくては,障害者には意味をなさない。伴走性がないと精神の障害者には自分の課題や問題点が,見えてこないのであろうか。したがって注意を喚起することも不可能であり,余計に「へんな目」で見られてしまい,悪循環に陥るのである。

「限界」の第2は,一般に人は,出生時から日々健康に育ち,大きくなって学校に行き,卒業し,地域を離れたり,職についたり,保健師の活動からみれば「完結」する。しかしながら,精神障害者はそうはいかない,完結しない課題をもちつづけるという。これが,大洞さんのいう保健師の活動の限界だというのである。しかし,ほとばしる使命感を,大洞保健師から感じた。

　赤ちゃんなんかそうですよね。もう,健康に生まれた,学校に入った,卒業したら,ああ,あの子だねっていう形で完結するんですよね。ところが,いったん就職しても,発症すれば自宅に戻るし,病院を退院しても自宅に戻ることになる。これ一生自分のね,背中にしょっていかねばなんねっていうのは,精神でした。(中略) で,この人たちをどうにかしなきゃいけないって。そういう意味で,もうひとつひとつ関わったものが完結する。そこである程度,自分に与えられた部分は。これでまず,自分の気持ちとしてもいいなと思って,いつも離れないのはこの人たちです。手のかけ方によって,このくらい違ってくる病気もないんです。(中略) 保健婦だからこそ自分が関われるっていうのがあるんです。

## 第2節　精神障害者支援のネットワーク

### 1　「あおば会」の設立と事業展開

（1）「あおば会」の組織的変遷

「あおば会」は，保健師大洞さんが，彼女のキャリアのなかで最後に取り組んだ精神障害者を対象とする施設である。現在は NPO 法人となっているが，いまに至るまでに数度の組織改編を経ている。これを整理したのが表4―1である。

これに見るように，「あおば会」の前身は，精神保健法を受けて，社会福祉協議会を主体として 1990 年に開設された福祉共同作業所にさかのぼる。作業による収入額の推移にみるように（図4―4），この当時の主要な作業は村内に誘致された企業のエプロン製造の過程で必要とされる糸始末を中心とした作業であった。1994 年には補助金の制度変更にともなって，家族会の運営となり，民家を借り，加えてプレハブを建てて，精神障害者小規模作業所（第1工房：A 家族会）と心身障害者作業所（第2工房：子どもを守る親の会）を併設し，利用者 20 人，職員4人の体制のもとで事業を行っている。

その後，2004 年には，補助金の制度改正により精神障害者小規模通所授産施設として再出発し，これにともない再度社会福祉協議会（社福協）に運営の戻されるとともに，産業開発公社との連携事業がはじまっている。さらに，2006 年には障害者自立支援法の施行を受けて，就労継続 B 型事業所として再出発する。利用者負担がはじまるのもこの時である。つづいて 2007 年には，診療所跡地の現在地に拠点を移転するとともに，共同生活援助事業（グループホーム）の開設（定員8人），2011 年度にはいってケアホーム（定員4人）も併設している。

この「あおば会」に，ある意味で大きな転換をもたらしたのは，市町村合併の波であった。この村が隣接する市との合併することをにらんで，運営を村社会福祉協議会から引き離し，その受け皿として NPO 法人を立ち上げている。また，この再編に対応するために，合併直前に会の運営に不可欠な作業・居住棟が自治体から無償譲渡されている。2009 年から，この NPO 法人「あおば会」が作業所，グループホーム，ケアホーム，家族会の運営主体となっている。

表4−1 「あおば会の歩み」

| 年　度 | 組織にかかわる主な事項 |
|---|---|
| 1990年8月 | 福祉共同作業所（社会福祉協議会運営）として開設。地区センターの1室を借用する。エプロンの糸始末作業が中心。 |
| 1994年6月 | 精神障害者小規模作業所（第1工房），心身障害者作業所（第2工房）として再出発。民家借用，プレハブ建設。利用者20人，職員4人体制。 |
| 1999年4月 | 旧保育所を改修，改築して移転。この間，1997年から空き缶リサイクル作業をはじめる。 |
| 2004年7月 | 補助金の関係で精神障害者小規模授産施設となり，再度，社会福祉協議会の運営になる。産業開発公社との提携事業による作業が増える。 |
| 2006年10月 | 障害者自立支援法の就労継続B型事業所として再出発。自立という名のもとに利用者負担がはじまる。村内福祉施設の清掃作業，農家からのシソ植え作業が増える。 |
| 2007年10月 | 現在の土地（旧診療所跡，改築）に移転する。共同生活援助事業（グループホーム）開設，定員8名。 |
| 2009年3月 | 特定非営利活動法人「あおば会」設立認可。 |
| 2009年4月 | 改組して「あおば工房」・グループホーム・家族会の運営を「あおば会」が担う。 |
| 2009年8月 | 豆腐・菓子工房を開設（旧保健センター改修，改築）。 |
| 2009年12月 | 旧医師住宅，「あおば工房」，豆腐・菓子工房を村から無償譲渡される。 |
| 2011年4月 | ケアホーム（女性，定員4名）を旧医師住宅跡に開設。 |

## 2　「あおば工房」の事業展開の特徴

### （1）「あおば工房」の事業概要

現在,「あおば会」は，就労継続支援B型事業（「あおば工房」），グループホーム，ケアホームの運営という3つの主要事業から構成されている。これを支える職員

は，会の事務・管理を行う職員，学習指導員，生活指導員，ホームの世話人など7人となっている。

3つのうち最も重要なのが就労継続支援B型事業である。いわば，利用者の〈働く〉という暮らしの側面を支え，かつ，経済的にも運営を支える柱ともなっている。この「あおば工房」の事業がどのような作業により構成されているのか。それが利用者にとってどのような意味をもつのであろうか。

次の8つの作業領域に整理できる。
① 縫製関連作業（糸始末作業など）
② 掃除派遣作業（道の駅，老人ホーム，診療所等の清掃作業）
③ 配食委託事業（食事つくりと配達作業）
④ リサイクル事業（回収ステーションの設置と管など資源ごみの回収・運搬・処理）
⑤ 農作業受託（高齢者世帯のシソ植え，草刈りなど）
⑥ 産業開発公社提携作業（シソ洗浄，ジュース瓶詰，シソ袋詰など）
⑦ 豆腐・菓子・総菜の製造・販売事業（岩豆腐，おから菓子，総菜の製造・販売）
⑧ その他の作業（花植え，草刈り，イベントでの販売，豆の選別作業など）

事業の性格から，3つの事業を区別することができる。地元企業からの作業の受託事業，公社・病院の清掃作業の派遣事業，その他の様々な受託事業・自主事業により構成されている。

（2）事業収入の変化

「あおば会」も設立以来20年を経過している。地元の産業と結びついた事業を次々に開拓し，運営を行っているが，地方経済の衰退と歩調を合わせて作業構成の再編をくり返さねばならなかった。ここでは特徴的な変化についてだけ簡単に触れておきたい（図4－4）。

第1に，会を始めた当初，中心的な作業であった地元零細企業から受託してきた縫製，糸始末の仕事が大きく落ち込んでいることがわかる。2002（平成14）年には企業数だけでなく，金額も大きく減少させている。経済的活動だからこそ，作業所といえども景気の変動をとおして経済的な基盤がすぐさま揺らぐことが避けられないことを示している。

第2に，これを補完するように新たにでてきたのが，公社関係の仕事である。現在では作業委託先における自治体関連事業所による作業が大きくなっている。

図4-4 「あおば工房」の事業収入の推移

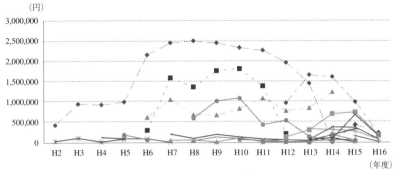

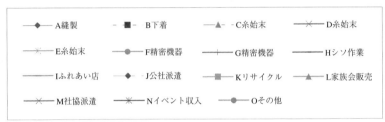

産業開発公社, 村内の医療・福祉施設の清掃作業が通年の基本作業の1つを構成していることがわかる。開設当初に比重の高かった企業からの作業委託に代わって, もっとも安定した作業量・額を確保することができている。

第3に, したがって, 多様な作業を組み合わせることにより, 通年にわたり利用者が働く作業を確保していることである。すでに指摘したように, この事例のある奥深い山村にある施設で民間企業のみから必要とする作業を確保することはなかなかむつかしい。しかし, それだけではなく病みつつ働くためには, 症状・治療により作業能力が変化したり, 休憩が適宜必要となることを勘案した職務配分をつくることが大切である。施設内外の, 多様な作業により構成されていることが, こうした柔軟性を確保する条件となっている。「リサイクル」の仕事も2000 (平成12) 年からはじまり, 工房の重要な仕事の柱とななっていく。

第4に, しかしながら, 1994 (平成6) 年から2000年ころまでの, それぞれの額を考えると全体として総額を減らしてきていることがわかるであろう。その意

味では,就労継続支援施設としての補助が会の運営にあたって大きな意味をもつことがわかるのではないだろうか。

### 3 支援の社会的ネットワークをつくるコミュニティワーク

こうした作業がどのような支援関係を結びながら存立しているのか。その特徴をみておきたい。その際に大切なことは,これらの事業委託の関係は,経済的な交換という関係を超えて,地域社会のなかに障害者が暮らしていること,彼らを支援・受容するという具体的な行動として示す機会を提供していることである。この点については,少し詳しく説明する必要があろう。

大洞さんが保健師時代に培った支援のネットワークをつくる力量を,「あおば会」の実践のなかでどのように活用していくのか。結果として,どのような支援関係をつくりあげてきたのか。次に3つの事業をとおして明らかにしたい。

(1) 自ら働きかけてつくる事業＝支援の関係

まず,空き缶・資源ごみのリサイクルをとおした支援関係である。「あおば会」では,村の公設のゴミ・ステーションとは別に,資源ごみ回収のための独自のステーションを村内に配置している。設置にあたっては,すべての対象の家を職員と利用者が直接訪問して趣旨を説明し,協力を依頼して,理解をえたうえで設置させてもらっている。

　　新聞の折込のところに入れたって,全世帯にいくわけじゃないですもん。そういう一戸,一戸,配布するしか手段がないからね。あとは,じぶんの職員がいるとこは職員自分のところで,利用者はいるところはぼくがやるっとかって,みんなそういうふうにして,そして歩く。全世帯に周知をする。そっから今度はスピーカーで今度は広報して歩く。明日はこうですよって言って,そうすると朝にはもう,「うちにいっぱいあるから,あがってきてけろ」とか,こうだ,こうだってね。それはもう,あの保健師として,検診の,あの検診率を上げる方法,何をする方法。どうすれば,こうってね。このノウハウは全部生きてるわけですよ。

　　全世帯歩いてね,あ,こういうことでってことで,「ああ,いつも,いつも,本にご苦労さん」だって言いながら,で,歩くことでみんな,合わせてうちの利用者も,「おれも一軒一軒寒いところ歩いたもんな」って,そして今日は,こ

の地区歩きましょう，2人で歩きましょう。3人で歩きましょうってね。

ここから2つのことが分かる。第1に，大洞さんによれば，住民の理解をえて，それを支援に結びつけるには，個別の働きかけが必要であり，その手法は保健師の活動スタイルを生かした働きかけであるし，保健師当時の信頼関係が協力をえるうえで大きな力ともなっている。第2に，利用者も自ら一軒一軒の訪問に参加をするなかで理解を広がる，そのことが自信になっているということである。精神障害への理解を当事者がつくる努力をする試みである。

こうして住民たちが資源ごみをすてる行為は，単に資源回収をするというだけにとどまらない意味をもつことになる。日々のごみの分別と，村のではなく，会のステーションを選択して投棄するという行為そのものが，精神障害者施設の運営を支援するという意思を示すものとなっているのである。

(2) 事業をとおして互助の関係をつくる

次に，農作業委託による相互支援の関係である。会では，シソを中心とする農作業を村内の農家10軒ほどから受託している。奥深い山村だけに高齢者世帯の比率が極めて高い。こうした高齢者世帯の農作業を受託して収入をえる機会としている。事業のねらいを大洞さんは次のように述べている。

　公社は今度は，みんなシソやってけろ，トウガラシやってけろ，シソの実つけてけろ，大葉とってけろ，この事業やってけろって，それは，第2工場みたいな感じで。第2工場ですよ，うちは。でも，いいと思うんです。村の産業と結びつきながら，んで，村は今度山菜加工場とか，そんなのはやってますから。だから，うちは自分たちが作業しながら，高齢者の方もね，うちは高齢者の支援もやるんだって言う考え方のなかで，いまやってるんですね。だから高齢者の人たちも安い価格でね，やっぱし草刈りしてもらったり。

ここに事業をつくる際の基本的な考え方が示されている。第1に，村の産業に寄与すること。それと結びつきながら事業を受託するということ。第2に，一方的に支援を受けるだけではなくて，その事業をとおして高齢者を支援するという性格をもたせることを意識的に追求しているということである。いわば互助の関係をつくるということが意図されている。会がこの作業を担うことによって，高

齢者が重労働から解放されて農業をつづけ，この山村で暮らすことを可能としているともいえる。つまり，地域のなかで周辺的な位置にあり，困難を抱えるもの同士の相互援助の側面をもちえているのである。

（3） 事業をとおしてつくる〈思いやり〉の関係

最後に，豆腐等のふり売りをとおした支援関係である。会では週に2度ほど豆腐，おからを使ったお菓子や総菜づくりを行い，その製品を施設の周辺でふり売りをしている。昔ながらの岩豆腐といって，堅い豆腐である。この懐かしい豆腐を高齢者の住民たちは心待ちにしている。夕方近く，豆腐のふり売りの合図の笛があると，周辺の家々から豆腐を入れる容器をもって道にでてくる。豆腐を渡すのは利用者である。

　一人暮らしのお父さんが，「この豆腐食べたらやめられない」ってね。「おれ，来たら必ず買うから」って，そしてね，一人暮らしなんですよ。奥さんも亡くなって，何してるべと思ってね，食事ちゃんとしてっかなと思ってるわけ，こっちはね。そうると，豆腐って，このおからも買って，おからもあれして，おかずにして食うってね。まず，プラスのあるかもわからないけど，お豆腐とか買って，食にこうしてくれってね。そういう形をね。「あおば工房」の来るの待ってるって，みなさんでてくるんですよ。

　豆腐っていうとみんな，ぞろぞろでてくるんですね。みんなここの一人暮らしの人たちがね，2丁あればいいって。だから，この間，1回もでてきたことのないおばあちゃんが，「おめえ，よかった」ていう話をきいたから，これも買ってみるってね。だけど，そこまで上がってこれないのね。「いい，いい」って，豆腐持っていって，うちの2人，利用者がね，2人でこうしてやると，いい，あそこの階段上がってこなくていいって，置いてくるのね。ああいう優しさをみてるとね，ああ，これもいいなって，うちでね。

これは，販売を手掛けること自体が，対人関係のうまくとれなかった利用者にとって特別な職業訓練（治療）の意味を持つ。しかも，住民たちが豆腐を買うという行為が，同時に，「あおば会」を支援するという意思表示をしているのだという意味を持つ。

### （4）まとめ

　精神障害者の地域社会との関係では，北海道浦河町の「べてるの家」の実践が有名であるが，この実践を分析した浮ヶ谷の論述では，「よそもの」であるゆえに，「他者」から「われわれ」へと転換することは容易ではない。そこでは経済的交換関係の抽象性が媒介することにより共同性がつくられると指摘されている[12]。

　これに対して大洞さんの実践では，この経済的交換関係を，一人ひとり「顔」のみえる関係により結ばれた関係につなげているところに意義がある。まさに，「経済」ではなくて，「社会的経済」なのである。空き缶のリサイクル，資源ごみの回収に協力する，作業を委託する，工房で利用者がつくった豆腐・菓子を購入する，ボランティアをするなど，多様な契機をとおして利用者と住民とが結びつく機会がつくられている。しかも，それは事業であるから，経済的関係であるが，「あおば会」がつくる関係は経済的関係に解消されない性格を内包している。地域の高齢者を支援する互助の関係，高齢者を見守る，あるいは相互に〈思いやる〉関係となっている。支援・被支援という一方的な関係ではなく，相互承認と相互支援の関係性が地域社会のなかに育まれるということを意味するのである。つまり，地域のなかに社会関係資本を育む実践としての意味を持つのである。

　経済的利害関係だけでもなく，かといって啓発事業でもなく，「自分のことのように思う」関係性があるという社会関係を埋め込むところに大洞さんの実践の特徴と意義がある。

## 第3節　利用者のライフコース

　このような「あおば会」の事業の意義は，利用者の立場から見たときにどこにあるのだろうか。これを明らかにする前提として，精神障害者である彼・彼女たちがどのようなライフコースを辿ってきたのかを考察することが本節の課題である。

　一概に精神障害といっても，彼・彼女たちの〈病い〉の症状の違いに応じてそこから生じる問題も多様である。とりわけ，どのような人生の途上で発症したのか，その症状の重さとあらわれ方により，彼・彼女たちの生活の質は異なるからである。まず，対象者の属性の特徴をつかんだのち，彼・彼女たちのライフコースの特徴を整理する。次に，〈病む〉ことがどのような苦悩をもたらしてきたのかを，彼・彼女たちの〈語り〉をとおしてとらえ，最後に，「あおば会」がつくりだす支援を〈居場所〉という諸側面からとらえたいと思う。

## 1 対象者の特徴と分類

(1) 対象者の特徴

今回の調査では9人の利用者にインタビューを行った。このうち震災・津波にともなって急きょ入所した2人(⑧, ⑨)を除き，7人を分析の対象とする。女性は1人，他6人は男性の利用者である（表4—2）。

まず，一見してわかるように，その特徴として，①B型であるから，民間事業所で就労できない人や，50歳以上で就労移行がむつかしい人たちが利用者の対象となる。したがって，40代後半（2人）から60代（1人），特に50代後半（5人）のこれから高齢期を迎えようとする中高年期が多いこと，②病気としては，統合失調症を中心に，糖尿病など複数の病気を抱えていることを指摘できる。一般に，統合失調症は10代や20代に発症するものが多いが，すべての者が入院歴を持ち，また比較的長期にわたり〈病い〉とともに暮らしてきたといえよう。③しかし，「あおば会」の利用歴からみると，20年以上の長期利用者（①, ②, ④, ⑤）がいる一方，2,3年の短期の利用者も少なくない（③, ⑥, ⑦）。この「あおば会」の事業の中心は，就労継続支援施設であるから，利用者のなかには短期に流動する人たちを含んでいるとみることができる。

(2) ライフコースの特徴と類型化

彼・彼女たちのライフコースを学校歴・職歴・病歴の3点に注目して整理するとき，いくつかの共通した特徴を見いだすことができる。

第1に，学歴でみると，中学校卒業後ただちに就職したものが5人いるということである。これ以上の学歴をもつのは，職業訓練校にすすんだ者（⑥），中学で発症したものの，高校を卒業し，入院後働きながら大学（夜間）で学び卒業資格を得た者（③）だけである。当時のこの地区の進学率からしても学歴は低い。発症とともに，病気の症状もあって学業成績が悪化することは一般的にも指摘されるところである。

第2に，統合失調症の発症後は，わずかの例外を除き（③），職業キャリアは完全に分断される。それは病気にともなう入院やスティグマということによるだけではない。急性期に現れる不眠症，対人恐怖，幻覚・幻聴，消極期や副作用による怠惰，無気力なども就労継続の障害になる。

第3に，すべての利用者が発症や入院の必要を契機にして，郷里の実家に戻る

表4－2　対象者の属性一覧

| 番号 | 性別 | 疾病 | 入院歴 | 障害手帳 | 障害者年金 | 利用開始 |
|---|---|---|---|---|---|---|
| ① | f | 統合失調症・糖尿・肝機能障害 | ①8年 ②6ヵ月 | 精神1級 | 2級 | H.3 |
| ② | m | 統合失調症・直腸癌・糖尿 | ①2年10ヵ月 ②2ヵ月 | 身体2級 精神1級 | なし | H.3 |
| ③ | m | 統合失調症・パニック障害 | ①6ヵ月 | 精神3級 | 2級 | H.20 |
| ④ | m | 統合失調症・糖尿・肝機能障害 | ①2年6ヵ月 | 精神1級 | なし | H.8 |
| ⑤ | m | てんかん・うつ病 | ① | 精神2級 | なし | H.2 |
| ⑥ | m | 統合失調症・アルコール依存 | ①3ヵ月 ②3ヵ月 ③3ヵ月 | 精神2級 | 2級 | H.21 |
| ⑦ | m | 統合失調症・器質性精神障害 | ①4年 | 精神2級 | 2級 | H.19 |
| ⑧ | f | 統合失調症・糖尿・喘息 | ①3ヵ月 | 申請中 | なし | H.23 |
| ⑨ | f | 統合失調症 | ①4年 | 精神2級 | - | H.23 |

ことを強いられる。発症した彼らにとって，実家（居住の場所として）と家族だけが受け皿になっていることがわかる。しかし，すべての家族が精神の病を抱える彼・彼女たちを受容し，迎えてくれるわけではない。病んだ息子や娘に対して

批判・拒絶の態度を示すことによって，家族間で厳しい葛藤を経験することも少なくない。そして，家族の態度が患者としての症状の安定に大きな影響を与えるのである。

しかしながら，これをライフコースとしてみると，発症時期や症状に応じて一様な人生を歩んでいるわけではないことが分かる。ライフコースを概念図に整理してみると，大きく3つのグループに分けることができる。

まず，10代の発症と，20代以降の人生の途上に発症するグループに大別できるが，前者も2つの分けることができる。つまり，10代で発症して，職業キャリアを持つことなく入院と自宅での生活をつづけてきたグループである（①，⑤）。これをⅠ・Aと表現しておこう。そしてⅠ・B型は，10代で発症し，入院を経験するものの，高校を卒業し，自衛隊に勤めながら定時制の大学を卒業してきたである。彼らを分けたものは，病気の症状の程度とあらわれ方とみることができよう。

後者は後期発症のタイプである。中学校を卒業し，職業についた後，しばらく働いたあとになって発症したグループである。これをⅡ型としておこう（②，④，⑥，⑦）。比較的長期に職業についてきたと述べたが，しかしながら，自動車整備工として7年間働いたのを除き，その就労は安定したものではなく，いわゆる不安定労働層として短期のうちに転職をくり返しているという共通性をもつ。

それぞれの類型に分類された対象者から1人ずつ選び出し，そのライフコースを紹介してみよう。

## 2 ライフ・コースの分析

（1）　Ⅰ・A：①53歳（f）・統合失調症（発症18歳）（図4—5）

小・中学校とも地元の学校を卒業する。小学校では，成績も悪くはなかったが，中学校に行く頃には急に成績が落ちてきた。人づきあいが得意ではなく，クラブ活動はしていたが，ほとんど友だちと呼べる人はいなかったという。本人は将来理容師になりたいと思ったが，先生にすすめられ東京に就職する。いまでも理容師になれなかったことを残念だと述べている。

就職したのは東京にある零細な紡績会社であった。ここでもあまり友人ができなかったが，同僚の誘いを受けて教会に通うこともあったという。給与は低かったが，会社寮であったので，なんとか生活することはできた。

就職して3年，18歳のときに発症する。それは突然であった。「突如ぼ〜っとなって，おかしくなった」。心配した会社の人に付き添われて送られて実家に帰っ

図4-5　I・A：①のライフコース

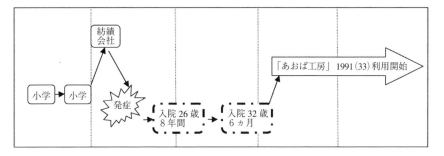

てきた。
　その後は実家と病院とを行き来する暮らしとなる。第1回目の入院は26・7歳の頃である。この時の入院は約8年と長期にわたっているが，この当時の状況の語りはほとんどない。ただ，リハビリとして入院中に行ったカラオケ，踊りの練習，体操など，楽しかった思い出を断片的に語ってくれるだけである。
　2回目の入院は1990年，32歳の時である。このときは6ヵ月の入院であったが，退院後，開設されたばかりの「あおば会」に入ることになる。仕事は，草取りやリサイクルの缶つぶし作業などである。薬の副作用もあって，体調の思わしくないときには休憩をとり，落ち着いてきたらまた作業をはじめるというような状況である。彼女がもっとも生きがいを感じているのは食事づくりの仕事である。土・日は実家で，両親と妹とともに山葵づくりの手伝いをして過ごす。家族との関係は，「協力し合って生活している」というように良好である。
　「あおば会」にきたことによって生活がどう変わったのか。彼女は次のように述べている。

　　いまは明るくなりました。昔は，他の人とあまり話せなかったが，人と話すようになりました。みんなが，「おはようございます」とか挨拶する。「元気だった」とか。旅行もあるし，忘年会もあるので楽しい。歌が好きなので，カラオケが楽しいです。ここは仲間と友だちがいて，楽しいです。食事をつくる責任もあるし。できれば，ここでずっと働いていたい。70歳くらいまでは働いていたい。

〈病い〉のなかで，一人自宅に閉じこもり，孤立していた彼女。無限につづくかに思われた入院生活を経てきた彼女だからこそ，「あおば会」で働き，自分が責任をもつべき役割を得て，友人と思える〈仲間〉をもったと実感できるようになったことの意義は大きい。

（2）Ⅰ・B：③60歳（m）・統合失調症・パニック障害（図4—6）
　地元で生まれ，小・中学校ともこの地で過ごす。中学校2年の時，突然発症する。本人の言葉によれば，「おれの〈心が凍った〉」という。
　それは，どういうことか。ある日学校に行ったら，「あれ，なんだろう」，昨日まで普通に顔を見てたのに，急に人の眼が怖くなってしまった，という。このときから，人と話したり，つき合うことができなくなってしまった。人と一緒にいることを苦しいと感じてしまう，クラブで一緒に活動することができなくなった，という。（でも，症状が比較的軽かったのだろう）隣まちの高校に進学したが，クラブ活動はできずに，1人でできるということで配達のアルバイトをして過ごした。最初は病気だとは思わなかった。高校に行っている間に自然に治るかもしれないと考えていたという。
　高校を卒業すると，東京にでて製造の会社に就職する。しかし，1ヵ月もたたずに陽性症状がでてしまう。本人の表現では「どうも様子がおかしいということで，警察のお世話になった」ので，すぐ地元に帰って入院をする。期間は6ヵ月であった。退院すると，再度就職を探しに職安に通うことになる。そんな時，募集係りの人と会って，すすめられたのが自衛隊である。勤めながら大学に行くことができるということが魅力であった。
　この当時がもっとも楽しく，充実した暮らしであった。その当時も服薬をする必要があったが，副作用で動作が緩慢になるのがいやで，しかも，市販の抗不安薬を服薬するだけで服務することができる状態であったことが幸いした。すぐ夜間の大学にも入学し，在学中はロックバンドに参加したり，英会話サークルに入ったりと青春を謳歌して過ごすことができた。
　入隊後10年，症状が再発する。自衛隊をやめて地元に帰り，高校があった隣まちの病院に入院する。期間は6ヵ月であった。退院後，再就職をめざすが服薬の副作用のために，なかなか続かない。転職をくり返すが，比較的長続きしたのが警備の仕事であった。統合失調症の場合には，完治は存在しない。薬を続けることが不可欠であるが，症状は違っても，必ず副作用をともなうことがむつかしい

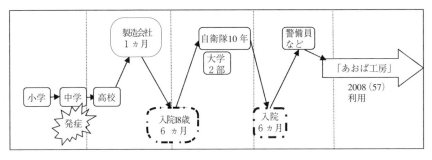

図4—6　Ⅰ・B：③のライフコース

ところである，という。

　彼は，現在，実家で義姉（兄は死亡）と甥と一緒に住んでいる。当初は母が同居していたが，認知症で入院し，いまは「居候」の状態で肩身が狭いと感じている。

　「あおば会」は平成20年から利用をはじめている。仕事を探しに保健センターに相談に行ったときに保健師から紹介されたという。村にこういうところがあることを知らなかったし，給与が2万円という安さにも驚いた，と最初の印象を述べている。でも，いまの年金だけでは貯金はできないけど，この給与を丸々貯金できるし，借金も返せるということで利用をはじめている。57歳のときである。

　主な仕事は，缶潰しなどリサイクルの作業であるが，なによりも就業時間が短いことがいいと感じている。休みにはテレビの高校講座（できれば放送大学の講座を視聴したい）や総合無線通信士という国家試験の勉強をしているという。

　彼の場合には，ここでの仕事にやりがいを感じていない。「なければ困るけど，ここでやっていこうとは思わない」と言い切っている。ここの利用者とも付き合いはするが，友達になろうとは考えないと述べているように，ほとんどアイデンティティを感じていない。働けなくなったら高齢障害者の施設に行くことを希望している。

　（3）　Ⅱ：⑦　59歳（m）・統合失調症・器質性精神障害・糖尿病（図4—7）
　地元に生まれ，この小・中学校を卒業する。在学中は剣道や野球をやって活発な方であった。将来についてはあまり深く考えていたわけではないが，歌手になりたいということもあり東京にでたいと考えていた。中卒後，東京の製造関係の

図4−7　Ⅱ・⑦のライフコース

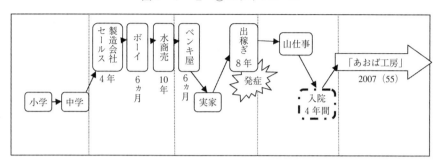

会社に就職をする。だが，ここではおもにセールスの仕事をしてきた。3〜4年後，転職して個人のペンキ屋で働く。そこから次のボーイなど職場を転々とする。一番長かったのは水商売の10年である。主に接客の仕事をしてきたことからもわかるように，対人恐怖とか，コミュニケーションに問題を感じることはなかったと思われる。

しかし，借金をして地元に帰ってくる。実家に戻ってはきたものの，この借金を返すために東京の建設会社に出稼ぎにでかけるようになる。出稼ぎは8年に及ぶが，この頃から頭痛，しかも，頭が割れるような頭痛が襲うようになる。ふり返ってみると，これが発症である。やがて出稼ぎができなくなり，地元で山仕事をして暮らす。

1992年，ついに精神科に入院し4年間を過ごすことになる。その前にも，すでに症状がでていて，寝てばかりいる怠惰な生活ぶりに家族との葛藤は大きなものがあったが，この入院生活を挟んで，家族・親族も，この〈病い〉を理解してくれるように変化する。

「あおば会」に来たのが4年前である。最初にアイロンかけやって，シソのラベル張り，豆腐づくり，診療所の清掃と，あらゆる仕事を細切れのように経験する。もう少し1つのことをつづけたいという希望もあるが，いまは仕事をすることが生きがいである。

他の施設を見学したこともあるようだが，そこではメーターも，食事の支度等もすべて個別化されているのと比較して，「なんとなくまとまりがあるかな」と感じている。利用者を「仲間っていうふうに感じている」ので，居心地がいい。

「あおば会」の仕事でえることのできる収入は月4〜5万円である。しかし，障害者年金を合わせるとグループホームで暮らすには十分な額である。いまは家族にも理解され，支えられた安心感，仕事をすること自体の達成感，そして〈仲間〉を呼び合える利用者同士の相互承認の関係に包摂されて暮らす日々に，躊躇なく「よかった」と述べることができる。

## 3　まとめ

　利用者のライフコースをたどることによって，発症が彼・彼女たちの人生にどのような影響を与えてきたのかをはっきりと理解することができる。端的にいえば，社会との絆を失っていくプロセスとしてとらえることができよう。症状にもよるが，統合失調症では対人恐怖の症状を示すことが少なくない。周囲の人たちの目が，突然，敵意をもって監視される目としてとらえられるようになる。したがって，友人関係を築くことがむつかしいことが少なくない。利用者のなかには10年以上も自宅に閉じこもって回復を待つという事例もみられている。また，副作用の症状によって普通のテンポで働くことが困難ともなる。労働からの排除である。

　ライフコースの類型ごとの違いにも注目してみる必要がある。類型Ⅰ・Aでは，早期の発症であり，「あおば工房」の利用も20年を越えようとしている。彼女にとって，「あおば会」は楽しく働く場であり，友人関係を結ぶ場であり，はじめて社会的責任を感じる機会を提供してくれる場として認識されている。これに対して，Ⅰ・Bでは，発症にも関わらず大学を卒業し，長期にわたって就労をつづけることができた経験をもっている。まだ利用自体が数年ということもあり，この施設で友人関係をもとうとも考えないし，老後を過ごす高齢者施設にはいるまでの通過点として認識されているといえよう。類型Ⅱは，学校卒業後しばらく働いた後に発症したタイプである。彼の場合にも，工房での仕事にやりがいを感じているわけではないが，利用し始めた年齢が高いこと。ここで友人もできたことから満足していることが分かる。

　このようにライフコースの類型ごとの評価の違いもあるが，また，この施設で友人や仲間の関係がつくることができるかどうかが，評価の違いをつくっているとみることができる。精神障害者が地域社会で暮らす上で働く場の意味は大きいが，同時に，まさに暮らしであるから，彼・彼女たちにとって「居場所」として感じることができるかどうかが重要なことがわかる。

## 第4節　病みつつ地域で暮らす

　統合失調症には完治はないといわれている。したがって，彼・彼女たちは精神病という〈病い〉をかかえながら地域で暮らしていかなければならない運命にある。ここでは〈病い〉をどのように経験してきたのかということを，聴き取りを再構成することをとおしてつかんでおきたい。そのことが「あおば会」のつくる実践の意義を明らかにするうえで不可欠であるからである。

### 1　〈病む〉ということ

（1）〈心が凍る〉経験

　統合失調症の発症を彼・彼女たちはどのように受け止めたのだろうか。もちろん，統合失調症という病名はあとから社会的に定義されたものであって，最初の症状がそれと認識されたわけではない。

　先にみたように，これをふり返って〈心が凍った〉と表現している。しかもある日，突然，それは襲いかかる。

　　それが突然来るんでした。ある日，学校へ行ったら，「あれ！なんだろう」と思ったんです。昨日までは普通に顔を見てたのに，人の眼が怖くなって。人とつき合ったり，クラブで一緒に活動することができなくなった。

　対人恐怖症である。彼の場合には，比較的症状が軽かったこともあり，高校に進学し，卒業することができた。しかしながら，一般的に言うと，そして今回の対象者の場合にも，その多くが，同級生や同僚たちと一緒にいることが恐怖と感じられ，苦しさの原因でもあったために，対人関係がうまくつくれずに孤立する。結果として，自宅に〈ひきこもる〉要因ともなってしまうことになる。

（2）〈ひきこもる〉

　統合失調症の場合，前駆期や急性期には，幻聴・幻覚が現れたり，他人に対する疑念・恐怖から暴言や暴力にまで至り，その場合，警察による統制を受けたり，いわゆる強制入院の措置がとられることもある。

　しかし，やがて消極期になると倦怠感や無気力の状態に陥り，自宅に〈ひきこ

もる〉ことがつづくことも少なくない。

　ほとんど家にいて，食事をするだけで，何もしないで，ただぼーっとしたり，テレビを見ているだけで暮らしていました。それが10年以上も続きました。

　こうした陰性症状のとき，急性期に混乱して絶望に突き落とされた家族も，病気を理解できないとき，怠惰な暮らしぶりに息子・娘に激しく詰め寄り，批判する態度にでる。親，きょうだい，親族は，その怠惰を攻め立てる。このhigh EE（expressed emotion）の対応が症状をより悪化させることにもなる。

　すごくきつかったですね。病気というのをわかってもらうまでは。親とか，きょうだいとか，親戚とか，みんな，なんだかんだといって，ぼく一人という感じですね。とくにお袋にあたっていましたね。叩かれたこともあるし，自分も対抗したこともあるし。おじさんとも大きな喧嘩をしました。なんでそんなことをいわれなきゃいけないんだって。死にたいと思っていました。

　自分でも何とかしなければと思いながらも，どうしても動けない状態をくり返す。この絶望のなか，苦しみ自殺・自殺未遂に陥る患者も少なくない。

（3）〈精神病院〉にはいる
　入院。その宣告は本人にとっても家族にとっても大きな波紋を投げかける。生活が一変する。精神病院に入院することは，他の病名とはまったく異なる社会的な意味を持つ。社会的烙印が押しつけられる経験である。これは家族にとっても，自分にとっても衝撃的な経験である。
　今回の対象者は入院の様子をあまり語ってはくれなかった。しかし，他の保健師の聴き取りのなかでも，1960年代頃まで保健活動で家庭を訪問すると，座敷牢がつくられていて，そこに精神の家族が幽閉されているのを発見した経験をもっている。

　ショックというか，いやっていうか。すごく，なんとなく。精神というのはいやだったですね。

自分で〈病い〉を心配して受診・入院する者（③），家族・親族の説得を受けて付き添われ入院する者（①，②，④，⑥）もある。任意入院であるが，ときには強制入院も存在する。とくに，保健センターの職員や警察が連携して強制で入院を強いられるとき，激しく抵抗することにもなる。暴れまわる患者を一時的に「ぐるぐる巻きにして」暴力的な抵抗を抑止する必要もでてくる。

　入院の衝撃。それは人生の終わりを感じさせるものである。しかも，入院生活がいつまで続くのかわからないとき，不安は病んだ心に重くのしかかる。

　　最初は部屋にかぎがかかっていて，入院して半年くらいまではつらかった。死にたいと思いました。周りのなかには20年，30年という人もいて，「オレ，一生出れないのかな」と思いました。40年，50年というのもざらだべ。

　いま，こうした長期入院がそんなにあるわけではないだろう。しかし，対象者のなかにも10年以上の入院歴を持つ人が存在する現実もある。抗精神病薬が効果をみせて少し考えることができるようになる一方，こうした不安や，退院後の生活の不安が患者に襲いかかる。

　（4）〈普通社会〉の〈おかしな行動〉
　精神障害者のなかには病識がない者も存在する。身体障害者や，他の利用者と比較して自分を評価して安心する。これを大洞さんは「普通社会」であると表現している。

　　障害者のスポーツ大会に行くとき，身障と知的，ダウンの子と，ダウンの子もいますんで，障害者のスポーツ大会には精神の子，「おれと，おれ障害者だ，おれどう思う。おれ行っていいだべか」って，車のなかで言いまして，身体障害者は障害があるから障害者だと思って，まあ，その，Yちゃんて子は，普通の小学校1年のことしか，20歳過ぎてもできないから障害だと思っている。精神の子は，自分は障害者だと思ってないから，「おめえは頭が悪いからよ。それで障害者なんだ」っていうと，「おれ頭悪いんですか」っていうから，「そうだべ，あそこ1回入って決めたごと守るねで，すぐ明日競馬やめますって言ったの，こっち変わらねえうち，すぐまた競馬に行って1ヵ月分使ってくるっぺし。それでまどもが，おめは」って言う。「それをね，それを頭悪いっていうんだぞ」

って。「だがら立派な障害者だがら心配すんな、いぐべす」ってしゃべって、この辺でだべりながら来るんですけどね。そして笑いながらやってるんですよ。ま、そういう意味で、自分たちは統合失調症だよって、「おれは、あれよりも程度がよいさ」、「おれはこうだ」っていうようにしゃべる、そう思ってますよ。だから、そういう意味では普通社会ですね、ここも。普通社会ですよ。

この会話から分かるように、大洞さんの利用者に対する発言は率直で、ときに辛らつである。「大洞さんは怖いからな」といわれながらも、利用者たちから絶大な信頼をえている。その理由の一端は、何らかの危機のときに大洞さんであれば絶対に助けてくれるということの安心感からくるのだと思われる。利用者は、ときに理解を越えるような行動をとることがある。グループホームがあるから、大洞さんや職員の方たちは仕事の指導をするだけではなく、24時間緊急時に対応する体制をとっている。大洞さんと職員でもある息子さんのどちらかがいつでも対応できるように、どちらかがお酒を飲まずに待機している。

　M市さ行って薬をもらってきて、こうやってね、K（施設のある地区から車で1時間ほど離れた地区）から歩いてくる子がいますよ。寝でって、眼が覚めたらKだったって。で、Kからね、5時から歩いて11時、朝までにつく予定だったけども、朝の3時でもう足が痛くなって、そこの1つ手前のところでダウン。あの、ダウンして、屋根の下のところで寝て、明るくなったから4時半で、隣の家の人に頼んで、4時半に電話かかってくるんですよ。「だれだれですが、ここにいるから迎えに来てください」って。「何言って」、本当に。

　生活保護で10万円もらってる子が、もう、もっと全部、こっちのお金あれすると競馬ですよ。競馬とパチンコ、もう、これでね、今本当に苦しくて、ようやく生活保護の人たちにね、やってるときに、「あんたたち、自分で稼いだね、2万円なら2万円をすることはいいけれど」、全然、今度こっちの利用料も払えないので、「競馬とか、そういうことをね、するような形で働かせてるわけじゃない」、そう言ってお金預かってこうしてると、今度、借りてくるんですね。もう地域でうるさいおばあさんからね、なんか、お金借りてきたっけ。今度帰るときに、お金がなくなって、お巡りさんさ行って借りたっけ。今度は女のお巡りさんが、56歳になっても帰りのバス賃ももたないで買い物さ来たんですかっ

て，いやみ言われて，「あの女子よ」っていうから，「どっちが悪いんだ」，そんな日常さ．

　以上のように，精神病で〈病む〉ことは，この病気特有の症状をともなうということ，かつ，他の病気にはない社会的な意味が付与されているということを理解しておくことが大切な点である．とくに，発症が10代，20代が圧倒的に多いことに加えて，対人関係をもつことがむつかしいという症状が多くみられるということ，つまり，学校，仕事をふくむ社会生活のなかで育まれる社会的な絆を失ってしまっているということ，さらには，社会的な烙印によって排除されてしまうなど，多くの深刻な困難をともなうものであることが明らかになった．
　こうして排除された人びとを，いかに包摂するのか．実践の質が問われるのである．

　2　大洞さんの「あおば会」運営の姿勢――その人らしい生き方を支援する

　大洞さんは，どのような価値観をもちつつ「あおば会」を運営しているのだろうか．会の具体的運営を見る前にヒヤリングから明らかとなる実践を構成する姿勢を明らかにしよう．
　ヒヤリングから3つのコアとなる姿勢を見てとることができる（図4―8）．

（1）　自分らしい生き方を選択させる
　第1は，「自分らしい生き方を選択させる」である．その自らの選択を理解し，彼らの選択した人生に寄り添いながら支援する姿勢である．

図4―8　大洞さんの実践の姿勢

アルコール依存も，ここに3人くらいいますからね。もう依存状態で飲んで，さっきマスクしてきたのが，もう食道静脈瘤いつも破裂，2回くらい破裂してますからね。今度，いつ破裂するかわからない子が。もう3回目。それでもデスクワークせっていっても，「おれ，こんな机さあって糸きりなんかしたぐね」，「おれは重いものもって，そこで破裂してもいいが，おれの生き方だ」っていう。「わがった，わがった。ほだば何ぼリサイクルせ」っていうのとね，注意しながら，ある程度自分でやりたい仕事をやっぱしさせるのとね，やっぱし，彼がやっぱし，いくら精神の子でも，そういうような子でも，やっぱ自分で選択するっていうことができる力があるとこっちが認めれば，あと家族も了解し，ドクターにも了解してもらって，そうでなければ，生殺しですもんね。ええ，意味がないですんで。そこら辺をね，だから，よっぽどアルコール依存でも，よっぽど他人に迷惑をかけないかぎりはね，最後のところまではみてるんですよ，結局はね。

これまで入院という形で生活を奪われてきた利用者にとって，こうありたいという人生の希望をもち，それを自ら選択し，実現することはもっとも大切なことである。サービスは，その提供者や専門家により決められるものではなく，つまり，「他者の手に委ねコントロールされるのではなく，自分で自由に選んで決めた生活に自分で責任をもち，安心と満足を得ること」が大切である[13]。しかしながら，「安心」をつくるために家族や医師との了解をとることも忘れない。
　もう1つ，「自分らしい生き方を選択させる」をめぐる語りを引用しよう。

　やっぱり私は，その完結しないこの人たちを，どうやって，それこそ社会復帰を，社会復帰ってことは，そういう意味では，何も普通の生活が，普通の職場に復帰してはじめて社会復帰だとは思ってないんですね。やっぱ，普通らしく自分が，その接していけばいくほど，こういう生活が本当はしたかったんだよっていうことができていれば，それは別に，農家でずっと家にいても，こうやってでもいいと思うんですね。だから，そういうことができる形まで手助けをしてあげるの誰かなっていうと，やっぱしこの人たちの成育から何から，今までの歩んできた病歴からいうと，保健婦だからこそ自分が関われるっていうのがあるんですね。

しかも,「自分らしい生き方を選択させる」ことからすれば,社会的包摂の目標も,他の健常者と同じような生活をすることを意味するものではない。大切なのは,その利用者がどのような生き方を望んでいるのか,という点である。しかも,利用者の人生に寄り添って,こうした活動を行うことを,保健師の住民に対する実践の姿勢と結びつけていることが理解できよう。

（2） 普通のように扱う

一般的にいえば,病気と人格とを分けることはできない。しかし,〈病い〉をもった利用者そのものと,彼・彼女たちの行動とを区別して考える見方を示している。つまり,普段は利用者とは障害者としてではなく,1人の人間として,「普通につきあう」という姿勢である。

「おめたち,精神病院から出て精神障害者だけど,普通の理屈はわかっぺ」ってね。「だから,おれ,おめたちを病人と思ってね」って,「普通のことがでぎねぐなったときは,おかしいと思う」って,私言うんですね。「だから普通のように扱うぞ」って。「その常識は,おめが言ってる常識は,いまここでは通用しねんだぞ」って。「おめのやってる行動は,村の人から見ればおが知ってみる行動なんだぞ」っと。「それが結局おめだちを障害者だってみられる行動なんだぞ」って教えるんですけどね。やっぱそういうふうなことがね,本当に,単なる家庭訪問とか,単なるあれでは全然わからないことでした,はっきり言って。

あんたは自分では何ともないと思っても,世の中から見ると違う行動をとっているってことが,あなたを障害者とみてるんだよって。何も,精神手帳持ったから,あれ障害者とみねえって。そうじゃなくて,別なことが,あなたを障害者として,結局みんながね,5時過ぎか6時過ぎから行動しなくちゃいけないのに,4時に眼覚めたから4時から外さウロウロ歩くと,だれも4時からでて農作業してる人でれば,農作業している人ってみるけど,4時から起きてブラブラしてれば,これはおかしい,寝れねえ,やっぱし「グループホーム」のやつらはそうだっけ。

統合失調症を抱える利用者とどう向き合うのか。副作用や陽性症状があらわれたときと,「普通」の状況とを区別してみる対応の技法といえよう。したがって,「あ

おば会」では，みんなが「さん」といって呼び合う。それは，互いの尊重しましょうという気持ちを端的に示すものであると理解される。

（3） 症状に合わせた働き方

　これは工房で日々利用者の作業分担を行う際の基本原理のようなものである。利用者たちは〈病い〉との折り合いをつけながら暮らさなければならない。なによりも通院が最優先である。次に，その日の症状を考慮して作業配分が確認される。すぐわかるように，この考え方の基礎には，「自分らしい生き方を選択させる」，それを支援するという対応の姿勢がある。

　　あんたは，この形でやっても，みんなとやっぱし一緒のところの生活は無理なんだって，ここで思わねば。そのかわり，だから，別の形のところで，だったらやれるっていう，別な道をおめさは探すことで，ね，ずっと仕事つづけれるんじゃないかって。結局，普通の職場に行けば5日から，5日間ずっとぶっ通ししなきゃいけない。5日間見られてるっていう辛さ。ところが，2日行って，2日休む。2日行って，2日休む。この状態でどうだっば，この状態だらいいって，できるって。このサイクルだったら，私大丈夫。じゃあ，このサイクルから頑張っていって，それで3日になって1日休んでできるんだったら，そうこの方にしていくべし，だからやっぱり5日間の緊張感ていうのは，いくら薬飲んでもうんと今度薬強くせねばなんねくて，はあ，どうにもなんないし，作業になんないから，そういう形だべ。私はそうやってやると，もうこの薬だとダメだって，だから飲まないって。だから結局はまたもとへ戻って。

　利用者は，ある意味で生真面目な人たちが多い。もっと働こうとして，健常者と変わらず働こうとして無理をして，結果として病状を悪化させ，再発がくり返される。彼・彼女たちの状態を正しく見極めることが職員に求められる力量でもある。

　以上，みてきたように，大洞さんの「あおば会」での実践の基本的な姿勢は，「自分らしい生き方を選択させる」ということを基本にして，これを実現するために，異常な行動とその人そのものとを区別して，普段は「普通のようにつき合う」とともに，「症状に合わせた働き方」に配慮してきている。こうしてつくられるのが，「あおば会」の労働の場であり，居場所としての空間である。それが，利用者たち

にとってどのように感じられているのかをつぎに考察しよう。

### 3 〈居場所〉としての「あおば会」——包摂・受容の関係をつくる

病みつつ地域で暮らす利用者たちにとって，〈居場所〉とは，生活の一断面を人為的に切り取った事業として運営される空間ではありえない。病を抱えながら生活する彼らを包み込む広がり，つまり，包括性をもたねばならない。ここでは働く場，住まう場，家族・親族などの関係性という3つの側面から「あおば会」の実践の意味を明らかにしてみたい。

（1） 働く場——余裕を持って〈働く〉

ライフコースの分析の際に見たように，ひとたび発症したとき，入院・投薬によって症状は安定するが，この〈病い〉は，完治することはない。くり返し発症することも覚悟しなければならない。しかも投薬の副作用による働く意欲や能力の変化も通常の企業で就労することの大きな妨げとなる。

この副作用についてこう語っている。

　薬を飲まないとき，自衛隊ではトロイとはいわれたことはなかったんです。薬を飲みはじめるようになって，流れ作業についていけなくなりました。他の人は普通にやっていることが，自分は限界で流れ作業をやってました。それでやめるケースが多かった。唯一できたのが警備員でした。薬を飲むとみるみる鈍くなっていく。

彼の場合には症状が軽い方である。だからこそ，薬を飲むことなく自衛隊で働き，そして大学で学びつづけることができたのであるが，症状が悪くなるとそうはいかない。事例では，眠れない日がいつまでもつづく，副作用でぼ〜っとしてしまう。そんなとき休憩・休養が必要となる。その時々の症状に合わせて作業を配分する，利用者が選択できることが重要となる。柔軟な働き方ができるということである。

すでにみたように，「あおば工房」では多様な作業を持っている。エプロンの糸きり，草刈り，清掃作業，缶・資源ごみのリサイクルなど。そのなかから，その日の症状や通院などを勘案して，日々の作業を割り当てるのがこの工房のやり方，「症状に合わせて働く」である。そこに，多様な主体から，多様な作業を請け負うことの意味が見られる。さらにいえば，彼・彼女たちにとって〈働く〉というこ

とは，〈休む〉ことと両立しなければならない。

では，彼・彼女たちは仕事をどう評価しているだろうか。まず，第1に，給与をえることへの評価である。

　こういう環境もあるし，少し良くなったのかと思います。ある程度，給料をもらっているし。月4～5万円。よかったっていうか，そうですね。よかったですよね。仕事させてもらっています。一生懸命やらせてもらっています。

額は少なくても，働くことによって収入をえることができる喜び。もちろん，利用者たちの聴き取りからも，公的な社会保障，障害者年金があることが生活するうえでの重要な支えとなっていることが指摘されている。

くわえて，第2に，病みながらも働くことができること自体への喜びである。仕事を生きがいとして感じている利用者も少なくない。

・仕事は人並み以上にできるからな。仕事好きだな（④）。
・ここでの仕事は楽しいです。もちろん，前の仕事，林業も車の修理も。仕事することは楽しいです（⑥）。
・簡単そうでむつかしい。最初は厳しかったが，昼食をつくるのは楽しい。責任もあるし（①）。
・（やりがいは）仕事ですね。現在やっている仕事ですね（⑦）。
・村中を歩いて缶のリサイクル。仕事はむつかしくないが，楽しいです（④）。

発症して後の苦しい経験を経てから，獲得した就労の機会。どん底の入院病棟での暮らしを思い出すとき，病みつつもできる断片化された仕事であったり，必ずしも社会的には評価されない労働であるかもしれないが，彼・彼女たちにとっては，なにものにも代えがたい喜びをもたらす機会となる。

第3に，労働と余暇とのほどよいバランスである。「あおば会」での実質的な労働時間は8：30～15：30までである。給料のあまりの安さに驚きながらも，この結果生まれる自由時間の多さを一様に評価している。

・自分の時間がもてるのがいい。そんな会社ないほうがいいでしょう（⑦）。
・農業なら夜の8時まで仕事するでしょう。Aは3：30には戻ってくる。外で

は，まだ昼寝している時間ですよ（④）。

　もちろん，この施設は就業訓練施設であり，一般企業と比較することはできない。〈病みつつ働く〉ということからすれば，就労の柔軟性を確保することとともに，暮らしの余裕が必要なのである。

（2）住まう——安心できる空間
　利用者のうちグループホームに入っているのは②，④，⑤，⑥の4人である。対象者の概要でみたように，利用者の多くはすでに50歳もすぎて高齢期を迎えようとしている。発症時には実家で両親と同居して暮らすことができたとしても，すでに両親とも亡くなっている，あるいは，きょうだいも遠くのまちで生活していて，彼・彼女たちの暮らしの面倒をみることのできない世帯も少なくない（⑦）。一切のつき合いを拒絶されている利用者も存在しているのである（⑤）。「居候」だと感じて肩身の狭い暮らしを余儀なくされているものもいたことをみてきた（③）。
　こうした彼・彼女たちにとって居住の場をどう確保するのかということは，もっとも切実な問題である。グループホーム，ケアホームはこうした利用者の居住の空間を保障するサービスである。しかも，ただ物理的に居住の空間が確保されれば十分ということはありえない。心理的にも包み込まれた安らぎを感じることのできる空間でもなければならない。
　彼らは，一日の仕事が終わり，夕食を済ませると，このグループホームの2階の居住棟にきて仲間と，あるいは自室で1人でくつろぐ。

・ここでの生活は，夕食の後はテレビを見たり，みんなと話したりとか。どこかに出かけるということはない（⑤）。
・ここは楽だ。8：00～15：00までで仕事をすればいんだもの。あとはコーヒー飲んだり，テレビを見たりしている（④）。

土・日の休業日にもゆっくり過ごす。

・本を読んだり，音楽を聴いたりしている。村の資料館でミステリーとか，新しい本を借りてきて（⑤）。

・土日は掃除や洗濯してな。コーヒーが好きだから，出かけてコーヒーを飲むのが楽しみ（④）。
・土日は街へ行く。パチンコが好き（②）。

　一見すると，無為にすごしているとみえるかもしれない。しかし，この病気の場合には，生活と意識・こころの余裕をもつことが症状を悪化させずに暮らしつづけるうえで不可欠であり，大切でもある。10年以上も自宅にこもっていた利用者，数年も病院に入院してきた利用者たちにとって，身の回りのことをして，バスを使って近くの街に買い物に外出したり，音楽や読書を楽しむ生活がどれほどの安らぎとなっているか。それぞれ短く簡単な言葉ではあるが，その表現になかに生きる喜びが深く込められている。

（3）　安らぐ関係──家族・親族・友人との関係
① 　家族の関係
　人が暮らす上で，家族や友人との親密な関係に〈包み込まれている〉ことの意味は大きい。それはとりわけ統合失調症にある患者の症状の緩和と安定にとって最も重要な環境の1つである。
　しかし，幻聴で異常行動をみせる息子や娘の姿をみて混乱し戸惑う家族や親族たちも，消極期の怠惰な姿をみるとき，理解することは，それほどたやすいことではない。

　　すごくきつかったですね。病気というのをわかってもらうまでは。親とか，きょうだいとか，親戚とか。みんな，なんだかんだといって，ぼく1人という感じですね。とくにお袋にあたっていましたね。叩かれたこともあるし，自分も対抗したこともあるし。おじさんとも大きな喧嘩をしました。なんでそんなことをいわれなきゃいけないんだって。死にたいと思っていました（⑦）。

　さらに，症状の1つとして金銭管理ができないということがあり，そのために多額の借金をつくり，サラ金に追われて逃げてくるという事例もみられている。しかし，入院をすすめ，弟の借金の返済を肩代わりした（⑤）の姉も，それ以降かかわりを拒絶するということも少なくない。しかし，家族会に入って，「あおば会」を利用し病気についての理解を深めるなかで，家族も少しずつ変わってくる。

「病気というのをわかってもらう」ことが大切なのである。

② 親族の関係
親族の理解と支援が住民の理解をつくる上で大きな役割を果たしているのではないかと，この村の特殊性を大洞さんは述べている。

　ここの村の特徴は，きょうだいが5人いてでも，3人くらいはここいら辺にみんな嫁いでいるんです，近くに。そうすると，みんなね，いろんなことで，「うちの2番目は戻ってきたの」，こうだの，こうだのっていう話なのね。そうして，結局，わが子じゃなくても親戚のきょうだいの子はみな同じ問題を共有して，安心するんですっけ。ええ，だからそういうふうに，あの子どもたちが多い時代だったから，通婚圏がこう他にまたがらないで，村内でそうなっているのが結構多いんですよ。

　今度，うちのMがって，ほら，自分の妹の子なんだけど，その人たちが申し訳ながってね。みんな同じこというんですね。だから，みんなきょうだいとか，親戚が情報を共有して，自分のことのように思って，あそこで世話になたんだら，何かあったらみんなで食べて，何かかにかもっていぐべっていう人たち，こういう人たちが多いですね。

つまり，通婚圏が集中することからでてくる関係性である。統合失調症を含む精神障害は人口のおよそ1％が発症するといわれている。この村ではおよそ60人ほどの患者がいるが，この人たちを含む家族・親族のネットワークが重層しているわけである。いかに「不可解」であろうと，「他者」として排除できない構造があるというわけである。「あおば会」の利用者たちは，「他者」ではなくて，「われわれ」の社会的苦悩としてとらえられるのである。

〈仲間ができる〉
この統合失調症の症状の1つは，対人恐怖症であった。普段からコミュニケーションをとることが得意でないということにくわえて，他人からつねに監視されている，悪口を言われている，という幻覚を経験する。したがって，早期に発症した場合にはほとんど友人ができないし，自分ではつくりたいとも思わない，と

納得することを強いられる。あるいは，長期にわたりひきこもる例もみられる。
　そんな彼・彼女たちが「あおば会」に来て，一緒に作業をしたり，ホームに暮らすなかでつくられる安心な感覚が仲間意識を育む。

・いつも一人ぼっちだった。友だちができたことはよかった。いいことも悪いこともあるけれど，みんな親しい友だちだと思う（②）。
・みんな「おはようございます」とか，あいさつする。「元気だった」とか（①）。
・友だちは3，4人います。ここの友だちで，それ以前はほとんどできない状態だった。人づきあいもうまい方ではなかったので。ここへ来て人づきあいもうまくできるようになった（⑤）。

　⑤のように，他人を恐れ，10年間以上も自宅に〈ひきこもる〉経験をした苦しみを想像してみよう。多感な少年時代に発症し，その後，社会経験も乏しい生活を強いられ，あるいは入院により社会との関係を強制的に切断される生活。ほとんど友人というものをもたずに暮らしてきた彼・彼女たちにとって，友人，しかも〈仲間〉と呼べるものをもった喜びははかり知れないのではなかろうか。

（4）　まとめ
　以上，みてきたように，利用者たちは〈労働の場〉をとおして社会に参加する。しかも，自分らしい選択をとおして。さらに，この仕事は住民たちの理解に支えられた社会関係のなかで組み立てられている。〈住まう場〉としては，仲間とゆっくりくつろぐ機会をえることができている。街に出かけてコーヒーを飲む，音楽や読書を楽しむ。このありふれた休息が，それぞれの深い苦悩をともなう〈病い〉を経てきた彼・彼女たちだからこそ，何ものにも代えがたい意義があるのである。もちろん，精神障害者に対する差別や偏見がすべて解消したわけではない。しかしながら，病を抱えながら地域で暮らす大切な条件が「あおば会」の活動をとおしてつくられつつあることは確かであろう。大洞さんがつくってきた支援の社会的ネットワークの意味は大きい。

## おわりに

　統合失調症など精神病を〈病む〉ことがどのような意味を持つのか，まず，対象者の〈語り〉をとおして，その内実を確認してきた。それは精神的・心理的な病的症状による苦しみというばかりでなく，労働をはじめとした社会との絆，もっとも大切な家族との関係性，友人との関係性を剥ぎとられていくプロセスでもあった。統合失調症に特有の症状である対人に対して感じる恐怖，それから陥る〈ひきこもり〉のプロセスをとおして，そして精神病院への入院の場合には〈暴力的に〉引き剥がされるプロセスであった。

　「あおば会」の利用とは，こうして引き剥がされた社会的な絆を少しずつではあっても，そして完全ではないにしても，自らの参加をとおして回復していくプロセスでもある。そして「あおば会」の実践の意義は，こうした絆を回復するにあたって，多様な経路，包括的な支援をとおして支えていることに求められるのではないか。

　それは，病みつつも地域で暮らすことのできる条件をつくる，と表現することができる。つまり，地域で暮らす，① 経済的基盤を保障する（労働による収入と社会保障制度），② 住まう場所の提供と豊かな余暇生活（学習を含む），③ 家族や友だちとの関係性，などである。

　「あおば会」は，国の施策や制度を利用しながら，そして自治体の支援と企業，農家，住民たちとの関係性など社会的資源を開発することをとおして，これらを実現するための組織をつくりあげてきたのである。

　先のライフコースの分析で確認してきたように，保健師の力量を政策・制度を利用し，新たな施策をつくりあげる力，つくったシステムや組織を動かす力など，つまり，集団的な力量としてとらえることができると指摘してきた。こうした立場からすれば，「あおば会」がつくりだしつつある実践は，彼女がこの地域で育んできた専門的力量の到達点を端的に示すものといえるのである。

（高橋　満，槇石　多希子）

## 注

1）本研究は，研究上の倫理に配慮して実施された。こうした研究の場合，対象組織，対象者が特定されないように匿名性を厳守するという考え方もあるが，本研究では対象組織「あおば会」，調査協力者の表示について相談し，了解のもとに具体的な表示をすることとした。なお，「あおば会」は，NPO法人全体，「あおば工房」は，このうちの就労継続事業を意味している。
2）明治30（1897）年，助産婦や看護婦の養成所が岩手県に設立された。戦後の昭和23（1948）年に，保健婦，助産婦，看護婦法により，国家試験による免許制（厚生省）となった。
3）畠山富而編（1998）『岩手県の助産婦・保健婦の綴る昭和史』（私家版），484ページ。
4）畠山富而（1982）『野の花——岩手の母子保健に生きた人々』メディサイエンス社，154ページ。
5）川井村編（1994）『続・すこやか長寿をめざして—川井村保健活動のあゆみ』川井村保健センター・川井村役場，18ページ。
6）畠山富而編（1998）『岩手県の助産婦・保健婦の綴る昭和史』（私家版），490ページ。
7）川井村の高齢化率は，1965年6.3，1970年9.1，80年14.0，90年21.8，2000年32.0，2005年40.8と推移している。
8）大橋謙策（1995）『地域福祉論』放送大学教育振興会，27ページ。
9）養成期間やそのプロセスは，時代の社会的背景等により多様であった。
10）（財）日本公衆衛生協会（2008）「保健師のベストプラクティスの明確化とその推進方策に関する検討会：報告書」5～7ページ。
11）この点は，高橋満（2009）『NPOの公共性と生涯学習のガバナンス』東信堂，で指摘している。
12）浮ヶ谷幸代（2009）『ケアの共同性の人類学——北海道浦河赤十字病院精神科から地域へ』生活書院。しかしながら，経済的契機をもとにした関係は「短期的互酬性」であり，精神障害者がいかに地域で暮らすかという条件をめぐっては限界を有するのではないか。求められるのは，「一般化された互酬性」である。
13）吉川武彦・寺谷隆子・荻原喜茂（2004）『精神障害者の生活支援』全国社会福祉協議会，42ページ。

# 第5章　多様な実践コミュニティへの参加とソーシャルワーカーの専門職性

## はじめに

　日本における社会福祉実践は，人々の価値観や社会構造の変化などを背景に，以前にも増して個別的で多様な，そして他分野との連携による構成的な支援を期待されている。「社会福祉基礎構造改革」以降，福祉サービスの供給体制や財政構造，公的責任の在り方など，社会福祉制度の構造も大きく変革している。そうした中で，社会福祉専門職としてのソーシャルワーカーには，分野横断的な知識・技術を伴ったより高い専門職性が期待されており，実践領域も教育や司法など関連領域へ拡がりを見せている。

　一方で，日本では「遅れてきた専門職」[1]とも呼ばれるソーシャルワーカーの雇用環境の整備は立ち遅れており，職域があいまいな採用や，非常勤雇用の事例も少なくない。正規採用であっても，少人数またはひとり雇用の職場も多く，職場外の研修参加への困難や，熟達者からのスーパービジョンを受けられないといったOJTの構造的な課題も散見される。

　他方，ソーシャルワーク専門職のグローバル定義[2]では，「ソーシャルワークは，生活課題に取り組みウェルビーイングを高めるよう，人々やさまざまな構造に働きかける」とし「人々のために」ではなく，できる限り「人々とともに」働く，参加重視が謳われている。そうしたソーシャルワークの実践過程ではしばしば予期せぬ状況が生じるが，その不確実性はクライエントの生活の個別性や独自性に対応する社会福祉実践がもつ固有の性質であり，変化していく人や環境を対象とする「実践現場の不確実性はある意味ソーシャルワーク実践の本質的要素である」（孫 2012，197）。つまりソーシャルワーク実践は，不確実性をもつ個々のクライエントの生活の文脈に参加して行う「双方向性を持った協働の過程」といえる。その協働の過程でソーシャルワーカーは，生活課題の解決に向けて直接的な支援を行うだけでなく，人的・物的・社会的環境にも積極的にアプローチをして環境への社会的調整（間接的支援）を行う。これが，ソーシャルワーク実践のもつ特徴である。

そのため専門職としてのソーシャルワーカーには，個々に応じた支援を行うための分野横断的な知識や専門的な支援技術とともに，コンテクストが異なる人々との間で支援関係の構築を図っていく省察的で高度なコミュニケーション能力が必要とされる。特にソーシャルワークの実践領域が拡がる中，医療，教育，司法など社会福祉とは異なるコンテクストを持つ専門領域の職場に従事するソーシャルワーカーの場合，少人数雇用という構造的なアンバランスの中で業務に従事しつつ，福祉的支援の専門職として専門横断的な業務実践を行わなければならない。したがって，他の福祉現場と比較してより多くの他分野の知識と手法の理解，専門性を横断して共通認識を図るコミュニケーション能力，他職種からの信頼を獲得するための態度など，ソーシャルワークの専門職としての高度な力量が要求されることとなる。

このような実践的力量は，教育機関における教科としての専門職養成カリキュラムや職場内外での生涯研修プログラムといった限定された機会だけで身につくものではなく，福祉現場における実践体験を通して省察的に学習されていくものである。このことから，経験を学習資源とし状況を通して学ぶ成人学習の理論をふまえてソーシャルワーカーの力量形成の過程を検証することは意義のあることだと思われる。

近年，日本のソーシャルワーカーの力量形成に関する研究は，数多く報告されており，「省察学習」が専門職性を高める鍵であるとする南彩子の研究（2007），女性ソーシャルワーカーのキャリア発達に関する鈴木眞理子の研究（2006，2010），Bennerの5段階発達論Dreyfusモデルに基づく，吉川公章らの実践能力深化に関する研究（2008），保正友子らの専門的力量形成過程の外的契機などを論じた一連の研究（2001，2002，2005a，2005b），保正（2013）の医療ソーシャルワーカーの実践能力変容過程に関する質的研究などがみられる。

また，南・武田（2004）の医療ソーシャルワーカーを対象とした調査研究では，経験年数10年前後で専門職性の質的差異があること，ターニングポイントは5年前後であることが述べられている。空閑浩人ら（2012）は「反省的実践家」としてのソーシャルワーカーは利用者とその複雑な生活状況に「かかわり続ける」専門職であるとし，また「実践の文脈における研究者」として，その「わざ」をソーシャルワーカーとその実践を支える「知」と捉え構築しなおす試みを行っている。

一方，横山登志子（2008）はソーシャルワーカーが現場での経験を通して感じる矛盾や葛藤に，どのように向き合ってきたのか，その主体的再構成プロセスを

質的研究の技法を用いて論じている。また，清水隆則（2012）は，現象学的アプローチによってソーシャルワーカーをとらえ直し，制度や技術に先立つソーシャルワーカーの実存の立場と，臨床の知と実践や経験の意味を論じている。

以上の研究報告をみると，ショーン（2007）のいう省察的実践者としてのソーシャルワーカーの力量形成を論じたものは複数見られる。しかしながら，ソーシャルワーカーの専門職としての職業的発達の過程，つまり専門職性を獲得しながら職場へ十全参加していく過程を状況的学習論の視点から論じているものはほとんど見当たらない。したがって，職場での「どのような社会的関わり合いが，学習が生起する適切な文脈を提供」（ハンクス 1993, 7）しているか，言い換えれば，実践コミュニティでの関わり合いがソーシャルワーカーの力量形成や職業的アイデンティティの獲得に影響を与えているのかについて，状況的学習論の立場から確認することは意味のあることだと考える。本稿では，我が国のソーシャルワーカーの中では専門職者としての自己意識が高いといわれる[3]医療機関で働くソーシャルワーカーの事例を基に，ソーシャルワーカーとしての専門職性が確立する過程について実践コミュニティにおける関わり合いを軸に考察をしていきたい。医療機関で働くソーシャルワーカーの職業的アイデンティティの確立の過程を明らかにすることは，活動領域を福祉以外へ拡げ，職務が複雑・多様化しているソーシャルワーカーの実践力向上の考察に寄与できると考えるからである。

## 第1節 調査の対象と方法

### 1 調査対象者

医療機関に勤務し，現場経験が10年以上のソーシャルワーカーで，国家資格である社会福祉士または精神保健福祉士の有資格者を調査対象とした[4]。人選は，職能団体の代表だった方から条件を満たす方を推薦していただき，その中で調査の同意を得た13名とした。対象者の男女の内訳は，女性7名，男性6名である。

また，本研究で医療機関に勤務するソーシャルワーカーを調査対象とした理由は以下の3点である。1920年代からソーシャルワーカーとして活動し，我が国のソーシャルワーク実践において長い歴史をもつこと，他の実践分野のソーシャルワーカーと比較し，医師や看護師など専門職集団の中にいることで常に自分たちの「専門性」について意識し，問い直される機会を持っていること，看護師等，

他の専門職との力量形成の違いを比較検討しやすいこと，以上が調査対象として選択した理由である。

## 2　調査方法と時期

対象者に対し半構造化面接法によるインタビュー調査を実施した。1回の調査時間はおおむね1時間30分。質問項目は，属性，現在までの業務内容，専門性の捉え，力量形成に影響したと思われること，医療機関内でのクライエントや他職種との関わり，専門職としての性差　以上の6点である。

調査時期は2012年2月，調査場所は対象者が勤務する医療機関内の面接室で実施した。

## 3　分析方法

インタビューの内容を逐語に起こし，木下康仁（2005，2007）による修正版グラウンデッド・セオリー・アプローチ（M—GTA）の手順を参考に分析を行った。分析テーマは，「ソーシャルワーカーが実践現場の葛藤の経験を専門的力量に転換していく学習プロセス」とし，分析焦点者は「医療機関で10年以上の実践経験を持つ有資格のソーシャルワーカー」とした。また，個人的なバイアスの制御及び分析の妥当性確保のため，複数の対象者に同じ調査を実施（triangulation）し，分析結果が導かれる過程の記述（audit trail）をした。

## 4　倫理的配慮

調査にあたっては研究倫理規定に基づき対象者の了解を得るとともに，調査の目的や調査方法，調査の拒否は調査対象者の権利であり，同意した後も撤回できること，守秘義務の保持，結果の公表に際しては個人が特定されないよう匿名性を担保すること，調査データについては分析後に廃棄することを文面によって伝え同意を得た。

## 第2節　結果と考察

### 1　分析結果の提示（結果図）とストーリーライン

　M―GTAによる分析結果は図5―1に示したとおりである。分析を通して〈概念〉と【カテゴリー】を生成し，ソーシャルワーカーの学習プロセスを以下のストーリーラインのとおり確認した。分析から生成した概念は〈　〉で括り，カテゴリーは【　】で括って記載した。また，インタビュー結果からの引用は『　』で記載した。

### 2　ストーリーライン

　調査に回答したソーシャルワーカーの多くは，医療機関におけるソーシャルワークへの理解不足や，医療とはコンテクストが異なるソーシャルワークの実践特性ゆえに，職場に採用された当初は自分自身の専門職性に曖昧さを感じ【職務や職責の不確かさへの戸惑いや不全感（葛藤の経験）】をもっていた。それは，採用後おおよそ5年の間で特に強く感じられていた。しかし，実践を積んで5年から10年と職業生活を経る中で，自らが所属する職場内外の様々な実践コミュニティ（例えば，職場の医療チーム，または他機関のソーシャルワーカーとのネットワーク，あるいは同職種の職能団体など）における【メンバー間のコミュニケーションによる双方向の学びの生起】によって省察を深め，自分の役割やクライエントの問題を自分なりに捉えることができるようになっていた。その結果，組織や個人の行動の前提となっている【パラダイム（行動を規定する価値の枠組み）に気づき，抜け出す】ことで現実を構成しなおして理解することができていた。それは〈変化したパラダイムとパースペクティヴに基づく行動〉となり，結果として【自らの責務（responsibility）を引き受け，適切な行動を選択】する力量が形成され，【専門職アイデンティティの確立：ソーシャルワーカーとしての"あり方"の獲得】をもたらしていた。また，この学びの過程では，〈倫理綱領／ソーシャルワーク理論／人権・社会正義の原理〉による【当為性による補完】が行われ，ソーシャルワーク業務の社会的な意義を自らの学習の意味尺度としていた。こうした一連の"学習プロセス"がソーシャルワーカーの力量形成のプロセスであり，また力量形成に伴って，福祉とは異なるコンテクストで運営される医療現場への周辺的参加

図5－1　ソーシャルワーカーが実践現場での葛藤の経験を専門的力量に転換していく学習プロセス

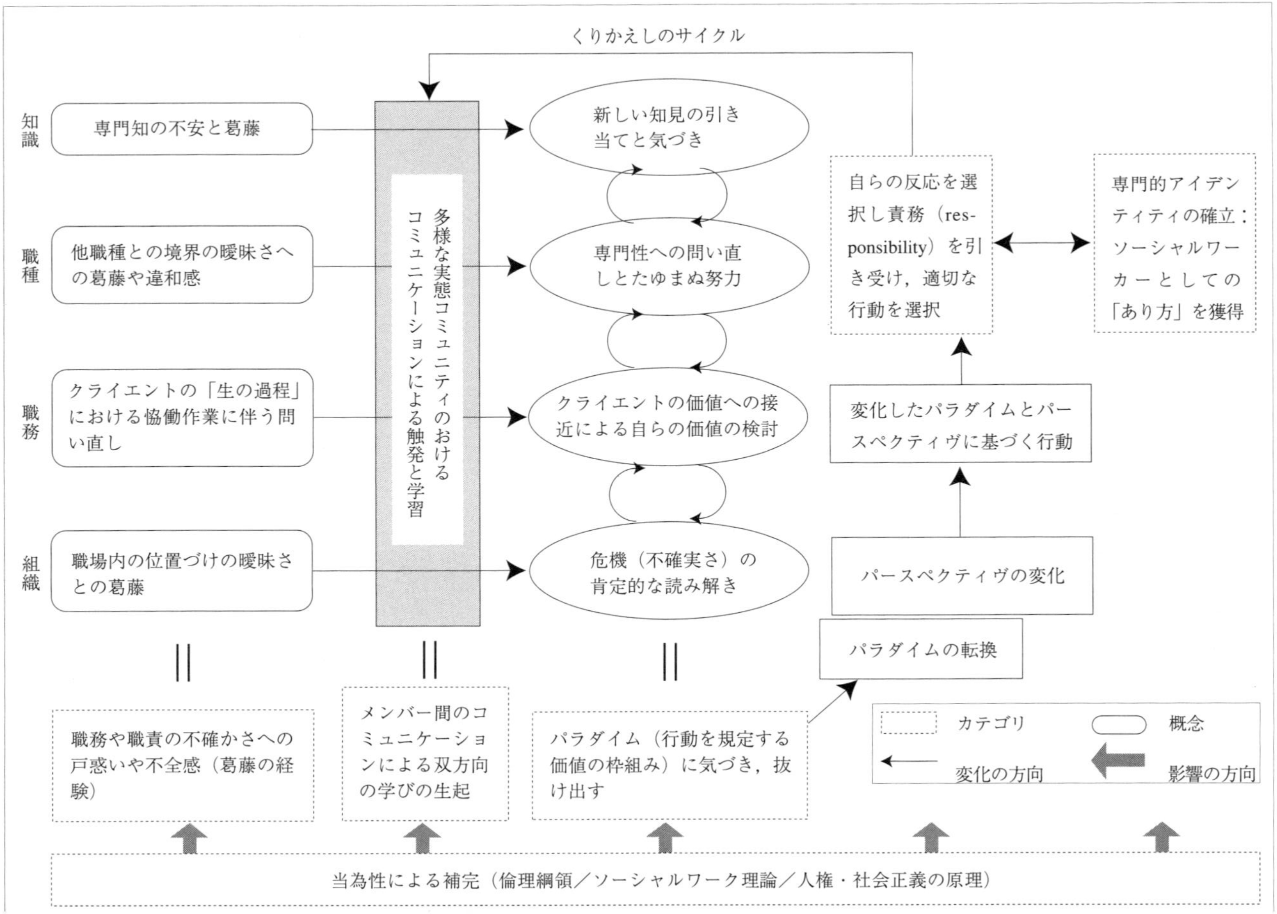

者から十全参加者へと職場内の位置を緩やかに変えていっていた。その学習プロセス＝参加のプロセスにおいて最も重要な契機は，参加の過程で発生するコンフリクトや，ジレンマを自らが所属する複数の実践コミュニティに主体的にかかわる中で克服していくことである。ある特定のコミュニティのメンバーになるには，特に対立するようなアイディアを示されるときには専門性のフレームは自分自身を縛り，どのコミュニティに属したらいいかというジレンマの自覚を持つことになる（ショーン 2007）。

　このジレンマを克服，つまり医療機関という自らの職場への十全参加の過程を踏んでいくときに学習が生起されていた。専門職同士がそれぞれの経験の還元不可能性と交通可能性という両義的なものを問題とし（鷲田 1997），異なる多様な価値や規範の間を横断し相互の学び合いを行って，「自分が優先してきた価値と規範」を乗り越えて「これまで重要だとみなすことなく考慮の範囲外においていたことについても合わせて考えられるように」（ショーン 2007, 328）なっていた。メンバー間で共通点（間主観的な新しい理解といってもいいかもしれない）を見出して，その実践コミュニティのより十全な参加者にふさわしい力量を身に着けていたのである。このことは，自分とは価値や規範が異なるクライエントに応じて，生活課題を解決するために協働の過程をとって現実を構成しなおすソーシャルワーカーの専門職としての力量を高めていくことにもつながる。また，配置人員が少なく，スーパービジョンの体制が整っていない職場では，〈多様な実践コミュニティにおけるコミュニケーションによる触発と学習〉が，ワーカーの力量形成を支えており，〈職場内における学習支援体制の脆弱性の補完〉の意味も持っていた。以下，カテゴリーに即して分析結果を記述していきたい。

### 3　カテゴリーからの記述

（1）【職務や職責の不確かさへの戸惑いや不全感（葛藤の経験）】

　今回の調査では調査対象者の全てが多かれ少なかれ仕事に就いた当初から【職務や職責の不確かさへの戸惑いや不全感（葛藤の経験）】を持っていた。先述したように，ソーシャルワーク実践は不確実性をもつ個々のクライエントとともに行う「双方向性を持った協働の過程」である。技術的合理性が優先され明確なゴールに向かって業務が遂行される医療職と比較すると，省察的合理性が優先されるソーシャルワーク専門職の実践過程は，個別的な生活課題の解決に向けてクライエントを主体として協働の過程を踏むために時間がかかり，支援内容もその都度

変更されるため，医療職場では理解されにくい。また，名称独占業務で資格がなくても実践自体は行えるため，新人ワーカーの時には業務内容や職責に戸惑いや不全感を感じていた。葛藤は，経験を積む中で解消されたり，形を変えていたが，大まかには，組織に関すること，職務に関すること，職種に関すること，知識に関することの4つに分類された。

① 組織に関する葛藤　〈職場内の位置づけの曖昧さとの葛藤〉
　新人として配属されたソーシャルワーカーは，ソーシャルワークの社会的な認知度の低さ，ソーシャルワーカーの配置基準が法的に明確でないこと，ソーシャルワークの業務特性などが影響し，専門性が問われる以前にソーシャルワーカーとしての職場内での"存在の危うさ"や，職場内での位置づけの曖昧さと葛藤していた。正統的周辺参加の「正統性」に揺らぎを感じた状態だったといえる。
- 『相談室の相談員といっても，そういう人が（今まで）いなかったので看護師さんも医師も何をする人っていうのが全く分からず』理解してもらえない。
- 『制度を説明する人』程度の認知のされ方にショックを受け，俸給も『事務系に入って』いる。
- ワーカーの仕事を『評価される機会が少なく』『評価できる人が院内にいない』

しかし，〈職場内の位置づけの曖昧さとの葛藤〉に対して，ワーカーは忍耐強く職場の同僚や他の専門職種と自ら進んで関わり隙間に入り込む努力をし，実際に仕事で答えを出していくことで，〈危機（不確定さ）の肯定的な読み解き〉をして乗り越えることができていた。
- 『仕事をこっちから拾い上げ』，『誰がやるのという仕事をソーシャルワーカーが集めて担って』前向きに取り組んできた。
- 『隙間に入り込む』ことをしながら『1人つながり2人つながり話ができる方が出てきて』『どうやって強く生き抜いて』いくかと考え，『目に見える形で結果を出し』，地道な実践を積み重ねて職場の中で認知してもらえるようになっていた。

周辺参加から徐々に自分自身を職場内で認知してもらうプロセスを踏んでいったといえるが，その行動を支えていたのは，ワーカーが所属する複数の副次的な実践コミュニティである。職場という主たる実践コミュニティのほかに，職場内の職員組合の勉強会だったり，職能団体の組織だったり，同じワーカー同士の緩

やかなネットワークや自主的勉強会だったり，と複数の副次的なコミュニティがマトリックスのように交差しており，そうした実践コミュニティへの参加は，特に一人職場のソーシャルワーカーにとっては仕事を続ける命綱であり，周辺参加の葛藤を"学びの契機"と捉えなおす支えとなっていた。詳細は（2）で後述する。

② 職務に関する葛藤〈クライエントの「生の過程」における協働作業に伴う問い返し〉

ソーシャルワーカーはクライエントの生活課題に相談支援という形で関わる。それは，一方通行の介入というよりむしろクライエントの「生の過程」で起こる危機的な出来事に対してクライエントとともに取り組む協働作業である。
・『不安に思う気持ちを吐き出させて』『乗り越える力を持っている』と信じ，
・『力を引き出し』『ストレングス』を活かし『何を準備』し『何が必要なのか』を『見極める力』を使って，
・『主人公は患者さんと家族』『人生の一角に関わらせていただく』という態度で接している。

このことについてシュワルツは次のように言っている。
「クライエントが自らの経験を再構築しようとする過程は，ワーカーがつくりだすものではない。ワーカーはその過程にただ入り込み，出てゆくだけである。別の言い方をすれば，ワーカーはクライエントの生活にとって，1つの出来事（incident）に過ぎない。したがって，ワーカーは，自分自身に次のように問わなくてはならない。自分はクライエントにとって，どんな種類の出来事なのか，どんな影響を与えるだろうか，そしてもっと具体的には，自分はどのようにしてクライエントの過程に入り込み，やるべきことをやり，去っていったらいいだろうか，という問いである」（シュワルツ W. 前田ケイ訳 1975, 19）。

このとき，実はクライエントもソーシャルワーカーの生の過程に入り込み，職業体験の1つの出来事として捉え直されている。ソーシャルワーカーは，自分はクライエントにとってどういう存在なのかを自問すると同時に，クライエント（とのかかわり）は"自分にとってどんな種類の出来事なのか"，"どんな影響を与えるのか"についても自らに問いを立てている。少し長くなるがインタビューから引用したい。
・『自分の中ではやっぱり真剣に命がけで向き合ってくるので，（略）それを向き合って真摯に聞き取りすることでね，そこで，その人達の人生は体験した

分だけ人生があって, 聞いた分だけ人生が何十回も生きたり死んだりすることになっちゃう。普通体験できないようなことがいっぱい体験したように重ねちゃう。その後, どうやって乗り越えられたか, それを一緒に聴ける, という話なんだよね。そこで, 良いところをどんどん吸収していきながら, 次に活かしていくということなのかな。そうやって, 自分自身を育てていかなきゃならない」

相談支援という職務を通してワーカーは,〈クライエントの「生の過程」における協働作業に伴う自らの問い返し〉を, 自らの「生の過程」の出来事としても扱っている。このことは〈クライエントの価値への接近による自らの価値の認識〉として体験され, 自らの成長を促す契機になっていると解釈できる。しかし, それは, ときに自らの存在を危うくする危機として作用することもある。実際, 経験が浅い頃には,

・『死ぬ思い』をしたり『いっぱい失敗するからガツンと落ち込んだ』り『自分はその程度の人間なんだ』と思ったりする。

しかし, そうしたことを経て経験を積んでくると「危機はもはやさけるべきものや解消すべきものではなく,「生の過程」を更新するエネルギーを秘めた事態として重要な意義」(川田 1977, 283) を持つものとしてとらえられてくる。それは, ワーカー自身の省察による自律的な学びの結果でもあるが, ワーカーが属している様々な実践コミュニティでのメンバーとのコミュニケーション＝電話でのやり取りといった日常的でささいなものから勉強会のような構成的なものまで多様な関わりであるが＝による双方向の学びの生起によって, より深い省察を生むに至っていた。詳細は (2) で後述する。

③ 職種に関する葛藤〈他職種との境界の曖昧さへの葛藤や違和感〉

たとえば退院調整のような, 他職種と業務が重なる場面では, 他職種との境界の曖昧さは強く感じられている。

・『保健師や看護師に仕事を奪われるような危機感をいつも感じ』
・『パッケージをパタパタ当てはめてセッティングが早い看護師たちの支援には違和感』を抱いていた。
・一方で『患者が気持ちのスピードについて行けてない』ことを気づかない看護師への違和感は『やろうとする気持ちになれるまで待つことができる自分自身の (専門性を) 認識』するきっかけとなっている。

退院支援での他職種との関わり方についてあるワーカーは，次のように語り，葛藤を前向きに読み替えていた。

- 『今までは相談員って密室で何をやっているのという時代が長かったんですが，オープンに情報を他のスタッフと共有し，むしろ看護職の人たちもケースワーカー的な動きをどんどんしてもらって，その時に我々がどれだけ個を見ながらコーディネートしてみせることが大切』

自分達の実践は日数がかかり，診察点数に現れず評価されにくいもどかしさを持つが，ワーカーはそれでも〈専門性への問い返しとたゆまぬ努力〉を模索して，「実践の中で語ること」を通して医療チームへ参加をしていっていると言える。共同体内で正統的参加者になるための学習には十全的参加者としていかに語るか（またはいかに沈黙するか）という点が含まれている（レイヴ＆ウェンガー 1993, 89）。上記のワーカーの態度は「正統的周辺参加への鍵として語ることを学ぶ」（レイヴ＆ウェンガー 1993, 95）ということを通して，不安や違和感を抱く前提となる"パラダイム（行動を規定する価値の枠組み）"を抜け出して，医療機関内での専門的な力量につなげていると解釈ができる。退院支援という他職種と重なる職務を通して専門性を意識したコミュニケーションによって相互理解を触発しているともいえる。

④ 知識に関する葛藤 〈専門知の不安と葛藤〉

ソーシャルワーカーが専門性の異なる医療者と一緒にチームとして仕事をしていくには，医療職の社会的言語を理解していなければならない。医療の文脈で動いている職場の中で，福祉実践を語っていくわけだから自ずと専門知は問われる。

- 『ソーシャルワークの視点とかアセスメント力をつけてソーシャルワークの基盤を底上げして』『ソーシャルワークの専門性をキチンと持っていればやれると単純に思っていたんですけど，最近医療の知識もあわせもっていないとチームの中でやっていったりするところでは力不足を感じる』

このことは，チームへの貢献や職場への「参加」が深まるにつれて専門知がより必要とされることを示している。一方で専門知は職場に参加しているからこそ活かすことができる。「知はそれ自体が一種の行為であり，知識は所有されるのではなく，おこなわれるのである。どちらにしても参加（participation）ということが決定的な役割を果たす」（Gill 2003, 田中他訳, 66）のである。

〈専門知への不安と葛藤〉を契機として，組織の中のカンファレンスや勉強会,

上下関係や職種の隔てのない組合での話し合い，他機関のワーカーや先輩への相談の電話そして，職能団体の研修会などに参加してその不安を解消しようとする。複数の副次的な実践コミュニティに参加して〈新しい知見の引き当てと気づき〉を為して『目からうろこ』の体験をする。社会福祉の専門的知見の獲得に加え，医療職の社会的言語を実践コミュニティへの参加の過程を通して獲得していき，そのことは社会福祉専門職の力量に厚みを与え，今までの行動の前提が問い直される。それはワーカー個人に修練されていくだけでなく，「実践共同体」への「十全的参加者」となるための「情報，資源，参加の機会」へのアクセスを開くことである。専門知への葛藤から学習が動機づけられ，医療の文脈に社会福祉実践を入れていく力量を身に着け，その力量はクライエントや所属する組織に還元されて自らの「役割」を果たす形に変換されていくのである。詳細は（2）で後述する。

（2）【メンバー間のコミュニケーションによる双方向の学びの生起】
　ソーシャルワーカーは《反省的実践家》として「状況との対話」を展開するだけでなく「自己との対話」も行っている（ショーン 2001, 10）。一方で「内省に導かれることと，新参者の時折の貢献がきちんと取り上げてもらえることの両方のためには，参加の正統性が決定的に重要」（レイヴ＆ウェンガー 1993, 104～105）である。インタビューに答えたソーシャルワーカー達は多様な実践コミュニティでの関わりを通して，コンフリクトを解消し正統な周辺参加者として職場への十全参加の過程を踏んでいた。

　①〈同じ職種との関わり－共感の装置〉
　一人職場では，ソーシャルワーカーは職場の外に同じ職種同士の緩やかなネットワークを持っており，それは愚痴などを聞いてもらう「共感の装置」として機能していた。
　　・『1人だとどこにも吐き出せない』。そこで『電話して話を聴いてもらう先輩や同僚は命の電話』の相手であり，『精神的に楽になる』レスキューの役割を果たす。
　複数配置の職場では，自分自身の悩みは職場内の「限界を理解しその役割を評価してくれる経験ある実践者によって支えられて」（レイヴ＆ウェンガー 1993, 104）いた。
　　・打合せ等で同僚や部下の『まずは話を聴きますね』という関係性があり，

・『視点，捉え方，とか聴き方とか』『そうかそうかと頷いたり』『いろんな意見が出たり考えたりするのはすごくいい』『笑えるしね』『力になる』。

　以上のように「共感の装置」を持っていることはソーシャルワーカーの現場の1つの特徴といえる。自分の主体性が尊重される体験がそこで為される。つまり「ともにある」という"ソーシャルワーク実践の基礎"が職場に埋め込まれて学ばれている。危機の体験は，共感の装置によって，次のステップへ移行する『力に変換』されていると考えられる。

　加えて，複数配置の職場でのケースカンファレンスでは，組織の中の専門職集団としての確固たる意識があり，社会資源の把握や収集力，データ分析的な業務，役割に沿った組織的かかわり，スーパービジョンなどが実施され，専門職の一員としての役割認識を獲得していた。

②〈他職種との関わり〉

　医師，看護師，OT，PTなど他職種とのコミュニケーションは『違和感』や『反発』も生むが，一方で医療職の専門的な知見には『尊敬』の思いも持っていた。ソーシャルワーカーにとって，専門性の異なる他職種は多様な視点を学ぶ学習資源であり，支えあう仲間でありクライエントのための社会資源でもある。絶対的存在の医師でもコミュニケーションを通して関係性を変容させていた。

・はじめは『先生の気に入られるように』動いているが，『3年もすると"味方"につけ』『患者さんのために欠かせない人』なので『どうやって上手く使えるか』というクライエントの支援の文脈の中，つまり〈ソーシャルワーク実践の文脈〉の中に医師を置いていくことができるようになる。
・『話すタイミングを見計らうこと』を身に着け『ワーカーが関わるとこういう風にできますよ』と医師や看護師，患者の間に入って『接点を見つけて調整を図って』いけるようになる。

　このことは，「何が機能して何が機能しなかったか」という冷静な読み解きを行っていると理解できるが，その読み解きはソーシャルワークの文脈で俯瞰的に行動を選択する訓練になっているように見える。

③〈研修での関わりと実践の十全的参加〉

　職能団体などの職場外の研修会（OFF—JT）は新しい知識や視点，実践枠組みを得る場としては大切な意味を持っている。複数配置の職場では，研修後に内部

で報告し活用されることも多い。また，看護師や医師など他職種の研修会への参加も積極的に行われていた。

- 先駆的なワーカーと接し『目からうろこ』で，『こうありたいな』と思い，『研修会で意識を変えて，実際患者さんと接したりする中で確かめ』活かされていた。
- 医学の知識は『情報を得るための知識』でそれがないと『しごかれて』『患者さんの援助も円滑に行かない』
- 『コアの技術というか理念とかはもう明確に，脈々としてあるわけで，その周辺部分からまずは初心者は入ってくるわけですよね。その周辺部分から医療機関の中でそういう専門性が交錯しながら』実践を行っている。

研修はソーシャルワーク実践に必要な視点や知識の獲得だけでなく，異なる専門職が交錯する職場への「実践の十全的参加（Full Participation）」への移行手段の意味もあった。

④〈クライエントとの関わり〉

特徴的なことは，ソーシャルワーカーの学びのコミュニケーションは，クライエントの学びの契機にもなっていて，相互に学びが起こっているということである。「生の過程」そのもの，クライエントの価値への接近による学習は，ソーシャルワーカーに特有の学びの形である。それは，葛藤の経験の項で前述したとおりである。清水（2012）は，自己の存在をソーシャルワーク専門職に成っていく自己とそれ以前の自分自身とのずれを現象学的アプローチによって読み解き，そのずれから自分の実存をとらえ，ソーシャルワーカーに成ることが始まると論じている。

（3）【パラダイム（行動を規定する価値の枠組み）に気づき，抜け出す】

このように，多様な実践コミュニティでのコミュニケーションを通した学習によって，ソーシャルワーカー達は自己や自らの実践を問い返し省察をして，自分が抱える課題を読み解き，自分や組織，そしてクライエントを縛ったり，コンフリクトの原因となっているパラダイム（価値の枠組み）に気づいて，パラダイムを転換し，パースペクティヴを変化させ，変化したパラダイムとパースペクティヴに基づく行動を新たに起こしていた。それは，専門的力量を形成していく意識変容の学びのプロセスでもあった。

インタビューの際，多くのワーカーは『自信はないですけど』『不安だけど』という言葉を使って事態を説明した。これは専門職としては一見すると珍しい態度である。

・『自信が無いほうがいいのかもしれない。不安だといろいろ聴くから。確認したいとかこれでいいんだろうかといって。自信満々だと他の人に耳を貸さずに正しいんだと思って間違える。不安を持ってるほうがいくつか選択肢が出てくる。そうするといろんな選択肢が学べる』
・『選択肢で最終的に決めるのは患者さんや家族だし，』
・『選択肢の中で患者さんが何を選ぶんだろうという"エーこれを選んだんだ"というところがね，すごい面白い』『聴く耳がないとダメだね，変な話だな，と思っても中にはヒントがあるかもしれない』

こうした態度は，相手に指示をせず，「相手の考え，感情，動機などを勝手に解釈したりせずに，相手の心の中のありのままの現実を見る」（SRコヴィ 1996, 357）態度である。強制的ではないが「意図的」で静かだが「確かな」メッセージをクライエントと伝えあうことができているのではないかと思われる。

新しい選択肢や枠組みを選びながら進んでいくことは，一方では不安定さ（危機）を繰り返しワーカーにもたらす。『不安』という言葉はその表れとも解釈できる。しかし，専門的力量をある程度 身につけたワーカーにとって「危機は，個人あるいは集団の生活において，よかれあしかれひとつの転換点を表している。危機は個人が新しい身体的・心理的・社会的要請に応じるため，過去の機能の仕方を変えていくことを要求される選択の時点，合間の時間である」（セルビィ 1963, 37）と理解，肯定される。だから，クライエントが予想外の選択肢を選んでも楽しむことができるのである。

（4）【当為性による補完】
　一連の意識変容の学びのプロセスでは，常に倫理綱領や人権・社会正義で当為されていた。そしてクライエントの「生の過程」のごく一部に関われたことを謙虚に捉えていた。

・『専門職というのは奉仕的な精神が絶対，哲学的な精神が絶対必要だと』認識し，常に倫理綱領は座右の銘としてある。『バイブルなり読んで自分はいつもこれでいがった（良かった）かなといつも思わないといけない』
・『そのクライエントは将来地平線の中で，ずっと地平線の続く中でいつかは私

を思い出すのかな，出さないのかなと。だから患者さんにほめられるとうれしいなんてまだ一人前になっていない』と考える。

ソーシャルワークの価値と倫理，クライエントの「生の過程」に関わる『社会的責任』はソーシャルワーク実践を根底で支えていた。

（5）【自らの反応を選択し責務を引き受ける力（responsibility）と新たな行動の選択】と【専門職アイデンティティの確立：ソーシャルワーカーとしての「あり方」の獲得】

今まで見てきたようにソーシャルワーカーの学びの過程は一直線ではなく，多様な実践コミュニティを介した複数の学びの過程があいまって専門的な力量を形成している。職業生活の中で覚悟をもって学びのプロセスを踏み学習を繰り返しながら，職場への十全参加者となっていた。その過程を通して，ソーシャルワーカーは自分自身のあり方をつかみ 10 年を経るころには，オリジナルな熟練したソーシャルワーク実践を行えるようになっていた。

・『はじめは使い物にならない，資格があっても。だから書類を 1 年やらせる』
・『5 年で何とか独り立ち』『10 年たってやっとひととおりがこなせて仕事を回せる』
・『10 年くらいはもう目の前のことで夢中で 10 年たってやっと見渡せたかな』
・『ソーシャルワークは必要と信じて』『1 から 10 まで自分で専門性は何かと考え，身につけていく』覚悟を持って学びのプロセスを踏んでいる。

危機をいかに肯定的に読み解いて，パラダイムに気づき抜け出して，行動の前提に気づき超えていくか，その気づきに力量形成の契機を見ることができる。それが学習の 1 つの形である。そして，意識変容の学びのプロセスを通してソーシャルワーク実践の基盤である「人権と社会正義の原理」は「わかっている（知識）」段階から「やっている（現実）」に移行し，ソーシャルワーカーは専門職のアイデンティティをゆるぎない全体構造として自分の中に内在化して，臨場感をもった現実の実践活動として日常の中に現していくのである。

## おわりに

多様な実践コミュニティでのコミュニケーションに触発され，コンフリクトの前提となっているパラダイムに気づき，抜け出すこと，これが今回抽出された学

びのかたちである。その際，実践コミュニティのメンバーによる双方向のコミュニケーションが学習を生起するため「意図的なコミュニケーション」は学習の重要な契機として位置づけられる。

　今回のソーシャルワーカーへのインタビュー調査の結果からは，省察的実践と同時に実践コミュニティでの触発を通して学びが深まっていき，それに伴ってソーシャルワーカーの力量も深まり専門職アイデンティティを獲得していくこと，専門職性の獲得過程は，同時に多様な専門職で構成される医療の職場の周辺参加者から十全参加者として移行していく過程でもあること，などが確認できた。

　異なる専門性は「共存」して互いに高め合うことができる。大切なのは，それぞれが支援の場面を構成する一員であるという認識と，それぞれの経験の還元不可能性と交通可能性という両義性を知ることである。間主観的な言葉を紡ぐ力量がなければ専門性の異なる相手に伝える言葉は捻出できない。専門性の共存は，多様な行為者と活動システムのあいだを横断し，コミュニケーションをとりながら，相互の学び合いと協働をおこなっていくことから生まれる。その行為を通して，それぞれの専門職が周辺参加から十全参加へと職場内の位置を変化させていくのだと思う。レイヴとヴェンガーによれば，「共同体と学習者にとっての参加の価値のもっと深い意味は，共同体の一部になる」（レイヴ＆ウェンガー 1993, 97）ということにある。「もっと重要なことは，熟練した実践者としてのアイデンティティの実感が増大していくということ」（レイヴ＆ウェンガー 1993, 98）である。多様な実践コミュニティによる触発，横断的な学びはソーシャルワーカーが共同体の熟練した一員となるプロセスであり，同時に学習によって専門性を客観的な視点で見直すことであるべき姿の再認識をして専門職アイデンティティを獲得していくのだと考える。

　また，今回の調査では，職場内でのOJTが仮に不足していても職場外のメンバーで構成される実践コミュニティに所属していれば，その補完がありえることを確認できた。このことは，現在，社会福祉領域以外の教育や司法という隣接領域で職務を行う単身配置のソーシャルワーカーの力量形成を考えるうえでの示唆となるのではないかと思われる。

　以上が，今回の調査から得られた結果である。ただし，今回の調査対象者は，10年以上の職歴がある熟練ワーカーたちで，コンフリクトを学習機会に転換することができた人達である。今回の調査では，辞めざるを得なかったワーカー達の状況は確認できなかった。そこを補完できれば，違った視点での検討も可能にな

るかもしれない。また，異なる専門職種においても実践コミュニティでのコミュニケーションによる触発が専門的力量にどう影響しているかについて比較検討することができれば，ソーシャルワーカーの力量形成の独自性も見いだせるかもしれない。今回の調査では，性差に関する質問項目も入れたがそれに関する生成カテゴリーは記載できなかった。別の機会にそれらは検討したい。

（櫻　幸恵）

注

1）国家資格となったのが，医師1884年，看護婦1915年と比較し社会福祉士1987年，精神保健福祉士1997年と遅く，専門職として社会的承認を得たのは最近のことである。
2）2014年7月メルボルンにおける国際ソーシャルワーカー連盟総会及び国際ソーシャルワーク学校連盟総会において定義を採択。2015年2月13日，日本語訳決定。
3）（社）日本社会福祉士会の「社会福祉士現況調査」（2001）ではMSWは61.5％が「専門性を活かした業務（活動）内容に従事している」と回答し，回答者全体の33.3％に比較してほぼ2倍となる高い割合を示している。
4）ソーシャルワークの国家資格は，社会福祉士（医療・福祉の相談支援等にあたる），精神保健福祉士（精神障害者の相談支援等にあたる）の2資格がある。

参考文献

S, R, コヴィ（1996）『7つの習慣』キング・ベアー出版。
日本社会教育学会編（2004）『成人の教育』第48集，東洋館出版社。
P. Cranton（1992）*Working with Adult Learners*, Wall & Emerson（入江直子，豊田千代子，三輪建二訳（2003）『大人の学びを拓く自己決定と意識変容を目指して』鳳書房）．
J. H. Gill（1993）*Learning to Learn: Toward aPhilosophy of Education*, Humanities Press International, Inc（田中昌弥，児玉重夫，小林大祐訳（2003）『学びの学習』青木書店）．
W, F, Hanks（1993）Jean Lave, Etienne Wengeri, *Stuated Learning: Legitimate Peripheral Participation*（Learningin Doing: Social, Cognitive and Computational Perspectives），Cambridge University Press（佐伯胖訳（1993）『状況に埋め込まれた学習──正統的周辺参加」（序文）産業図書）．
保正友子・横山豊治・高橋幸三郎（2001）「ソーシャルワーカーの専門的力量形成過程に関する研究──11名の聞き取り調査に基づく力量形成の外的契機抽出の試み」『財団法人安田生命社会事業団研究助成論文集』37，145～154ページ。

保正友子（2002）「新任ソーシャルワーカーの学生時代の成長過程の研究——力量形成の契機についての検討」埼玉大学紀要，教育学部（人文・社会科学Ⅰ）51（1），19〜31ページ。

保正友子（2005）「ソーシャルワーカーの専門的力量形成とキャリア発達についての検討——30代8人のインタビューに基づいて」埼玉大学紀要，教育学部（人文・社会科学Ⅰ）54（1），23〜30ページ。

保正友子，鈴木眞理子，竹沢昌子（2005）「ソーシャルワーカーの専門的力量形成とキャリア発達についての検討——20代8人のインタビューに基づいて」「社会福祉士」12，64〜72ページ。

保正友子（2013）『医療ソーシャルワーカーの成長への道のり——実践能力変容過程に関する質的研究』相川書房。

岩田正美監修（2011）『ソーシャルワークとは何か』日本図書センター。

川田誉音（1977）「ソーシャルワーク過程——"生の過程"と"援助の過程"」四国学院大学論集39，95〜118ページ。

木下康仁（2005）『分野別実践編グラウンデッド・セオリー・アプローチ』弘文堂。

木下康仁（2007）『M—GTA実践的質的研究法 修正版グラウンデッド・セオリー・アプローチの全て』弘文堂。

空閑浩人（2012）『ソーシャルワーカー論「かわりつづける専門職」のアイデンティティ』ミネルヴァ書房。

Jean Lave, Etienne Wenger (1991) *Situated Learning: Legitimate Peripheral Participation* (Learning in Doing: Social, Cognitive and Computational Perspectives), Cambridge University Press（佐伯胖訳（1993）「状況に埋め込まれた学習 正統的周辺参加」産業図書）．

松雄睦（2006）『経験からの学習プロフェッショナルへの成長プロセス』同文舘出版。

南彩子・武田加代子（2004）『ソーシャルワーク専門職性自己評価』相川書房。

南彩子（2007）「ソーシャルワークにおける省察及び省察学習について」天理大学社会福祉学部紀要（9），3〜16ページ。

野家啓一（1998）『クーン—パラダイム』講談社。

清水隆則（2012）『ソーシャルワーカー論研究——人間学的考察』川島書店。

シュワルツ．W，前田ケイ訳（1975）「ソーシャルワーク実践におけるグループの活用」『ソーシャルワーク研究』相川書房，vol.14，19ページ。

D, A, Schon（1983）*The Reflective Practitioner; How Professionals Think in Action*, Basic Books, Inc（佐藤学・秋田喜代美訳（2001）『専門家の知恵——反省的実践家は行為しながら考える』ゆるみ出版）．

D, A, Schon（1983）*The Reflective Practitioner; How Professionals Think in Action*, Basic Books, Inc（柳沢昌一・三輪建二訳（2007）『省察的実薦とは何か——プロフェッショナルの行

為と思考』鳳書房).
孫希叔（2012）『「ソーシャルワーカー論――かかわりつづける専門職」のアイデンティティ』ミネルヴァ書店。
鈴木眞理子（2006）「女性ソーシャルワーカーのキャリア発達とライフコース」埼玉県立大学紀要 8，51～61ページ。
鈴木眞理子（2010）『ソーシャルワーカーという生き方――15人のキャリアとライフヒストリー』中央法規。
竹中麻由美・小河孝則・熊谷忠和（2009）「医療福祉事業の現状――医療ソーシャルワークを巡る動向――」川崎医療福祉大学紀要19増刊，237～248ページ。
鷲田清一（1997）『現象学の視線――分散する理性』講談社学術文庫。
横山登志子（2006）「"現場"での"経験"を通したソーシャルワーカーの主体性再構成プロセス」『社会福祉学』日本社会福祉学会，vol. 47（3）29～42ページ。
吉川公章・福田俊子・村田明子他（2008）技術習得に関するベナーモデルのソーシャルワーカーへの適用」聖隷クリストファー大学社会福祉学部紀要 5，1～15ページ。

子ども・若者支援職の実践コミュニティ

# 第6章　保育士の自己形成と実践コミュニティの変容プロセス

## は じ め に——研究の課題と目的

（1）　社会環境の急激な変化と保育士の新たな役割

現代の日本では少子化，過疎化が急激に進行し，さらに近年の経済の悪化によって財政が厳しい状況になるなど，子どもやその家族を取り巻く社会的な環境が急激に変化した。都市部と地方においてその状況や環境が異なるために，問題が多様化している現状が見られる（向平 2011）。さらに，核家族化などの影響から家庭での教育力の低下が進み，子どもの基本的な生活習慣の獲得や規範意識などの育ちを保障するために，子どもの保育だけでなく，子育て家庭への支援という新たな専門性を保育士が培うことが求められている（名須川 2007）。

（2）　保育士の専門性向上における過酷な状況

現代においては子どもをめぐる問題が多様化し，子育て支援と言う新しい専門性を培うことが保育士に求められている。それに加えて，近年では長時間保育，休日保育，病後児保育など，地域や家庭によって異なる保育ニーズを的確に捉え，それらに対応する能力が必要とされている（大嶋 2009）。保育士にさまざまな能力が求められている一方で，多様な保育ニーズに対応するために保育士の勤務体制はより複雑化し，長時間化しており，実際の保育士の就労条件はこれまでも低賃金や就労時間の過多が問題とされている（神谷ら 2011）。つまり，保育士は，厳しい労働環境の中で次々と新たな専門性を身に付けていくことが求められる過酷な状況下に置かれているのである。

（3）　保育士に求められる専門性の2つのパラダイム

現代社会における急激な社会環境の変化において，豊富な知識や高い技術に支えられた「技術的合理性」モデルでは対応できない状況が生じ，専門性を捉える新たなパラダイムが求められるようになった。そして，ショーン（Shon 1983）が

示した「反省的実践家」モデルが紹介されると,単純に知識の量や技量だけではなく,保育実践の中における省察的な意識が保育士の専門性として結びつけられるようになった。しかし,一方で,子育て支援に関連して,保護者への保育相談やソーシャルワークなどの専門的な知識や技術を習得することへの現場の要求も高く,保育領域においてはその専門性を捉えるパラダイムは2項対立的に捉えられてきた(香曽我部2011)。

(4) 現代社会において求められる保育士アイデンティティの形成

保育士の専門性をめぐり2つのパラダイムが相対する現代において,足立(2009)は,保育士の成長について,危機を乗り越える経験が重要であることを述べ,近年の急激な社会変化による危機体験が,保育士の専門性や意識に変容を求め,「保育士としてのアイデンティティ」を再形成することを示唆した。そして,保育士の成長が保育年数だけで測れるようなものではなく,どのような時期に,どのような危機を体験し,保育士アイデンティティを形成したのか,その変容していく過程を知ることが,急激に変化する現代社会における保育士の専門性・資質向上を解き明かすために不可欠であると述べている。また,香曽我部(2012)においても,急激に進む少子化,過疎化による影響を受け,保育士が葛藤を抱きつつも自らが理想とする保育実践を実現していく中で,保育士アイデンティティを形成していく過程を明らかにし,保育士の成長において自らの保育士アイデンティティを形成することの重要性を示した。

(5) 自己形成におけるコミュニティの役割

さらに,保育士アイデンティティ形成については,実践コミュニティが強く影響を与えることが言われており,「共通の専門スキルや,ある事業へのコミットメント(熱意や献身)によって非公式に結びついた人々の集まり」である実践コミュニティと自己形成の関連性が示唆されてきた(E, Wenger 1998)。香曽我部(2013)においても,アイデンティティを包含する概念として自己形成を示し,理想とする保育実践に関する展望を実践コミュニティと共有化することが自己形成に与える影響をもつことを明らかにした。つまり,保育士アイデンティティや自己形成など保育士個人の変容だけでなく,その保育士を取り巻く実践コミュニティの在り様やその変容も含めて捉えることで,保育士の成長を明らかにすることができ,さらに保育士の専門性について新たな視点で捉えることが可能と考えられるので

ある。
　そこで本研究では，保育士の成長を捉える視点として，保育士アイデンティティを包含した概念である自己形成と実践コミュニティの2点に焦点を当てる。そして，それらが相互にどのように関わり合いながら，保育士が成長していくのか，その変容プロセスを明らかにする。そして，そのプロセスの特徴をもとに，現代社会における保育士の専門性について検討を行う。

## 第1節　研究方法

### 1　分析の理論的枠組みについて

（1）　保育士の自己を捉える理論的枠組み

　本章で焦点化した自己という概念は，ジェームズ（W. James）が自己を純粋自己「I」と経験自己「me」に分けて捉えることを提案し，心理学に取り入れた。さらに，エリクソン（E. H. Erikson）は自己の同一性を重視し，社会の中で人々が人生の各段階において自己を構築していく理論をつくった。近年では，従来の自己を静的で，唯一の存在として捉える立場に対して，自己を「～としての自己」が複数集合し，自己同士が対話的な関係を結び，つねに動的で，流動的な存在であると捉えたハーマンス（K, Hermans 1993）らの『対話的自己』の概念が注目されている（サトウ 2013）。

　めまぐるしく社会環境が変化する現代において，保育士が社会的な状況の変化を感じ取り，過去の保育実践を省察する際に，自己において過去の自分と今の自分が，対話的な関係を築いていることが示された。そこで，本論文では，保育士の自己を捉える理論的枠組みとして，自己を動的で流動的に自己を捉えるハーマンスが提唱した「対話的自己」の概念を用いることとした。

（2）　理論的枠組み

　本論文では，保育士の自己形成に関する語りを引き出すために，刺激素材を用いようと考えた。そこで，保育士アイデンティティや保育士としての熟達度と相関性が高いと示された「保育士効力感」に着目した。そして，図6―1のように縦軸を「保育士効力感」，横軸を時間の流れとした図を，インタビューイーに作成してもらい，その図を視覚的な刺激材料として半構造化インタビューを行った。

図6—1　ライフラインの実例（ブラマー，1994）

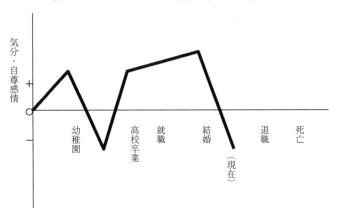

このように横軸を時間の流れとし，縦軸に自尊感情，効力感などを記入して，その図を用いたインタビュー方法を「ライフライン・インタビュー・メソッド（Lifeline Interview Method：LIM)」と呼び，時間の経過が伴うインタビューイーの心情の変化を捉えるのに有効である。LIMに関しては，横軸は人生のある時点から，ある時点までの時間経過（年齢）を表すが，縦軸に関しては研究目的に応じて特定の感情や認知の変化を表す。また，縦軸に関しては，中心を0基準として示している（図6—1）。

(3) インタビューの手続き

手続きは以下のとおりである。まず，保育士効力感について，三木・桜井（1998）が示した保育士効力感の定義を示した。次に，三木・桜井（1998）らの保育士効力感の尺度項目を表6—1に示し，保育士効力感の具体的な事項を示した。そして，保育士効力感を主観的に評定した値をもとにライフラインを作成した。最後に，そのライフラインを共に見ながら，実践コミュニティの変容について半構造化インタビューを実施した。

(4) 研究協力者の選定

本章では，現代社会における保育士の自己形成と実践コミュニティの変容プロセスの相関について明らかにすることを目的としている。そのため，研究協力者

**表6—1　保育者効力感尺度質問項目**

① 私は，子どもにわかりやすく指導することができると思う。
② 私は，子どもの能力に応じた課題を出すことができると思う。
③ 私が一生懸命努力しても，登園をいやがる子どもをなくすことはできないと思う*。
④ 保育プログラムが急に変更された場合でも，私はそれにうまく対処できると思う。
⑤ 私は保育者として，クラスのほとんどの子どもが理解できるように働きかけることは無理であると思う*。
⑥ 私は，クラスの子ども一人一人の性格を理解できると思う。
⑦ 私が，やる気のない子どもにやる気を起こさせることは，むずかしいと思う*。
⑧ 私は，どの年齢の担任になっても，うまくやっていけると思う。
⑨ 私のクラスにいじめがあったとしても，うまく対処できると思う。
⑩ 私は，保護者に信頼を得ることができると思う。
⑪ 私は，子どもの状態が不安定な時にも，適切な対応ができると思う。
⑫ 私は，クラス全員に目を向け，集団への配慮も十分できると思う。
⑬ 私は，一人一人の子どもに適切な遊びの指導や援助を行えると思う。
⑭ 私は，園で子どもに基本的生活習慣を身につけさせることはなかなか難しいと思う*。
⑮ 私は，子どもの活動を考慮し，適切な保育環境（人的，物的）に整えることに十分努力ができると思う。

　の選定にあたっては，保育士としての経験年数だけではなく，その保育士が実際に保育士として熟達しているのか，実践や研究に携わった経験や他の保育士への影響力などを考慮した。また，急激に変化し，多様な問題を抱える現代社会との関連性を明らかにするために，少子化，過疎化，高齢化が進んだ小規模地方自治体を対象にしようと考えた。そこで，ここ20年で出生数が半分以下になったG県H町の保育士Aを選定した。なお，H町の現状については，表6—2に，選定理由については下記に示した。

　保育士Aは，昭和48年にH町に採用され，3年目には研究に携わり，その後も県指定の公開研究に携わってきた。H町の研究を主導し，B町の保育研究会の委員や会長を歴任，県指定の公開研究を担当。副所長，所長となり，保育士をまとめて実践だけでなく研究も同時に行うことで，常に新たな保育実践を行ってきた。保育士Aへの実際のインタビューは，平成23年10月から平成24年3月まで週1回程度で9回実施した。保育士Aへのインタビューは30分間〜1時間程度で合計6時間18分。

表6—2　H町の少子化，過疎化の現状

|  | 人口 | 出生数 | 変　遷 |
|---|---|---|---|
| 昭和55年 | 13,190 | 202 | |
| 昭和60年 | 13,007 | 167 | |
| 平成2年 | 12,541 | 126 | |
| 平成7年 | 12,174 | 94 | H.7：町内唯一の私立幼稚園が公立幼稚園になる（公幼1，公保5）。 |
| 平成12年 | 11,483 | 92 | H.9：幼児教育推進会議を設立し，幼保一元教育の推進，少子化対策，効率的運用を議論する。 |
| 平成17年 | 10,761 | 81 | H.14：幼児教育センターを設立し，幼児教育行政の一元化をはかる。幼保の教育課程を統一。公立保育所を小学校に併設，公立幼稚園に認可替え（公幼2，公保4）。 |
| 平成22年 | 10,009 | 51 | H.18：公立保育所を小学校に併設，公立幼稚園に認可替え（公幼3，公保3）。 |
|  |  |  | H.18：公立幼稚園1と公立保育所1がこども園1に統合（こども1，公幼2，公保2）。 |
|  |  |  | H.19：こども園が認定こども園に認証。 |
|  |  |  | H.22：こども園と子育て支援センターの合築新施設の開園。 |

注）公幼→公立幼稚園，公保→公立保育所，こども→認定こども園。


（5）分析方法と手続き

　本章では，保育士の自己形成と実践コミュニティが相関しながら変容していくプロセスを明らかにすることを目指す。そのプロセスでは，いくつかの構成概念が相互作用することが想定される。そのため，大谷（2008）が開発した比較的小規模の質的データに有効であり，明示的な手続きで，言語データから構成概念を紡ぎだしてストーリーラインを記述し，そこから理論（理論記述）を導き出すのに有効な研究技法であるSCAT（Steps for Coding and Theorization）を用いた。なお，SCAT分析の結果として示されたストーリーラインと理論記述は研究協力者保育士Aに提示し，フォローアップ・インタビューを行った。

## 第2節 結果と考察

### 1 時期区分

SCATの手続きに従って，ストーリーラインを構成し，理論的記述を導き出した。そして，理論的記述をもとに，実践コミュニティが変容した時期として，Ⅰ期：保育実践コミュニティの成員性の獲得期，Ⅱ期：同じ保育所の保育士との保育実践コミュニティの活性期，Ⅲ期：他の保育所の保育士や保護者へと保育実践コミュニティの拡大期，Ⅳ期：保育実践コミュニティと保育研究会の融合，地域住民と自然環境の内含期，以上4つの時期区分を設定した（図6─2）。

以下，SCATによるⅠ～Ⅳ期のストーリーラインから得られた理論記述とその図式を結果として示し，さらにそれらをもとに考察を示す。そして，その理論記

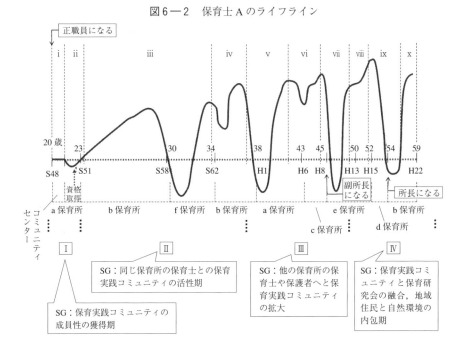

図6─2　保育士Ａのライフライン

述をもとに，Hermans（1993）らが示した「対話的自己」の概念について，溝上（2008）が自己世界におけるポジション同士の関係を表すために用いた「対話的自己」のモデルを用いて表し，時期区分における保育士の自己形成と保育実践コミュニティの在り様の関係を図式化しようと考えた。

## 2　Ⅰ期：保育実践コミュニティの成員性の獲得期

### （1）　理論的記述

当時のZ町役場のゆるやかな勤務体制による保育士と子どもとの出会いが，保育士Aの職業意識の変容を促し，その保育士の後押しが保育実践コミュニティの萌芽となった。

保母不足という社会的な状況の中で，1人でも多くの有資格者を得ようと保母たちが，保育士Aのライフイベント（結婚，出産）によって生じる困難を乗り越えさせようと，相互扶助システムによって積極的な援助を行うことが，保育士A

図6－3　Ⅰ期における保育実践コミュニティと自己形成

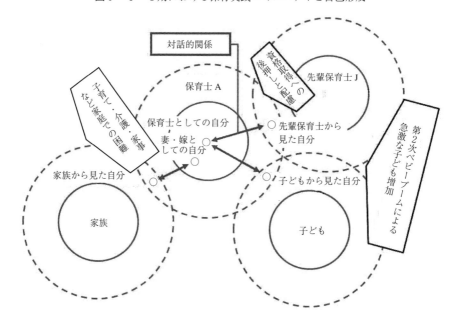

の保育実践コミュニティの発生とその確立に寄与していた。

　保育士Aが保育士としてZ町において自らの保育実践コミュニティを発生させ確立するプロセスにおいて，第2次ベビーブームによる社会状況の急激な変化が強く影響を与えた（図6－3）。

（2）　考察Ⅰ

　この時期，保育士Aは保育実践において出会った子どもによって自己の中に「保育士としての自分」を生み出した。そして，保育士Aが保母資格を取得し，保育士として勤務することを後押しするような働き掛けを先輩保育士が行ったことで，「保育士としての自分」を次第に確立させた。さらに，先輩保育士達が築いてきた保育実践コミュニティの成員性を獲得していくことで，さらに，同時期，保育士Aは年齢的にも結婚，出産などのライフイベントを迎え，配偶者や両親との関係から「妻・嫁としての自分」への認識を強め，「保育士としての自分」を揺らがせていた。しかし，先輩保育士によって家事や育児などへの配慮が行われたことで，さらに保育実践を積み重ねることができ，「保育士としての自分」を確立していった。

## 3　Ⅱ期：同じ保育所の保育士との保育実践コミュニティの活性期

（1）　理論的記述

　資格取得後，研究委嘱園に異動すると，研究会に参画することとなり，そこで出会った保育士との関係が保育士Aの保育実践コミュニティの軸となった（図6－4上）。

　研究会では，はじめ保育士Aは見習いとして参加し，主任クラスの保育士と関係を深めるが，次第に自らが中堅的な存在へと育つなかで後輩保育士との関係を深め，保育実践コミュニティを活性化していった。

　また，保育士Aはこの時期の異動によって，そこでペアを組んだ保育士とのつながりも生まれたり，保育研究会，組合活動などでの他の保育士との出会ったりすることで，同僚や顔見知りを増やし，自らの保育実践コミュニティを増大させていった（図6－4下）。

　さらに，研究活動を通じて，自らの保育観を確立するとともに，他の保育士とそれを共有させた。また，対立する保育観を持つ保育士とのかかわりのなかで，保育観を共有する保育実践コミュニティの連帯感を強めていった。

図6—4　Ⅱ期における保育実践コミュニティと自己形成

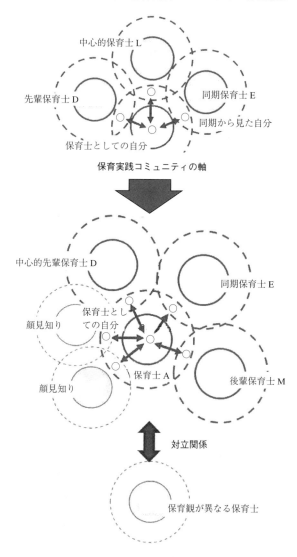

　Z町の研究委嘱の際に実施する異例の人事によって，研究会が保育士Aと保育実践コミュニティの保育士（保育士D, E, M）たちによって構成されたことで，

保育実践コミュニティの活性化がさらに促され，研究会内での徒弟制によって保育実践コミュニティが支えられていくようになった。

（2）考察Ⅱ
　この時期，保育士Ａは経験年数を積み重ねていくに従って，先輩保育士だけでなく主任として保育所の中心的な保育士や，同期の保育士と保育実践コミュニティを形成した。中心的な保育士・同期など，他の「保育士からみた自分」との対話的な関係を増大させることで，「保育士としての自分」を強化していった。さらに，自らが中堅となっていく過程で，後輩保育士や他の保育所の保育士など多くの顔見知りをつくり保育実践コミュニティを活性化させることで，自己の中により多くの他の「保育士からみた自分」との対話的関係を築き，「保育士としての自分」をより強化させ，自らの保育観を確立している。

　4　Ⅲ期：他の保育所の保育士や保護者へと保育実践コミュニティの拡大期
（1）理論記述
① Ⅱ期を経て，同世代であることへの共感に加えて，同じ保育所にペアとして勤務し，日々の保育実践を共にすることで「コア仲間」となる。「コア仲間」とは，付き合いのある保育士全員がなるわけではない。同じ保育所にペアとして勤務し，日々の保育実践を共に積み重ねていった充実感を共有している強い絆でつながった保育士を示す（図6-5）。
② 気の合う仲間がペアを組んだ保育士も保育実践コミュニティの構成員となる。
③ 幼稚園教育要領の改訂によって，大学教員とのつながりが生じ，新しい保育観を実践していく際に生じる問題解決に専門家助言ストラテジーを用いることで，自らの保育実践コミュニティの中心に位置付けられていった。
④ 自分の年齢が保護者と同じ，もしくは超えることで，意識や話しかけ方などが変容し，保育環境の充実などを共同で行える関係となり，保育実践コミュニティの構成員として位置付けるようになっていった。

（2）考察Ⅲ
　この時期，保育士Ａは特定の保育士との関係性を強化して，保育実践コミュニティへの中核的な存在として「コア仲間」を構成し，さらにその特定の保育士を通

図6－5　Ⅲ期における保育実践コミュニティと自己形成

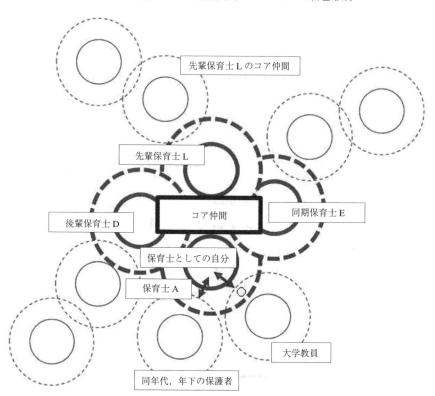

して多くの保育士を取りこんでいくことで，保育実践コミュニティを拡大していく。また，これまで保育実践コミュニティは同じ町の保育士だけであったが，大学教員や保護者と，保育士以外の人々と関係性を築くなかで「大学教員・保護者からみた自分」を生みだし，「保育士としての自分」と対話的な関係を結ぶことで，自己を変容させていった。

## 5　Ⅳ期：保育実践コミュニティと保育研究会の融合，地域住民と自然環境の内含期

　Ｚ町の研究制度を１つの保育園に委嘱してしまうトップダウン方式から，町の全ての保育園から事例を取り上げるボトムアップ方式に変容させた際に，コア仲間全員が保育研究会の中心的存在となった。そして，研究力アップの為に行った研修や勉強会によって，コア仲間の結束をさらに強めた。

　平成元年に改定された幼稚園教育要領に対する批判に対抗するために研究組織を強化する際に，すべての施設が共同して研究するシステムが保育士Ａのコア仲間によって構築されたことで，保育士Ａの保育実践コミュニティがＺ町の保育研究会の組織へと融合された。

　コアな仲間が所長になり，保育士Ａも所長になると，保育実践コミュニティは研究への志向性を薄めて，管理者の視点と先輩保育士としての視点の間で葛藤しながらも，２つの視点で後輩保育士を見守る志向性を持つようになった。

　所長になると，保育所のある地域住民との関係性を構築しはじめ，保育所を取り巻く自然環境への理解を深めつつ，地域住民と子どもとのかかわりを意識した保育を志向していくようになった。

　コアな仲間が退職していくと，保育実践におけるかかわりは無くなり，同じ趣味や同じ地域行事を通じた仲間関係に移行した。しかし，保育実践コミュニティが喪失したわけではない，後輩の保育士への信頼から口は出さなくても見守る姿勢を維持しつつ，高齢者，介護，子育て支援など社会福祉や社会教育などへと人的ネットワークを広げて，保育士を間接的に支援しようとする保育実践コミュニティを形成していった（図6―6）。

### （1）考察Ⅳ

　この時期，保育士Ａは保育研究会の活動を通じて，コア仲間との結束を強めていった。さらに，自らが理想とする保育実践，保育観に対する批判を受け，中核的な体制をコア仲間で組織することで，自らの保育実践コミュニティを保育研究会へと融合させていった。そして，その結果，コア仲間との結束を強め，コア仲間と共有している理想の保育実践を「Ｚ町の保育」という言葉で示し，組織アイデンティティを形成した。

　また，コア仲間が所長になっていくにしたがって，地域住民とかかわりを強め

図6－6　Ⅳ期における保育実践コミュニティと自己形成

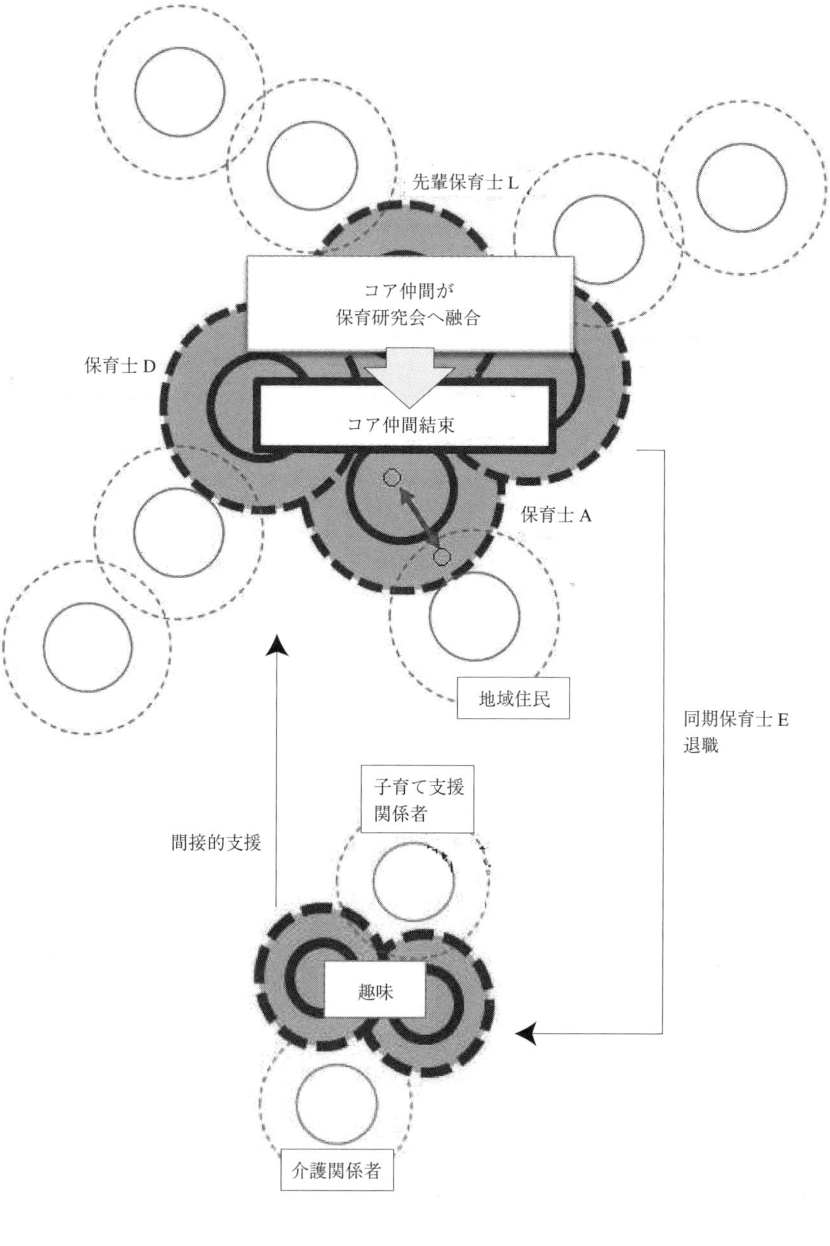

先輩保育士 L

コア仲間が
保育研究会へ融合

コア仲間結束

保育士 D

保育士 A

地域住民

同期保育士 E
退職

間接的支援

子育て支援
関係者

趣味

介護関係者

ることで,「地域住民からみた自分」を生み出し,「保育士としての自分」と対話的な関係を結んだ。

　コア仲間が退職すると,保育実践コミュニティは趣味を通じた仲間へと変容するが,その機能は直接的な支援こそ無くなるものの,それぞれが介護や子育て支援などの福祉団体に関係を保ちつつ,そこでの新たな人々とかかわることで,現役の保育士を支える間接的な支援を行う「保育士としての自分」を意識するようになった。

## 第3節　総合考察

　本章では,結果として得られた自己形成と保育実践コミュニティの変容プロセスの関連性をもとに,現代社会にいきる保育士の専門性向上について総合的に検討を行う。

### 1　保育実践コミュニティの量的な変化と保育士の専門性向上

　保育士が専門性を高めていくに従って,自らの保育実践コミュニティの量的拡大を行っているが,その拡大とは,単純に関係する保育士が増えていくのではなく,中核となる気の合う仲間「コア仲間」を介して人々がつながることで増大させていくことを明らかにした。そして,この「コア仲間」は,他の保育士と「コア仲間」とともに自らの保育実践コミュニティを形成しており,さらにその「コア仲間」の「コア仲間」も自らの保育実践コミュニティを形成していると考えられ,そのつながりは有機的なネットワークとしてZ町の保育士全体に張り巡らされ,それが機能していると考えられる。つまり,保育士の専門性向上は,個人内だけの出来事ではなく,保育士を取り巻く他の保育士達集団の在り方と相互作用しつつその向上が図られていると考えられるのである。

### 2　保育士の専門性と組織文化

　保育士集団の在り方やその相互作用について,Ⅳ期において,保育士Aたちが自らが理想とする保育実践を「Z町の保育」と言って,他の町の保育と切り分けて語っていたが,このような同じ組織に所属する者が共通して持つアイデンティティを「組織アイデンティティ」(佐藤 2004)と呼ぶ。そして,さらにその組織アイデンティティの基本的な部分と密接な関係を持つ文化的要素を「組織文化」

と述べ，「組織文化」が所属する人々のアイデンティティを創出し維持していく機能をもたらしていることを示唆した。すなわち，Z町の保育士が現代において専門性を向上させるためには，保育士個人を対象とした研修内容や体制の充実だけではなく，その保育士が所属する組織全体が持つ組織文化へのアプローチが必要になると考えられるのである。

### 3 保育実践コミュニティの質的な変化と保育士の専門性

また，熟達期において保育士が自らの専門性を高めていくにしたがって，私的なつながりであった保育実践コミュニティを公的な組織である保育研究会と融合することで，その機能をZ町全体へと拡充するだけでなく，その機能の質を私的なものから，公的なものへと変容させていった。この融合によって，保育士Aとコア仲間たちが抱いている理想とする保育実践を，Z町の保育士全体で取り組むこととなり，その成果を，研究によって保育士全体にフィードバックすることが保育士Aとそのコア仲間に求められた。そのため，保育士Aらに求められる専門性として，保育士A個人の保育実践の内容だけでなく，それをZ町の保育士全体に広め，その結果をフィードバックするようなZ町の保育士全体の保育において得た情報をマネジメントする能力が求められるようになった。

### 4 保育士の専門性とナレッジマネジメント

保育実践コミュニティが公的な機関へ融合した際に，その中心的な存在であった保育士Aとそのコア仲間たちは，Z町の保育士全体の保育実践を研究し，その成果をまとめている。そして，その成果をもとに保育士達が持つ実践知をまとめ，それを外部に発表するだけでなく，その成果を自ら評価を加えつつ保育士全体へとフィードバックすることが，その専門性として求められた。このような，コミュニティを評価し，管理することでコミュニティが持つ知識資源を他のコミュニティの構成員に世話するシステムは「ナレッジ・システム」(Wenger, McDermott etl 2002) と呼ばれる。ナレッジ・システムには主に知識を生みだし，それを適用するという2つのプロセスによって，知識資源を管理する働きを持つが，通常は認識されていないか，積極的に管理されていないことが指摘されている。つまり，現代社会に生きる保育士は自らの保育実践コミュニティにおいて知識資源を生みだし，それを多様な問題に適用することで，その知識資源をコミュニティのメンバーで共有するようナレッジ・システムを認識し，管理する力が求められている

と考えられるのである。

## おわりに

　本章では，総合考察として，現代社会において保育士に求められる専門性として，①組織アイデンティティを形成するような組織文化へのアプローチ，②保育実践コミュニティのナレッジ・システムを積極的に管理するように意識化すること，以上2つを示した。これまで，保育士の専門性に関する研究では，保育士が他者とかかわることの重要性は指摘されてきたが，あくまでも関係性を良好に保つ力や，積極的に同僚性を構築する力など，その範疇は保育士個人の内に限定されてきた。しかし，保育士の自己形成が保育実践コミュニティの変容プロセスから双方向的な相互作用を受けることを鑑みると，保育士が自らの保育実践コミュニティをより質の高いレベルで維持する力が保育士の専門性向上に重要であると考えられる。今後は，保育士による組織文化の醸成に向けた具体的な取り組みやその仕組み，保育実践コミュニティにおけるナレッジ・システムの管理方法などについて研究を深めていきたい。

（香曽我部　琢）

### 参考文献

足立里美・柴崎正行（2009）「保育者アイデンティティの形成と危機体験の関連性の検討」『乳幼児教育学研究 18』89〜100ページ。

Erik H. Erikson, *Identity: Youth and Crisis*, W. W. Norton & Company Inc.: New York, 1968, p. 9（岩瀬庸理訳『主体性＝アイデンティティ——青年と危機』北望社，1971年，ⅰページ）。

Hermans, K. & Kempen, H.（1993）The Dialogical Self. Elsevier Inc（溝上慎一・水間玲子・森岡正芳訳『対話的自己——デカルト／ジェームズ／ミードを超えて』新曜社）。

神谷哲司・杉山隆一・戸田有一・村山祐一（2011）「保育園における雇用環境とストレス反応——雇用形態と非正規職員の比率に着目して」『日本労働研究雑誌』53（2），103〜114ページ。

香曽我部琢（2011）「保育者の専門性を捉えるパラダイムシフトがもたらした問題」東北大学大学院教育学研究科研究年報 59（2）53〜68ページ。

香曽我部琢（2012）「少子化，過疎化が地方小規模自治体の保育者の成長に与える影響」『保育学研究』50（2），202〜215ページ。

香曽我部琢（2013）「保育者の転機の語りにおける自己形成プロセス——将来の展望の形

成とその共有化に着目して」『保育学研究』50（1）。

三木知子，桜井茂男（1998）「保育専攻短大生の保育者効力感に及ぼす教育実習の影響」『教育心理学研究』46（2）203 〜 211 ページ。

溝上慎一（2008）『自己形成の心理学――他者の森をかけ抜けて自己になる』世界思想社, 92 〜 98 ページ。

名須川知子（2007）「親も共に育つ子育て支援とは」『保育学研究』45（2）251 ページ。

三宅幹子（2005）「保育者効力感研究の概観」福山大学人間文化学部紀要 5，31 〜 38 ページ。

向平知絵（2011）「過疎地域における保育の実態と課題――奈良県十津川村のへき地保育所を事例に」『現代社会研究科論集 5』77 〜 94 ページ。

大嶋恭二（2009）「保育サービスの質に関する調査研究」厚生労働省，政策科学総合研究事業。

大谷尚（2008）「4 ステップコーディングによる質的データ分析手法 SCAT の提案――着手しやすく小規模データにも適用可能な理論化の手続き」名古屋大学大学院教育発達科学研究科紀要（教育科学）54（2），27 〜 44 ページ

ローレンス・M・ブラマー（1994），楡木満生，森田明子訳『人生のターニングポイント――転機をいかに乗り越えるか』ブレーン出版。

Schroots, J. J. F., ten Kate, C. A. (1989). Metaphors, agingand the life-line interview method. In Unruh, D., Livings, G. (Eds.). *Current perspectives on aging and the life cycle. Vol. 3: Personal history through the life course*, 281-298. London: JAI.

佐藤郁哉・山田真茂留（2004）『制度と文化――組織を動かす見えない力』日本経済新聞出版社。

サトウタツヤ（2013）『心理と行動に関わる理論』やまだようこ，サトウタツヤ，能智正博編著『質的心理学ハンドブック』583 ページ，新曜社。

Wenger, E. (1998) *Communities of practice: learning meaning and identity*, Cambridge University Press.

Wenger, E. & McDermott, R., Snyder, M. W. (2002) *Cultivating Communities of Practice*, Harvard Business School Press.

William James（1890 ＝ 1983）*The Principles of Psychology*, Harberd University Press.

# 第7章　学童保育・児童館における支援者の専門性と力量形成

## はじめに

　学童保育・児童館職員の専門性と力量形成に関する議論は1990年代に入ってから盛んに行われるようになってきた。それは学童保育に対するニーズが拡大するにつれて，事業の質向上に対する関心も深まっていることを背景にしている。したがって，事業の質をつくる〈要〉として，学童保育や児童館職員の専門性と力量形成に関する議論も高まってきた。また，学童保育の法制化が上程されたことによって，学童保育や児童館職員に関わる専門職制度への展望が切り開かれたことも大きな意味をもった。

　ところが，学童保育や児童館をめぐる政策環境が大きく変容している。放課後事業の総合化や民営化が進むなか，運営主体が多様化し，学童保育や児童館における公設公営の比率が減少しているなかで，公務員を基準にした学童保育指導員制度が展望しにくくなっている。また，放課後事業の総合化が進行しているなかで，学童保育の内容や実施形態がさらに多様化しており，学童保育指導員にはこれまでよりもジェネラルな力量が求められる。

　したがって，変容しつつある学童保育実践に即しながら，今日において指導員に求められる力量の内実と形成条件を解明することが重要な理論的課題となっている。それが今後の職員資格や研修を構想するにあたっても重要な検討課題にほかならない。また，職員の専門性を解明することは民営化するなかで，事業の公共性を維持する〈要〉でもある。

　一方，2015年4月に，厚生労働省が「職員の資質向上・人材確保等研修事業」を実施した（厚生労働省，2015）。この中に，学童保育・児童館職員に関しては，放課後児童支援員認定資格研修事業，放課後児童支援員等資質向上研修事業，および児童厚生員等研修事業が含まれている。放課後児童支援員認定資格の研修を受ければ，全国共通の放課後児童支援員認定資格研修修了証を交付される。これが学童保育に関するはじめての専門資格となる。これらの認定資格研修は都道府県が担う以外に，ほかの2種は都道府県もしくは市町村が実施することになって

いる。つまり，これまで職場にゆだねられてきた職員の研修がようやく公的に保障されるようになった。

　しかし，学童保育の仕事は対人支援事業だけに，対人支援の知識を基盤にしながらも，常に変化する状況にこたえるような力量を身につけなければならない。それが実践のなかで形成されるものであるため，職場における学びの構造が職員の力量形成において非常に重要な意味をもっている。また，学童保育や児童館はその運営体制と実施形態が多様なために，職員に求められる力量も職場の実践構造に大きく左右される性格をもつ。そうした意味では，指導員個人の働きだけではなく，実践コミュニティという視座から，職員をめぐる関係構造のなかでその専門性を解明することが求められる。同時に，そうした運営形態や実施形態を超えた職員の働きにある中核的なもの，専門性の共通的基盤を解明することもさし迫った研究の課題となっている。

　以上のような問題意識を踏まえて，本稿では，S市における児童館を事例に取り上げ，学童保育・児童館職員の実践構造のなかで，職員の力量形成とそれを支える条件を明らかにしたい。まず第1に，職員が働くにあたっての日常的関係構造を解明するとともに，職員が働く際の価値・姿勢とスキルを職員の語りから明らかにする。第2に，職員の力量形成のプロセスをたどって，そうした力量形成を支える条件を探る。最後に，実践のなかで必要とされる専門性の共通的基盤の解明を試みる。

## 第1節　支援者の専門性と力量形成を分析する視座

### 1　これまでの議論

　こうした学童保育指導員の専門性に関する先行研究は，その研究の枠組みから大きく2つのパターンに分類することができる。1つは職員の専門性に関する構造的分析である（美見1992，松浦1997，松浦2001，重森1998）。つまり，学童保育は児童福祉法に根拠づく事業であるため，学童保育指導員が児童福祉事業に従事する専門職員としての専門性を明らかにし，専門職の制度化につながるような理念的な検討である。美見昭光は学童保育が運動的側面と実践的側面という2つの側面をもつものと考えて，この2つの側面から指導員に必要な力量を論じている。その結果，学童保育指導員の専門性について，① 全国的視野をもって地域で

の展開を図る力量，② 指導（教育）の実践を蓄積し，指導内容を向上させる力量，③ 第1と第2の充実の上にたって地域のなかで福祉・教育のネットワークづくりを担う力量（美見 1992, 53 ページ），という3点を示している。そして，重森暁は学童保育指導員を公務労働者としてとらえた。そのうえ，美見が論じた学童保育運動に必要な専門性を指導員の専門性の広義的側面，学童保育の固有の福祉・教育実践に必要な専門性の部分を狭義的側面として整理した。それらに「公務員としての総合性」を加えて，「学童保育運動の発展と深くかかわった専門性を身につけること」の必要性を論じている（重森1998, 128～129 ページ）。

しかし，前述したように，このような児童福祉法に依拠した理念的な議論は，学童保育事業の総合化や民営化が進むなかで既に限界を見せている。運営主体の多様化によって，公務員を基準にした学童保育指導員制度が展望しにくい。また，学童保育指導員の認定資格がつくられたものの，現実に職員の待遇改善につながることがいまだに課題になっている。

他方，実践のなかで求められる指導員の力量をさぐる実証的研究も少しずつ蓄積されてきている。植田章は，学童保育指導員を対象に「タイムスタディーによる業務分析」（植田 2004）や「判断の問われる場面と専門性調査」（植田 2003）を実施し，業務のなかで求められる指導員の専門性について論じている。その結果，植田は指導員の専門性を，① 対象との関係では，子ども同士の人間形成の指導を通して一人ひとりの子どもの自己形成力を促すこと，② 実践の方法や技術では，「遊びの技能」・「遊びを選択し構成する技能」，③ 親との関係づくり，地域の子育て文化の創造，社会的な承認を獲得した公共性をもった地域の事業として発展させる力量（植田 2004, 69～70），という3つをあげている。この研究では，量的調査方法を用いて「判断の問われる場面」における指導員の行為選択を明らかにしたが，なぜそのような行為を選択したのか，その背後にある指導員の考え方は不明なままである。また，実際の行動の検証も課題として残されている。

そのなかで，宮崎隆志は省察的実践論から，学童保育指導員論を分析する視座を提起している。すなわち，学童保育指導員を省察的実践家としてとらえ，その力量形成を考える際，個人としての力量形成ではなく，実践コミュニティの発展と関わりながら議論する必要があるという指摘である。そして，学童保育の本質を子育ての社会化としてとらえるゆえに，指導員の役割は親と協同で子育てを行い，親と子どもとを媒介する位置にあるととらえる。したがって，親との共同関係に学童保育実践の固有性があり，指導員には親と協働する力量が欠かせないと

主張する(宮崎 2006, 2008)。こうした指摘は指導員の力量形成を分析する際に示唆的である。すなわち,職員の専門性と力量形成を考える際に,職員をめぐる諸関係の中でとらえることによって職員の働く現実をよりクリアにつかめるとともに,より具体的に職員の研修や職場における学習空間を構想することができるであろう。ただし,宮崎の議論は共同保育をイメージにおいた傾向があり,実践の家族支援の面を強調している。しかし,学童保育が家族支援の役割をもっていることは確かであるが,実践の中では支援者の子ども家庭への関わり方は学童保育の形態や運営方式によって大きく変わってくる。異なる形態の学童保育実践に共通する支援者の専門性と支援方法を追究することが問われている。

## 2 本研究の視座

以上,先行研究を考察してきたように,職員の力量形成と専門性を分析するために,2つの視点が必要と考える。第1に,職員の力量を単なるスキルと行動としてではなく,その背後にある価値と意識を解明することが重要である。第2に,職員の力量形成を論じる際に,それを職員個人の課題としてとらえるのではなく,学童保育実践をめぐる多様な関係性のなかで,職員の働く価値,姿勢と力量形成の条件を解明することが重要である。

この2つの視点から,本章ではS市の児童館職員を対象に取り上げて,職員の語りから職員の価値・姿勢を分析しながら,職員の力量形成とそれを支える関係性を解明することを試みる。S市では1989年以来児童館内で児童クラブを設置し

表7—1 調査対象のプロフィール

|  | 性別 | 年齢 | 勤務年数 | 資格 | 職歴 |
|---|---|---|---|---|---|
| A1 | 女性 | 40代 | 16年 | 保育士,幼稚園教諭,児童厚生員,保育士,幼稚園教師 | 保育士,幼稚園教師 |
| A2 | 女性 | 30代 | 12年 | 介護福祉士,教員資格 | 初任 |
| A3 | 女性 | 40代 | 6年 | 教員資格 | 会社員,代理児童館職員 |
| S1 | 男性 | 60代 | 1年 | 教員資格 | 学校教員 |
| S2 | 女性 | 40代 | 3年 | 保育士 | 保育士 |
| S3 | 女性 | 40代 | 3年 | 保育士 | 保育士 |
| S4 | 女性 | 40代 | 3年 | 教員 | 留守家庭児童会指導員 |

学童保育を行っており，2011年4月現在市内に105もの児童館が建てられている。2004年からは児童館に指定管理者制度が導入され，現在10団体が指定管理を受けて児童館運営を行っている。そのなか，A児童館は公益財団，S児童館は社会福祉法人が指定管理団体として運営されている。A児童館が公民館と併設している施設になり，S児童館が小学校に隣接している単独館である。2館ともに質が高く，特色のある事業をつくっており，毎年の事業検査では高いレベルの評価を取得している。職員のプロフィールは表7－1のようになる。

調査では参与観察を行ったうえで，児童館職員7名を対象に半構造面接法で90分前後のヒアリング調査を行って録音した。職員の語りから専門性の共通基盤を解明するとともに，2館の職場における力量形成の条件を対比しながら考察したい。

## 第2節 職員の働き方——職員の価値・姿勢

2つの児童館職員の語りから仕事をするうえで共通している価値や姿勢を析出した。その結果，職員は児童館，特に学童保育事業を〈子どもの成長を支える〉ものとしてとらえており，〈子どもを見守る〉，〈子どもの参加を促す〉，〈地域のなかで子どもを支えるネットワークをつくる〉などの姿勢を示しながら実践している。以下，これらの姿勢について詳しく分析をすすめよう（図7－1）。

〈子どもを見守る〉

職員は，子どもが児童館で遊びを通して仲間集団をつくり，成長していく場所

図7－1　児童館職員の価値・姿勢

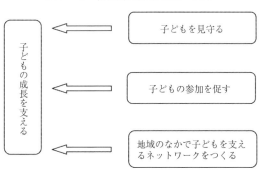

であり，子どもの成長に寄り添うために，まず何よりも大事なことは子どもの安全を守ることであると考えている。

　＊：S2さんは仕事をしている時に，一番大事にしたいところというか，ありますか？
　S2：そうね。やっぱり，基本は，よそのお子さんを預かっているので，なるべく元気な状態でお返しするというのが基本なのかしらとは思います。

職員は安全を確保したうえで子どもの遊びを見守るが，管理的な関わり方ではなく，常に子どもの様子を見守りながら，声をかけるタイミングを判断している。また，子どもを細かく観察して，子どもの日ごろの様子を読み取るように心がけている。

　S1：やっぱりちょっとしたつぶやきを漏らさないように聞いていこうと，こっちでしゃべって，そっちで誰かが遊んでいる時でも，本当は集中しなきゃいけないけど，こっちの話に，でも子どもが帰ってくるときに，うんって子ども同士がしゃべっていることから気になるものあったら，そこは逃さず。誰にも言わないけど，友達に信頼しているからいうこと，僕たちに内緒でというのがあるかもしれないね。そんなアンテナ張りをいつも磨いておいて感応を良くしておいて。

このように，職員たちが常に子どもたちに目を向けて，ささいな変化に気づくことによって子どもたちに安心できる環境をつくり，子どもたちと信頼関係を築く。それが日常支援の基礎となる。

　A1：なんか素だと思うんですよね，児童館にいるとき，素の子どもでいるというか，学校でも緊張しているし，特に児童クラブなんかは，だからここまで緊張させなくてもいいのかな。……一番自分で確信をもっているのが，子ども同士がトラブルとか，子ども同士がけんかしているときに，なんかこうきちんと自分が聞ければOkですよ。……とっても難しいんです，その解決が。でも，信頼関係ができていると，ちゃんと解決できるんですよ。実はそれが嘘だったとか，本当のところまで聞けるんですね。本当は最初がやっていないっていっ

ていたんですけど，最後の最後は本当はやったって，私はそれが聞ければ，なんかいいかなと思って，そこが一番大事だと思うんですよ。

職員は子どもと関わる際に，できるだけ対等な関係で接しており，子どもが素のままにいられる環境をつくっている。しかし，それは放任，あるいは職員と子どもとの間の親密な関係だけで自己完結するようなものではない。ここでの信頼関係は子どもたちに安心感を与えたうえで，子どもが自分たちのしたことに立ち向かい，善し悪しを自分たちで判断することを促す基盤となる関係性である。職員はこうした関係に基づいて，子どもの成長を見守りながらサポートしていく。

〈子どもの参加を促す〉

職員は日常的に子どもを見守るにとどまらず，子どもたちが児童館の主役になるようにつとめている。そのために，まず重要なのは，状況に応じて子どもたちが自分で判断して行動するように待つことである。

S2：私はやっぱりその子の手が止まっているか動いているかとか，そういうこう，子どものそういう時の様子をよく観察することだと思いますね。……あの，今日はこの子に言葉かけないで見守ったほうがこの人がすっきりしていけるとか，なんか場面場面でそういうこう，見極めるというあたりが，私この仕事をやっていて大事かなって，やっぱり，基本は子どもが自分で決めることだと思います。

S4：なるべく子どものほうから言葉が出てくるのを待つようにはしています。こっちでなんか，これをやりましょうとかというんじゃなくて，子どもから何がしたいということとか。あとはまあ，喧嘩したときとかは，こっちからこうなんでしょうというような聞き方をしないようにして，しばらく，泣いたり，騒いだりして，落ち着くのを待って，子どもから本当はこうだったんだとか，謝ろうとしたけれども，恥ずかしくて謝れなかったとか，なんか，そういった子ども自身の言葉を待つというような感じかな。どうしても時間で動かなくちゃいけないというのは大人があるので，はやくはやくってせきたてたくなるんですけども，とにかく，子ども自身の行動を待ったほうが，あとあとその子のよい方向につながるようにと感じています。

このように，職員は「子どもの自己決定を促す」という基本的な姿勢のもとで，状況に応じて子どもに働きかけるタイミングを判断し，日々の自己決定から，児童館運営における子ども参加のルートを開くことを通して，子どもの主体性を育てるように支えている。

それから児童館の運営にも子どもが参加するルートを作っている。F館では「子どもが主役となる児童館」を目標として掲げている。開館当初からさまざまな工夫をして，子どもたちが児童館運営に参加するように促している。これをよく象徴しているのが児童館のルールづくりである。つまり，まず，子どもが〈自分たちで児童館のルールをつくる〉ことを通して，子どもの自主性を育てるわけである。

S4：最初はルールをつくらなかったです。前館長と職員とみんなで話し合って，それで必要ができたときに，その場にいる子どもたちもみんな集めて，こんなことが起きたんだけど，どうしたらいいって。もうそれこそ小学校1年生で，まだほにゃほにゃってしている人から，考えてもらって，そうすると子どもなりに知恵が出てきて，それが1年生，2年生，3年生とかの言葉を，つぶやいた言葉を拾い集めて，じゃ，いまこんな意見が出たねなんて感じで，それで，少しずつ今の形にしてきたかなっていう。……子どもが参加しやすくなるようないろいろやり方で，考えてきたところかなと。

A館でも児童館の行事に子どもが運営委員として参加するようにしている。そして，子ども集団を形成するために意識的に〈リーダーを育てる〉。筆者が参与観察した時の出来事である。子どもたちが野球盤のボールをなくしたために，児童館では新しい野球盤を購入した。このとき，職員は子どもたちに野球盤で遊ぶルールを自分たちでつくるように伝えた。子どもたちは，自分たちで何日も考えたが，なかなかできないので，職員に何回も何を書けばいいのと問いかけた。これに対して職員は「わたしは知りませんよ，みんなで考えて」と自ら考えることを求めた。子どもたちがようやくルールをつくると，職員は「じゃ，みんなに聞いて，それでいいかどうか」とさらに促している。子どもたちがルールを書いたボードを児童館内で持ち歩いて，全員に了解を得て，最後に3年生のリーダーが館長にルールを説明して，新しい野球盤をやっともらうことができた。後日，職員にそうした理由を聞いた。

＊：この間野球盤のルールを子どもたちにつくってもらったんですけど，それはなぜですか？

A1：ルールを作るというのも，新人にしてみれば，ああ，ルールを作ってもらえばルールを守るんだと言って，なんでもかんでもルールを作らせるのがすごく危険で。あれをつくるということは守るということなんですよ。……じゃ，本当に決めたのね，じゃこれをみんなに周知って，みんなに話してっていえば，それが3年生の仕事なんですよ。3年生をリーダーに育てることが職員のものすごく大事な仕事なんですよ。職員が育てなきゃいけないから。3年生が一人ずつこれを守ってくださいというと，守るんですよ。これが職員が考えたルールで，守れって言ったら守らない。

このように，職員はまず子どもが自分で考え，話し合いを通して合意をつくるように働きかけている。子どもは自分たちでルールを作ることを通して，児童館の運営に参加し，このことを通して児童館に対する〈われわれ〉意識を育むことになる。このプロセスで職員が大切にしたことは，この語りに見るように，意識的にリーダーを育てて，リーダーを中心に子どもの間で話し合いを行うこと，子ども集団の自治を促し，子どもたちの民主精神を育てることである。つまり，職員は子どもの参加を通して，子どもの自主性を育むことを意識的に追求している。

〈地域のなかで見守るネットワークをつくる〉

職員たちはふだん児童館内で仕事をしているが，地域のなかで子育て支援を行うために，施設内だけではなく，常に地域のなかで，子どもに関わる人たち，あるいは機関とのネットワークを築くことに心がけている。とりわけ民生委員，小学校，子育て支援クラブとの関係は大きな意味をもち，そのような関係性から情報の提供や共同事業を生みだしている。

A1：（親の状況が）あまりひどいケースの時は，民生委員さんにちょっとお伝えして……というと，児童館がとにかく朝九時から夜六時までしかやっていないから，夜ここで何が起きているのかはまったくわからない。でも民生委員さんはわかるんですよ，地区の。だから夜中に声がぎゃっとするとか，すると，やっぱり気にしてくれるんじゃないですか。そうすると，虐待を未然に防げるんじゃないですか。で，やっぱあと，心配の子がいると，もうすぐ電話して，

来てもらって。だからそれも信頼関係。

　児童館内だけの支援には限界があるため，職員たちは地区のなかで日常的なネットワークを築くために意識的に働きかけている。児童館には守秘義務という制限があるが，職員が他機関と築くインフォーマルな関係を通して情報を共有している。また，こうしたネットワークの力を，実際に児童館の事業にもつなげている。

　　A2：子育て支援クラブが，子どもの健全育成を，児童館と一緒にやっていこうというボランティアサークルで，お手伝いに来てくれたんですよ。ここの子育てクラブさんは結構こう手が器用な方がいて，ビーズ教室をやったりするんだけど，それが子どもの活動，子どもを支援する活動ということで，自分たちが習ったことを子どもに還元するという形で，子どもたちに教えて，やってあげるということで，あれはいい活動かなと思います。

　このような地域団体と共同関係を築く上で，A館が市民センターと併設しているという条件が，地域団体とつながりを持ちやすいものにしている。しかし，積極的に地域団体と日常的な交流を持とうという職員の姿勢が非常に重要である。それは目の前にある仕事にとらわれずに，児童館の仕事を広い視点で考える意識があるからこそできることである。同じように，S館でも地域の人材を発掘して，それを事業に活用しようと試みている。たとえば，毎年に行われる「平和を考える会」では，地域に戦争を経験した高齢者を講演者として招き，子どもたちに自らの戦争体験を語るようなことをしている。児童館の利用者を子どもやその保護者に限定せず，地域にある各世帯をつなげる機関として，利用者層を開拓して，それぞれの異なる形態の参加を可能にする。それが新たなニーズを掘り起こし，児童館の利用者を増やすことにもつながっている。

## 第3節　職員に求められる力量

　ここまでは児童館の実践構造に即しながら，児童館職員の働き方，力量形成を支える条件について考察を行ってきた。次に，ヒアリングのなかから析出した児童館職員の力量を検討したい。分析の結論を前もって示しておくと，職員に求められる力量とは，〈子どもとコミュニケーションする力量〉，〈子ども集団を支える力量〉，〈親を支援する力量〉，〈職員同士が協同する力量〉と〈子育て支援のネッ

トワークをつくる力量〉である。

## 1 子どもとコミュニケーションする力量

　まず，第1に，〈子どもとコミュニケーションする力量〉が求められる。これは学童保育・児童館実践の特質に起因している。すなわち，子どもを深く理解して，子どもの気持ちを受け止めて，子どもを支援するという働きかけは，すべて子どもとのコミュニケーションを基盤としているのである。しかし，ここでいうコミュニケーション力とは，単なる話術ではない。それは，子ども理解と共感力と深く関わっている。初心者の職員たちにとって，子どもたちの生活や子どもの文化に対する理解が欠けていることによって，会話を持つきっかけが見つからないことが多い。したがって，職員が日常的に子どもと関わるなかで，子ども文化を理解し，子どもとコミュニケーションをとれるようになってはじめて，子どもの支援が成り立っていく。

　では，どのようなコミュニケーションのとり方をするのだろうか。まず，子どもとコミュニケーションをするときに，職員たちは自分の意見をすぐに言うことを我慢して，子どもの話を聴くことを心がける。その際に子どもの気持ちに共感すること，受け止めることが求められる。児童館職員が子どもがどのように考えているかをまず聴いて，そのように考えた理由を受けとめて，その考え方についてともに探ることが求められる。また，子どもが決めることが重要なので，話をかけるタイミングに関しても，子どもの自己決定を促すために介入するタイミングについても，実践のなかで柔軟に，かつ瞬時に判断していく。

　　S2：なんだろう，彼が何かこう1つのことを，決めかねているときに，ほんのちょっとその子のためになる助言というのを，してあげたほうがいいときもあるし，1から10までその子に悩ませて決めさせたほうがいいときもあるので，
　　＊：どういうふうに区別しますか？
　　S2：うむ，それが難しいんだけど，でも，私はやっぱりその子の手が止まっているか動いているかとか，そういうこう，子どものそういう時の様子をよく観察することだと思いますね。大きいなかで，大人の与える制約ってあるんですけど，……やっぱり，その子なりに区切りをつけるとか，その子なりにおさまりをつけるというときを大事にしてあげたほうはいい。

このように，職員は，子どもを管理するのではなく，子どもが日常生活において，自分に関わることを自分で決めて行動するように，介入するタイミングを判断している。実践の状況は常に変化しており，この状況を判断しながら，職員たちは支援方法を省察する。

　さらに，職員が子どもとコミュニケーションをとる方法は単なる言葉によるコミュニケーションだけではない。ともに遊ぶなかで，表情，身体的動きなどを読み取る。つまり，全身を使ったコミュニケーションを通して子どもたちと関係性を築いていく。職員たちは，子どもたちに自由な遊びと生活の場をつくって，子どもの自己決定を促すことを大切にする。このために，職員たちは，多様なコミュニケーション方法を使うとともに，深い子ども理解や共感力に基づいた関わり方を通して，子どもたちに働きかけている。

### 2　子ども集団を支える力量

　児童館での子どもの生活は，子どもの社会性を育む上で重要な役割を果たす。しかし，集団生活になじむことは単なる統一行動をするということではない。職員は一人一人の子どもの個性や気持ちを尊重したうえで，徐々に子ども同士の間の関係性が築いていくように働きかける。すでに事例で見たように，職員たちは「子どもが主役である児童館」をつくるために，子どもの自己決定を促す働きかけをしている。そこでは，子ども集団の共同決定や自主運営を促す力も必要となってくる。「職員対子ども」のような上下関係ではなく，子どもたちが自らの児童館生活を自分たちでつくること，子どもの参加を促進し，子ども集団の自治を支える力が問われる。しかし，これは建前としての子ども参加になりがちであるという危険性がある。したがって，この場合にも，職員の価値・姿勢と関連させて考えることが大切である。

### 3　親を支援する力量

　児童館において，職員が保護者と関わる機会は少ない。しかし，実践を行うにあたって，職員の意識における保護者の存在感がとても大きい。職員には限られた機会のなかで保護者とコミュニケーションをとり，信頼関係をつくる力量が求められる。そのために，送り迎えのときに積極的に保護者と会話をして，子どもたちの様子をこまめに保護者に伝える。とくに，子どものよいところを保護者に報告することで，親子関係をつなぐことになり，保護者に子どもを見る新たな視

点を提供して，子育ての喜びを感じてもらうような機会をつくっていく。

＊：保護者と関わる機会が結構ありますか？
A3：とにかく送り迎えがね，迎えに来た時がチャンスだなと思って。例えば1年生だったら，本当に手厚く，親もたぶん初めてのところに子どもを預けて，こう心配しながらずっと一日仕事をしてきているじゃない。それを気にしながら来ているから，特に何のことがなくても，今日こんな遊びをしてたとか，今日だれだれちゃんと一緒に遊んだとか，こう一日の様子を伝えるとお母さんが安心したり，喜んだりするので。4月，5月の時はこう，特に話がなくても，何かこう子どもの様子を伝えることで話すようにはしていますね。

こうして，職員は子どもの発達段階や児童館に入る時期に合わせながら，積極的に保護者と会話することを通して，保護者が安心できるように働きかけて，応答関係をつくる。また，保護者も職員との会話を通して，自らの子どもや子育てを見る新たな視点を獲得していく。こうした応答関係を通して，職員は保護者たちの子育てを支援すると同時に，自分たちの事業改善の契機にもつなげていく。

また，職員たちは，日常的に子どもと関わるとき，子どもの生活の様子を見ることもできる。その際に，子どもの生活に問題などを感じたときに，保護者に働きかける力量も求められる。

＊：家庭にかかわる問題が起こったとき，親に直接言いますか？
S1：たとえばね，怪我に伴うものは必ず報告するよね。あと爪なんか伸びている，親にかまってもらえないでね，でも，子どもが自分で切れない。そういうときに，おいでってきってあげながら，うちに帰ったら，お母さんに今日館長に切ってもらったって言っときなって。そうすと，お母さんがあって思うんじゃない……あ，ごめん，最近本当に忙しくて，そういえば伸びていたよねって。そうしたら次の日ちゃんと切ってくる。でも，そういう気がついたことは，やっぱりときどき忠告してあげます。だって子どもの命，健康に関わる問題だから。

このように，職員は一方で子どもの生活を見る役割を果たして，子どもの代弁者として保護者に働きかけることを通して子育て支援を行っている。職員たちにとって，保護者が子育ての主体であることを尊重して，保護者の労働や生活を理

解することが重要なことであって，そういった理解に基づいたコミュニケーション力が求められる。

### 4　職員同士が協同する力量

　前節でも見たように，児童館の仕事は職員同士の協同関係なしにできないことである。それは実践が瞬時に変化するために，1人で子どもの全体像をつかむことが難しいからでもある。断片的な子どもの様子を組み合わせて，子どもの本当の姿を把握するために，複数の目線で見守ることが必要となる。また，子どもと関わる際に，共通の基準をもって接することが重要である。ほかの職員と協同で働くことが児童館職員にとって欠かせない力量である。

　これは単なる同調ということを意味しない。職員間の協同関係は開かれた関係性であることが望ましい。つまり，職員の一人ひとりの個性を大事にして，それぞれの考え方を尊重したうえで，実践を行ううえでのコアの価値を共有することである。そして，価値を共有したうえで，お互いの多様なアプローチのしかたを尊重するような共同関係が求められる。

### 5　子育て支援のネットワークをつくる力量

　最後に，児童館職員にとって重要な力量が支援のネットワークづくりの力量である。ベテランの職員は目の前にある児童館内の実践にとらわれず，子どもたちの児童館以外の生活，過ごし方を視野に入れて実践を考える。そうした際に，地域のなかで日常的に子どもを見守る多様な大人たちがいることが重要であることに気づいていく。そのとき，児童館を利用していない保護者や子どもも視野に入ってくる。したがって，いかに地域組織，学校と関係性をつくるか，いかに児童館実践にボランティアをもっと参加させて，利用者数を増やすかを考える。そのために，A館のようにフォーマルな地域懇談会を設けるなり，日常的にインフォーマルな関係をつくるなり，児童館を中心に地域に発信して，子育て支援のネットワークをつくることが求められる。

## 第4節　職員の力量形成のプロセス

### 1　A館の事例

(1)　児童館職員になる

　学童保育や児童館職員は長らく専門資格制度が確立しておらず，非正規雇用で行われてきたところが多い。したがって，職業として社会的認知が広がらず，社会的地位が決して高いとは言えない。このため，医者などの専門職のように学生の頃から学童保育や児童館職員をめざす人は少ない。最近になって学童保育の法制化や児童厚生員などの国家資格が確立するなど，学童保育や児童館に対する社会的関心が徐々に上がってきており，進路の1つとして，児童館職員を仕事の選択肢とする大学生も少しずつ現れている。しかし，多くの児童館職員は保育所，幼稚園あるいは学校で働いた経験を持ち，転職する際に子どもと関わる仕事を希望して児童館職員になっている。そのため，児童館に関する知識や子ども，特に小学生との関わり方については児童館に入ってからはじめて学ぶことになる。

　　＊：児童館に入る前に児童館ってどういうところって知っていたんですか？
　　A2：うむ，わかりません（笑）。児童館に採用されて，職員の研修が，正式の採用の前にあって，その時に始めて，あ，児童館ってそういうことしているんだって，そういう施設あったんだって，分かりました。

　児童館に入ったときに，職員たちがまず戸惑いを感じるのは事業の幅広さである。児童館では乳幼児から青少年まで多様で幅広い年齢段階の子どもを対象として事業が展開されるが，異なる年齢層の子どもは，それぞれ異なる文化と生活様態を持っているため関わり方が変わってくる。それに，子どもたちの保護者や地域のボランティアとの関係を含めると幅がさらに広がる。また，同じ年齢層の子どもであっても，施設の機能によって関わり方も変わってくる。たとえば乳幼児対象の活動は，保育所では赤ちゃんだけを対象にするが，児童館では子育て支援機能が重点であって，親子を同時に対象として事業を企画するため，運営方法と接し方が異なってくる。そこで，保育所などの長年の経歴をもった職員でも「一からやりなおしだな」と感じることになる。

A1：（最初に児童館に入ったとき）これまでの自分のキャリアがまったく通用しなかった。結局その幼稚園保育所にいたから，乳幼児はお手のものという頭があったんですけど，親子なので，かならず，その親子に対する働きかけと，子どもだけに対する働きかけが全く違うので，あと親の目もありますし，親を通して子どもに話すというのがすごく難しくて，勉強しなおしだなと思いました。

そのような不安のなか，日常の働きのなかで，先輩たちとともに仕事しながら，そして研修を受けて児童館職員としてアイデンティティとスキルを形成していく。

（2）先輩を〈まねる〉こと

児童館職員は保育士や幼稚園教諭などの経歴をもち児童館に入った人が少なくないが，異なった年齢層の子どもとの関わり方や，子どもの発達段階に見合った事業を企画し，運営することを新たに学び直さなくてはならない。したがって，新人のときにもっとも重要な学びの方法とは，先輩を〈まねる〉ことである。

＊：どういうふうに勉強するんですか？

A1：やっぱり先輩の先生のまねですね。それしかない。当時（16年前A1さんが児童館職員になった当時，注——筆者）児童館の本は全くなかったので，いまでこそこういう本があるけど，当時は本当に児童館を言ってもなにという時代だったので，私は本当に，ベテランの先生が1人いたので，彼女やるのをずっと見てて，真似ばっかりをしていました。言葉かけとか，プログラムの作りかたとか，全部まねしていましたね。自分がなかった。自分らしさがやっぱりなかったですね。

児童館職員になった当初，利用者に対する関わり方がもっとも大きな困難となる。それは児童館が幅広い年齢層の人を対象とするために，多様な人とコミュニケーションをとる力が求められるからである。したがって，先輩の話しかけ方，動き方，事業のつくり方を真似しながら，利用者に対する理解を深め，対応方法を身につける。これが新人にとってきわめて大きな学びの機会となる。A団体は児童館で長年働いた熟練した職員がいるため，先輩から新人へとスキルや技能を伝達するような構造をつくりやすい。また，複数の館を持っているため，他の児

童館の経験から学べる利点もある。
　さらに，自らの異動，あるいは先輩の異動によって労働の場が変化することが，自分なりの考え方や働くスタイルを形成する契機になる。この点を少し詳しく考察していきたい。

（3）学びの契機としての異動
　A児童館の職員は新任したときに先輩を〈まねる〉ことによって児童館の働き方を学んでいくが，自分もしくは先輩の異動が，一人前の児童館職員として成長する契機になる。

　　A1：3年目に上になっちゃって，新人が入ったんですよ。だからもう，まねをする人がいなくなったどころか，自分が中心になって，全部まわさなきゃいけなかったので，すごいプレッシャーでしたよね。だからもう無我夢中で，だからやっぱ3年目ぐらいから自分らしさが出てきて，周りに真似する人がいなくなったから。

　つまり，これまでモデルとしてまねていた先輩がいなくなり，自らが先輩となって，教える立場に変わったことが，職員の自己思考を促す契機となるわけである。これまで〈まね〉を通して学んだことをもう一度自分なりに考えてアレンジして，ようやく自分らしさが出せるようになる。また，これまでは先輩のまねをして，目の前にある自分だけの働きにしか目を向けない状態であったが，先輩がいなくなったことで，ほかの人と協力して，ともに目の前にある状況を考え合う体制を作るようになる。
　しかし，このような異動による学びの契機は，当然ながら運営団体の条件に大きく規定される。複数館を持たず，柔軟な人員体制を作れない団体の場合には，これとは異なる職員の意欲を促進する手法を考えねばならない。

（4）職員同士の学び合い
　第2の学ぶ方法は，〈職員同士の学び合い〉である。先輩がいなくなったことで，職員がようやく自分たちで共同の関係性を作り上げていく。つまり，チーム間の協力体制を意識して仕事をすることになるが，それは事業運営をするうえで不可欠なことである。

A2：うむ，私は新人だったということもあって，考えていたかどうかわからないけど，たまたま結構ベテランの方がいるところに配属になったんですけど。あるとき，K館のほうに移った時には，ベテランさんがいなかったです。みんな同じ年が，経験年数も，まあ，若干あたしのほうが長いかなというぐらいで，こう，揃っちゃった時はあるんですね。その時は，やっぱりこう教えてくれる人がいない分，今度はこの3人で本当こう相談しあって，どうしたらいいだろうということで，とにかく話し合ったりとか，そんな感じでしたね。みんなで話し合う，みんなで考えて，でも，みんなそんなにベテランではないから，失敗とかもあるんだけど，それを繰り返さないように本当にお互いに日々勉強しては実践して反省っていう日々もありました。

　事業運営をスムーズに行うことだけではなく，協同する時にもっとも大事なことは，子どもに対する共通認識をつくることである。

　A3：まずね，自分たちが対応していても心配じゃない，自分だけの勘違いかなって思うから。まずおかしいなと思ったら，他の先生にもお話して，その子どもの様子とかも見てもらったりとか。そうしたら，もし子どもの体調が悪い時は，冷やしたり，温めたりとか，そういう具体的な方法とか，他の先生にも見てもらうということから始まって，そうしたら何か方法があるかなって考えてね，そういうふうに。

　つまり，職員はふだんの実践のなかで，1人で複数子どもに対応する場面が多く，子どもたちの言葉や行動に対応して瞬時的に対応する必要がある。しかし，その場面で見たことは，一面的，かつ断片的なものであって，それを職員同士で語り合うことによって，その場や子どもの全体像がはじめて見えてくる。すなわち，職員同士で語り合うことによって，その場での職員の感覚と実際に起こったこととのギャップが縮小するわけである。そういった共通認識をつくるプロセスは，職員が子どもに対応する際の自信につながり，そして実践を振り返る機会ともなる。その際，職員会議というフォーマルな場だけではなく，日常的な仕事のなかでも常にお互いに声をかけながら，話しやすい関係をつくることが意識されている。

　A1：いろんな職員，いろんなキャラクターの職員がいるので，来館者も話し

やすい人に話してもらえばいいと思うので，そうなったときに自分もうまく，ちゃんとこう話しを聞いたり，仲良くなれたら，話ししやすいし，相談もききやすいというか。そういうものをいっぱいそれぞれの職員で増えたらいいかなと思います。

　子どもに関わる仕事は，すぐれて非定型的な仕事であり，マニュアルはないため，利用者へのアプローチの仕方もそれぞれ違って，必ずしも統一した方法はない。しかしそこで重要なことは，話しやすい関係性のなかで，多様な見方やアプローチの仕方を出し合うことによって，利用者に対する理解を広げかつ深めることである。いわゆる開放的な話し合いをもってはじめて真の協同関係が築かれていく。

（5）　研修で学ぶ
　職場における日々の働きを通した学びのほかに，研修が重要な学びの機会として挙げられた。A団体の職員は仙台市の研修のほか，団体内の独自な全体研修，地区研修，館内研修など多様な研修機会に恵まれている。こうした研修のなかで，児童館で活用できる実技の研修が有効であるという意見のほか，子どもをめぐる新たな問題，たとえば発達障害などの問題についての研修も役に立つと認識されている。

　　A3：やっぱり研修とかはね，すごく大事だなって思って，やっぱり積極的に研修とかに参加したいなとは思っています。あと，他の先生たちの，みんなが経験豊かな先生たちばっかりだから，そういう先生たちの話しを聞いたりとかね，その人の話しを聞くのがすごく大事だなと思って。それで自分が帰ってきて，それを実践してみるというかね，それをちょっと気持ち，心がけてやることはすごい大事で，やっぱり研修というのがすごく大事だなって。やっぱりね，コミュニケーションの研修とか，あと，この前は家族療法というのをね，勉強してきたとか。見る視線とか，そういうのがまた自分のなかでも変わってきたりとか。あと実践的なもので，いろんな遊びの提供だったり，いろんな遊びの研修で習ってきたのを子どもたちに実践してみるとか，そういうのからやっぱり得るものが大きいから，やっぱり大事だなと思って，そこでやっぱり少し自分がレベルアップできるような感じ。

このように，子どもをめぐる状況が変化して，新たな問題が発生しているなかで，職員が子どもの状況変化に応じて継続的な学習を求めていることが示されている。また，研修の内容という面だけではなく，研修機会を通してつくった他の児童館職員と相互の間のインフォーマルなネットワークが仕事にも活かされると評価されている。

## 2　S館の事例

（1）　日常的カンファレンスにおける学び合い

S団体は保育園を同時に運営しているため，経験豊かな保育士を職員として採用しやすい条件を持っている。しかし，はじめて児童館の職員になる人がほとんどであって，勤続年数は比較的近い。したがって，働き方を先輩から学ぶという形ではなく，対等なネットワーク関係のなかで，起きた問題に対して職員同士で緊密な連携をとり，頻繁に打ち合わせをすることを通して，共通理解をつくり，試行錯誤のなかで実践をつくっている。

　　S1：（わからないことは）やっぱり職員に聞きますもん。こういうときにどうすればいいですかって。とにかく聞きますね。僕はわからないことがあったら絶対知ったふりはしないし，聞いてあと自分で調べるし。
　　S2：うちはたまたま，いま常勤で働いている人達というのが，年は私と割合近い人達なんです。でも，それぞれ全然違う畑から来た人たちで，経験も価値観も全然バラバラな人たちなんだけれども，なんかそれだけに，彼女たちにこう，自分の仕事を評価してもらうとか，あるいは駄目だしもしてもらうというのが，すごくこう力になるというか，そこに支えてもらっているというのがすごくありますね。

このように，発生した問題に関する話し合いが職員のインフォーマルな学習の機会になる。そして，異なる経歴をもつ人が異なる視点から語り合うために，それが自らの実践を省察することを促すものともなっている。また，お互いに対する評価が仕事するうえでの職員たちの精神面での支えにもなっている。

（2）　子どもたちから学ぶ

職員はお互いに学び合うことを通して，子どもに対する共通理解を形成して，

子どもと関わっている。しかし，学童期の子どもの発達に対する理解が不十分なことをめぐって職員の戸惑いが見られる。したがって，子どもと一緒にいる時間をたくさん使い，目の前にいる子どもを観察し，経験のなかで学童期の子どもに対する理解を深めている。また，日々の打ち合わせや週一回職員全員のミーティングでは，子どもの状況を語ることに多くの時間を割り当てて，職員共同で子どもの見方を共有し，深める努力をしている。

　　S2：こう，子どもの育ちというか，人間の成長ということだと思うが，やっぱり大きなこう，法則性というのがあって。一人ひとりの個別の子どもたちの，その育ちかたとか，出し方，表現の仕方が違うけれども，やっぱりそこは，ほら，生き物であるので，だいたいみんなこう，さほど違いのないところで，こう育っていく。こう，やっぱり姿ってあるなあというのが，そもそもあったので，たぶん小学生たちもそうだなあという目で見たら，やっぱりそうなんだなあって。で，そういう目で子どもの育ちがとらえられるようになると，その子のつまずきとかね，悩みというとこを，ああ，やっぱりこの時期の子どもってこういう悩み方をするんだなあとか。ああ，こういうことでつまずくから，じゃ，こういう方面からちょっと支えを入れてみるかなみたいな視点が持てるということなのかな。それはわりと経験則みたいなことで，それこそ本なんか何もないわけだから，目の前の子どもからやっぱり学んでいく。

このように，職員は日々の実践のなかで，目の前にいる子どもを観察することによって，子どもを個々のケースとして見る力をつけるとともに，学童期の子どもの発達法則を徐々につかめるようになって，より客観的な目線で子どもを理解するように成長する。大切な点は，このような視点が理論的な知識ではなく，自らの経験に即して構築された見方であるという点である。つまり，経験知や実践知を大切にしている。

　　S3：あとは，最初の年は，障害の，発達障害の子が，ちょっと自分の勉強が不十分だったところもあって，そういった，はっきり障害として認定されたわけじゃないけれども，そこに近いような子ども接し方なんかも，この4年間のなかで学ばせてもらったというか。こう，少しずつ，こういうふうに接したときはあの子は調子がよかったとか，こういうふうに接した時はだめだったとか

というのが，経験できたんだなと，という感じ。まあ，教科書とか本とかに書いてありますけれども，本当にその通りではないので，人間なので，そういった本では学べないところは，ここで，実際の子どもと遊ぶなかで，学べたかなと思います。

すなわち，研修や本で学ぶのは理論的な知識であるが，職員たちは，それを実践の中で子どもから学ぶことを通して，自らの経験と統合しながら，実践のなかから新たな課題を発見する力量を形成していく。そして，このような一人ひとりの子どもの状況を把握し理解することが職員にとってもっとも重要な力量ともなっている。

## おわりに

本章では学童保育指導員を，職場という制度化された実践的コミュニティという視座から，職員が果たしている役割と，そのための力量形成の現状を明らかにした。これまでの分析から以下のようにまとめられる。

まず，児童館指導員の専門性の中核は，子どもに向き合い，一人ひとりの子どもに豊かな発達空間を実現することにある。そこでは，「待つ」，「働きかけるタイミングを見極める」など，子ども理解を深める中で磨かれた感性やスキルが必要となる。そのような感性やスキルは，実践のなかで磨かれるものであって，子どもと関わる十分な条件と経験が必要となる。聞き取りでは，学童期の子ども理解を形成して，1人で対応できるようになるために，少なくとも3年かかると語られている。職員配置においては，そうした経験をきちんと蓄積した人材が求められる。

第2に，児童館指導員に求められるのは，子どもに直接に対応するときの専門性だけではなく，子どもの育つ空間や関係性をつくるために，地域に働きかけるということも含まれる。このとき，多様な年齢層の人と活動をともにすることが必要であり，したがって，総合的な専門性が求められる。そこで求められる力量として，〈子どもとコミュニケーションをする力量〉，〈子ども集団を支える力量〉，〈親を支援する力量〉，〈職員同士で協同する力量〉，そして〈子育て支援のネットワークをつくる力量〉がある。

第3に，職員の力量形成は，事業者が用意する条件に大きく規定されている。

受託施設の多い事業者の場合は，先輩からの指導などの条件を作りやすく，また，人事異動を通した職員集団としての力量形成に取り組みやすい条件をもっている。それに対して，規模の小さな事業者においては，職員間の連携体制を緊密にし，子どもや利用者との協同体制を築くことを通して，実践の質を高めるという方向を模索する必要がある。したがって，職員の質を保障するために公的研修が重要な役割を果たすが，各運営団体や施設は実績に応じて職場における学びの空間を設計する力も問われる。

今回の研究では，調査対象の勤続年数や人数に限界があって，職員のライフステージに即して力量形成のプロセスをよりクリアに描き出すことはできなかった。こうした研究は学童保育・児童館職員の研修体制が考えるうえで欠かせないものであり，この点は今後の課題としたい。

（李　智）

## 参考文献

厚生労働省（2015）「放課後児童支援員等研修事業実施要項」
　http//www.mhlw.go.jp/stf/seisakunitsuite/bunya/kodomo/kodomo.kosodate/kosodate/index.html.（2015. 11. 2 現在）
松浦善満（1997）「学童保育指導員の専門職性と専門性に関する研究（１）――学校教員の専門職論との対比から」『大阪保育研究所紀要』Vol. 6.
松浦善満（2001）「学童保育の専門性と地域空間の再生――学童保育の新たな発展段階を検討する」学童保育研究 Vol. 1.
宮崎隆志（2006）「学童保育実践の構造と指導員論の視座」学童保育研究 Vol.7.
宮崎隆志（2008）「学童保育における協同性の発展と指導員の力量形成」石黒広昭編『保育心理学の基底』萌文書林.
重森暁（1998）「新しいタイプの公務労働者としての学童保育指導」『学童保育』編集委員会編『シリーズ学童保育3　私は学童保育指導員』大月書店.
植田章（2003）「判断の問われる場面と専門性：学童保育指導員業務調査から」『社会学部論集』Vol.36.
植田章（2004）「業務調査による学童保育指導員の専門性の検証」『立命館産業社会論集』Vol. 40（１）.
美見昭光（1992）「学童保育の発展と指導員の専門性とその養成」『総合社会福祉研究』Vol.5.

# 第8章　岐路に立つ青少年施設と職員の力量形成

## はじめに

　日本の都市型青少年施設は，いま，重大な岐路に立たされていると言ってよい。今日の都市型青少年施設の多くは，1990年代以降，かつての「勤労青少年ホーム」や「青年の家」が利用の伸び悩みとともに設置目的の意義が揺らぎ，かわって子ども・若者の「居場所と社会参加」の拠点として登場してきたものである。新たに重要な利用対象となったのは，従来型の団体育成の手法が通用しにくく，青少年施策から抜け落ちることが多かった，中学生・高校生年代など10代の若者たちであった[1]。

一方で，2000年代に入ると，日本型雇用システムの瓦解が顕在化し，若者の「学校から仕事への移行」の危機が社会問題となった。これを受けて，2003年の「若者自立・挑戦プラン」をはじめ，若者自立支援政策が新しい政策領域として急速に形成されてきた。その後，いくつかの事業の廃止，収束を経ながらも，2010年4月には，「社会生活を円滑に営む上での困難を有する子ども・若者」（第1条）に対する包括的支援を謳う「子ども・若者育成支援推進法」が施行され，総合政策としての子ども・若者支援施策が進められている。そしてこうした動きが，相談支援業務を中心とした，子ども・若者への対人支援サービスの裾野を拡大させてきた。

　このような施策の文脈において，「居場所と社会参加」を担ってきた青少年施設の位置づけが，いま再び問い直されてきている。ただでさえ，自治体の財政難が深刻さを増す中，公共施設全般に対する支出の意味が厳しく査定されることは避けられない。青少年施設においても，子ども・若者が抱える社会的な課題や困難の軽減・解決をめざす事業の実施とともに，アウトリーチの手法も含め「より支援を必要とする層」への意識的なアプローチが期待されている。

　このように，青少年施設はいま，その位置づけや役割を再定義することが求められ，従来のミッションや職員体制も見直しを迫られる環境の中にある。こうした状況下で，職員の職業的アイデンティティも揺らぎ，力量形成の方向性をどのようにデザインするのかが大きな課題となっている。では，今日の青少年施設職

員の力量形成を支える仕組みとその道筋を、私たちはどのように描きうるだろうか。

## 第1節　青少年施設における職員の労働

### 1　青少年施設の仕事

　筆者の勤務する京都市の「青少年活動センター」（以下，センター）は，1988年に設立された市の外郭団体である公益財団法人京都市ユースサービス協会（以下，協会）が，指定管理者として管理運営を行っており，市内に7館ある。京都市の「青少年活動センター」は，もともと勤労青少年ホーム（施設名称は「青年の家」）として，1960年代から70年代にかけて順次整備されたものである。その後1998年から2001年にかけての条例改正によって，中学生以上の在学年代の利用が可能となり，それに合わせて「青少年活動センター」へと施設名称も変更され，現在に至っている。

　協会のミッションは，「ユースサービスの理念」に基づいて，子どもから大人への移行期にある若者を支援することである。「ユースサービス」とは，権威的・統制的な健全育成の考え方を退け，若者が本来持っている力を引き出すことによって自己成長を支援しようという，イギリスに発祥する考え方である。これを宮崎らは，「企業を頂点とする世界を若者が主体的に構成（批判的再構成も含む）できるように，学校・家庭・地域からなる世界において若者が獲得し形成した知識・技術・能力・人格を，転移する援助を行う」ことと表現している（宮崎・穴澤・間宮，2008，32～33ページ）。そうしたユースサービスの理念に基づいて青少年を援助する者は「ユースワーカー」と呼ばれ，イギリスでは制度化された職業として成立している。京都市では青少年育成計画（「京都市ユースアクションプラン」）にこのユースサービスの理念を採用しており，センター職員も「ユースワーカー」の職名で働いている。

　協会には60名ほどの常勤職がいるが，採用の条件は「大学院，四年制大学，短期大学を卒業・修了しているか，見込みの方で，在学中または卒業後，青少年育成・支援活動の経験が概ね1年程度ある方。年齢は概ね30歳まで」となっており，資格要件等は特に設けられていない。常勤職のうちおよそ半数が正規雇用であり，男女比もほぼ半々である。一方，男女問わず20歳代の職員の多くが，1年契約の

嘱託職員である。また，30歳代後半以上の職員のほとんどは，「青年の家」時代の1970年代半ばからセンターの事業部門を委託されてきた別の財団法人からの転籍者である。年齢によって，雇用形態やキャリアに多様性がある職員集団であると言える。

7つのセンターには，所長以下5名の職員と1名のアルバイトが配置され，2シフト制で勤務している。センターでの職員の業務内容は，非常に多岐にわたるものである。まず，13～30歳までの青少年を対象にした事業の企画・運営であるが，これは以下のように7つの区分に分けられ，各センターで横断的に実施されている。

① センター個々に分担する固有テーマに基づく事業（環境学習，創造表現，スポーツ・レクリエーション，多文化共生など）
② 居場所づくり支援事業
③ 地域交流・連携・参加に関する事業
④ 担い手育成事業
⑤ 利用促進・情報発信・広報に関する事業
⑥ 相談・支援に関する事業（就労支援・学習支援を含む）
⑦ 少年非行の解決・軽減に向けた事業

また，センターには会議室，和室，スポーツ室，レッスンスタジオなどの設備が備えてあり，13～22歳の在学年代は無料で使用できるほか，青少年以外の一般市民や企業・団体等も有料で使用可能であり，細かく設けられた料金区分や予約可能期間の規程に応じた受付業務や貸館業務，施設管理も日常の大きな仕事である。そして，このほかに，日常的かつ非定型的な仕事として，「ロビーワーク」と呼ばれるものが挙げられる。

「ロビーワーク」とは，職員がセンターのロビーに出て，そこで過ごす若者たちに話しかけたり，何げない会話の中から悩み事の相談を受けたりなどの，一連の活動をさす。センターの利用者は，事業に参加してくる若者たちや，自主的な活動のために結成されたグループのような，何らかの能動的な目的を持って来館する若者たちだけではない。特に中学生・高校生は，放課後にふらっと立ち寄って，「たまり場」的に過ごすことがほとんどである。ほかにも，ひとりで来館する若者や，部屋の利用が終わったあとも，そのまま残ってロビーで過ごすグループもいる。

こうした若者たちに, 職員は積極的に声をかけ, コミュニケーションを試みる。互いに名前やあだ名で呼び合える関係になり, 生活のようすや, 家族・友人との関係, 恋愛の悩みなど, その若者が置かれた心理・社会的状況が分かってくることで, 職員は自らの関わり方について吟味するようになる。相談や情報提供も, この「ロビーワーク」による関係のなかで行なわれることがほとんどである。

職員にとって「ロビーワーク」は, 事業の企画・運営や貸館業務とは異なり, 多分に不安定さを持つ活動である。センターには多様な若者が訪れるし, どのような若者が, どのようなタイミングで, どのような状態を持ち込んで来館するのか, 事前には分からないからである。また, そもそも若者が来なければ, 関わることはできない。「2回目をつくれるかどうか」が, 関わりの最初の焦点であり関門である。このように, 事業への参加や目的を持った来館といった利用の仕方に収まらない若者たちを相手にするという意味で, 不安定な性質を持つ「ロビーワーク」であるが, 次に紹介する事例のように, 場合によっては, センター全体の運営を根底から問い直す契機をはらむこともある。

## 2 若者たちとの関わりの実際

前述のように, センターは条例改正によって在学年代の青少年が利用可能な施設となり, 大幅に利用者数が増加していったが, 同時にいくつかのセンターでは, 非行傾向にある10代の若者たちがやってくるようになった。そこでの彼ら・彼女らとの出逢いと格闘の蓄積が, 「関わりにくさ」を持つ若者たちこそ積極的に受け入れようという風土の基盤となっているのであるが, こうした「ヤンチャな子ら」との関わりは, 現在も複数のセンターで脈々と続いている。

筆者も関わったひとつのセンターの事例を紹介したい。このセンターではある時期から, 近隣に住む中学生グループへの対応に苦闘することとなった。粗暴な振る舞いが目立つ男子グループがときどき放課後に来館するようになり, 職員が話しかけても「シカト」を決め込んだり, 館内の設備を損傷させる, 喫煙するなどの行動に及んでは職員から注意を受けたりしていたが, ある日, 彼らがスポーツ室でバスケットボールに興じていたところに, 別の中学校のグループが「殴り込み」をかけてきた。こちらのグループは, それまではたまにしか顔を見せず, 職員の声かけにも明るく応じるタイプであったが, この日は殺気立った様子で乗り込んできたため, ある若手の職員が必死になって彼らを制止し, 玄関外のテラスに連れ出した。事情を聴けば, 些細なトラブルが原因であったようだが, 全体の様子

をよく観察していると，どうやら腹を立てているのは1人だけで，周りのメンバーはただ面白がって付いて来ただけのようであった。その様子を読み取り，職員はこのグループを落ち着かせるだけでなく，積極的に彼らと関わるチャンスだと捉え返し，彼らを理解しようと試みた。そこには，「何とか関係を結べるだろう」という見通しとともに，「ヤンチャな子らだからこそ，排除するのではなく向き合うことが必要だ」という価値判断が働いていた。その日のロビー記録によれば，この職員は，彼らと以下のようなやり取りを行った。

W＝職員（ユースワーカー），A＝中学生，B，C＝グループの中学生

A「もうええやん。こんなとこ暑いし，中に入らして」
W「ケンカするなら入れられへん。ここでもうちょっと話そう」
A「せえへんわー」
B「（仲間と思われるメンバーに電話で）早く来てー。今？　なんか外でオッサンに見張られてる」
W「いやいや，そこでBが応援呼んでるやん。ここで暴力とか許さへんし」
A「じゃあ，ここ以外やったらええの？」
W「それもアカンな。」
A「なんで？　お前に関係ないやん」
W「関係ある。Aが殴られるのも，Aが人を殴るのもイヤや。Aのこと，好きやしな。悪いけど絶対止めるで」
A「うわっ，きもい，うざい」
C「このおっさんホモやー」
B「おっちゃん，名前何やったっけ？」
W「○○や」
B「○○か。結婚してんの？」
W「結婚どころか，彼女も全然できませんけど」
C「うざいし，きもいからやー」

この場面で職員は，「殴り込み事件の鎮静化」という管理的なモードではなく，男子中学生グループとの関係形成という支援的なモードでの対応を試みた。当初，Aには「お前に関係ない」と言われたが，こちらの言葉に少しでも耳を傾けても

らうために「Aのこと，好きやしな」というややストレートな表現をぶつけてみることで，Aだけでなく，そのやりとりを見ていたBやCも，自分たちに接近しようとするこの大人が何者であるか，少しずつ関心を示していることが分かる。

　この日を境に，「殴り込み」をかけられた側のグループも含めて，男子中学生たちが連日のようにセンターにやってくるようになり，職員たちは彼らへの対応に追われることとなった。その方針やあり方をめぐって，センター内では何度も議論が繰り返されたが，職員たちのスタンスは決して一致していたわけではない。ある職員は，彼らの行動に辛抱強く付き合いながら，学校への馴染めなさや将来不安など，彼らの行動の背後にある訴えや言い分を引き出し，彼らを理解しようと試みた。またある職員は，彼らの持つエネルギーを何とかプラスの方向に活かすことはできないかと，彼らが喜んで参加しそうなプログラムを企画することで，彼らの健康的な側面を引き出そうと試みた。さらに別の職員は，彼らに直接関わることだけに対応を集中させるのではなく，地域住民や学校からどのように見られるかという対外的な視点にも気を配るべきだと主張し，調整に苦心した。職員たちは，目の前の出来事への対応に追われながら，「自分たちにできることには限界があるのではないか」「彼らには問題行動を容認してくれる甘い大人としか映っていないのではないか」「事業の運営に支障が出ている。どこまで彼らに手をかけるべきなのか」といったさまざまな葛藤を抱え，そのたびに「答えのでない議論」を繰り返してきた。

　やがて，静かに転機が訪れた。高校受験が意識され始めた冬，「いつまでもこんなことばっかりやってられへんなぁ」と呟くメンバーが出てきたり，あるときはセンターの備品を破損させて散々叱られた翌日に「受験勉強を見てほしい」とやってくるメンバーがいたりと，彼らなりに少しずつ変わろうとしている様子が窺えるようになった。

　こうした静かな変化は，周囲の大人たちに見過ごされたり，仲間内からでさえも「あいつはどうせ変わらない」と軽く見られたりすることも少なくない。そのとき，そのわずかな変化の潮目をみとめ，信じ，後押しすることができるのは，成長や変化などまったく見通せない，またあらゆる親切や助言がほとんど伝わらない，「無意味」と思える時間を膨大に過ごし，時には無力感に立ち尽くした支援者にほかならない。前述の通り，職員は若者の置かれた心理・社会的状況を少しずつ把握していくことにより，関係を深めてゆく。すなわち，その若者に関する「蓄積された知識」（stock of knowledge at hand）を増やしていくということである。こ

れは，若者にとっては「自分が話したことを覚えていてくれる」という肯定的な感覚を持つことにつながる一方，職員にとっては落とし穴にもなる。「蓄積された知識」が増えれば増えるほど，たとえば「社会性に乏しい」とか，「複雑な家庭の子どもだから」といったステレオタイプ化した認識枠組みによって処理してしまうことになるからである。だからこそ，固着したイメージや理解の仕方が揺さぶられ，修正されていくプロセスが重要である。問題を起こした翌日に「受験勉強を見てほしい」と言ってきた中学生の行動と，前日の出来事を不問に付してそれを受け入れた職員の判断は，「これまで見られなかった新たな変化」を互いに確かめようとする共同作業であったと言える。

　また，変化の潮目が訪れるまで中長期的なスパンで粘り強く関わるためには，強い信念が必要である。特に「ヤンチャな子ら」の場合，大人や社会への不信や反発が強ければ強いほど，支援的な関わりを成立させることは難しい。しかし，排除や黙殺といった対応が，演技としての非行をエスカレートさせ，いつしか本当の逸脱へと変質させてしまう（大村，1994）とするなら，そこから目を背けることはできない。少年たちが行き着くところにまで至る前に，その背後にある，なかなか言葉にはできない不信や反発を丁寧に解きほぐすとともに，それらを自分の力で処理したり，折り合いをつけたり，乗り越えたりするためのサポートを行うことが必要である。その役割は，他の機関には担いにくいからこそ，センターにとって重要である。こうした信念があって初めて，葛藤を抱えながらも自らの重要な仕事として引き受けることができるのである。

　以上の例のように，センターの仕事は，職員それぞれの信念や，若者たちとの間に構築してきた関係の質によって大きく規定されるものである。若者と職員との関係形成を媒介しうる要素は実に多様であり，職員が個人として持つ経験や特技，センスなどが重要な資源になる。また，1センター5名という職員配置の中では，たとえ1年目の新人であっても，自分なりの個性を活かして若者たちにアプローチしていくことが求められるし，1つの事業の企画・運営を1人の職員だけで担当することもある。その意味で，センターの実践には職員たちの個別的な価値観や方法論が色濃く反映されているとも言えるだろう。このような仕事の仕方が成り立つのは，青少年施設が「トータルな意味での若者の成長」（水野・遠藤，2007，89ページ，傍点筆者）の支援を目指してきたからにほかならない。若者が「大人になる」過程で必要と思われる変化や成長に資することであれば，どのようなアプローチや取り組みも，基本的に否定されることはない。

こうした青少年施設の機能と実践が、いま大きな変化の時期にある。それが、子ども・若者支援施策の登場である。次に詳しく見るように、子ども・若者支援施策の要諦は、総合支援システムの構築である。そこでは、他の機関や団体との連携・調整を前提にしつつ、青少年施設の固有の役割とその範囲を明確にすることが求められることとなった。青少年施設の存立にかかわる制度的・社会的な条件の変容が、職員の意識や働き方にも大きな影響を及ぼしている。

## 第2節　青少年施設の存立関係

### 1　子ども・若者支援政策のインパクト

　冒頭で述べた2000年代以降の若者自立支援政策は、若者の職業的自立の支援が国家政策として初めて位置づけられたものであり、日本の青少年行政に自立支援の観点が持ち込まれた転換点であった。ただし、この新たな政策展開による各種の施策は、国や自治体が直接的なサービスの担い手になるというよりは、主に民間団体やNPOへの委託事業として制度化されていった。代表的な事業として、地域若者サポートステーション[2]（以下、サポステ）が挙げられる。サポステは、比較的ユニバーサルな形態の職業相談サービスであったヤングジョブスポット[3]の後継的な位置づけであるが、学生を除く15〜39歳の若年無業者にターゲットを絞り、就労へのステップアッププログラム、職場体験、各種セミナーなど、若者が求職活動に主体的に動き出すまでの過程を支える機能を担っている。そのためサポステでは、キャリア相談を専門に行なうキャリアコンサルタントが必置とされているほか、臨床心理士等によるカウンセリングが自治体負担により実施されている。このように、民間団体やNPOが相談支援機能の主要な担い手となっていったが、これを労働編成の観点から見れば、もともと「草の根」的に独自の事業を展開してきた民間団体やNPOに、専門資格を持つスタッフが外部から参入することで、組織構成が変化したということである。すなわち、新たな業務としての自立支援をどのようにデザインし、異質な他者である専門スタッフをどのように組織内に組み込んでいくのかということが、民間団体やNPOの課題となってきたのである。

　さらに、2010年に施行された「子ども・若者育成支援推進法」（以下、「子ども・若者法」）に基づく子ども・若者支援施策は、労働力政策としての性格が強かった

若者自立支援政策とは異なり，包括的アプローチによる社会的包摂政策としての特徴を持つ（高橋，2012）。その政策的なインパクトは，大別すると以下の2点である。

　第1に，「子ども・若者法」は40歳未満のすべての子ども・若者を対象としながらも，若年無業者とりわけ「ひきこもり」など特に困難を抱えた若者を支援するための地域ネットワークの整備を主な目的として制定されたものである（内閣府，2010）。「子ども・若者法」にもとづく「子ども・若者ビジョン」（2010年7月）では，教育，福祉，保健・医療，矯正・更生保護，雇用の各領域が横断的に連携し，困難を抱えた子ども・若者を包摂する社会の実現をめざすことが謳われている。具体的な取り組みとしては，各領域の行政機関やNPO等で構成する「子ども・若者支援地域協議会」（以下，地域協議会）の設置を，都道府県や市町村に求めている。また，地域協議会への入り口となる相談窓口として「子ども・若者総合相談センター」を設置することも推奨され，サポステも雇用分野の支援機関として地域協議会の中に組み込まれている。このように，「子ども・若者法」や「子ども・若者ビジョン」が見通すのは，従来それぞれの機関・団体の枠内で展開されてきた取り組みを，連携の名のもとに統合し，総合支援システムを構築することなのである。

　第2に，子ども・若者支援施策では，民間団体やNPOに主導的な役割が期待されている。地域協議会では，設置自治体の青少年担当部局が「調整機関」となることが想定されているが，「調整機関と協力しつつ，協議会の円滑な運営のための潤滑油的な機能といった，協議会の支援全般の主導的役割」を担うのは「指定支援機関」であると規定されている。この「指定支援機関」は，「公益社団法人，公益財団法人，特定非営利活動法人などの民間団体」に限って指定できるとされており，その理由は，たとえば訪問支援（アウトリーチ）のように，「従来公的機関では対応が十分ではなかった種類の支援や民間的発想を生かした方法による支援を充実させること」にあるとされている[4]。民間団体やNPOが，従来のような行政の補完的役割を超えて，機関連携をコーディネートするという大役を期待されるに至ったのである。

　以上のような子ども・若者支援施策の展開は，青少年施設の運営にも大きな影響を及ぼしている。筆者の所属する協会は，7ヵ所のセンターを一括で運営してきた実績を持ち，行政と密接な関係にある外郭団体でもあるため，京都市の子ども・若者総合支援システムにおいて大きな役割と責任を与えられてきた。ヤングジョ

図８—１　京都市の子ども・若者総合支援システム

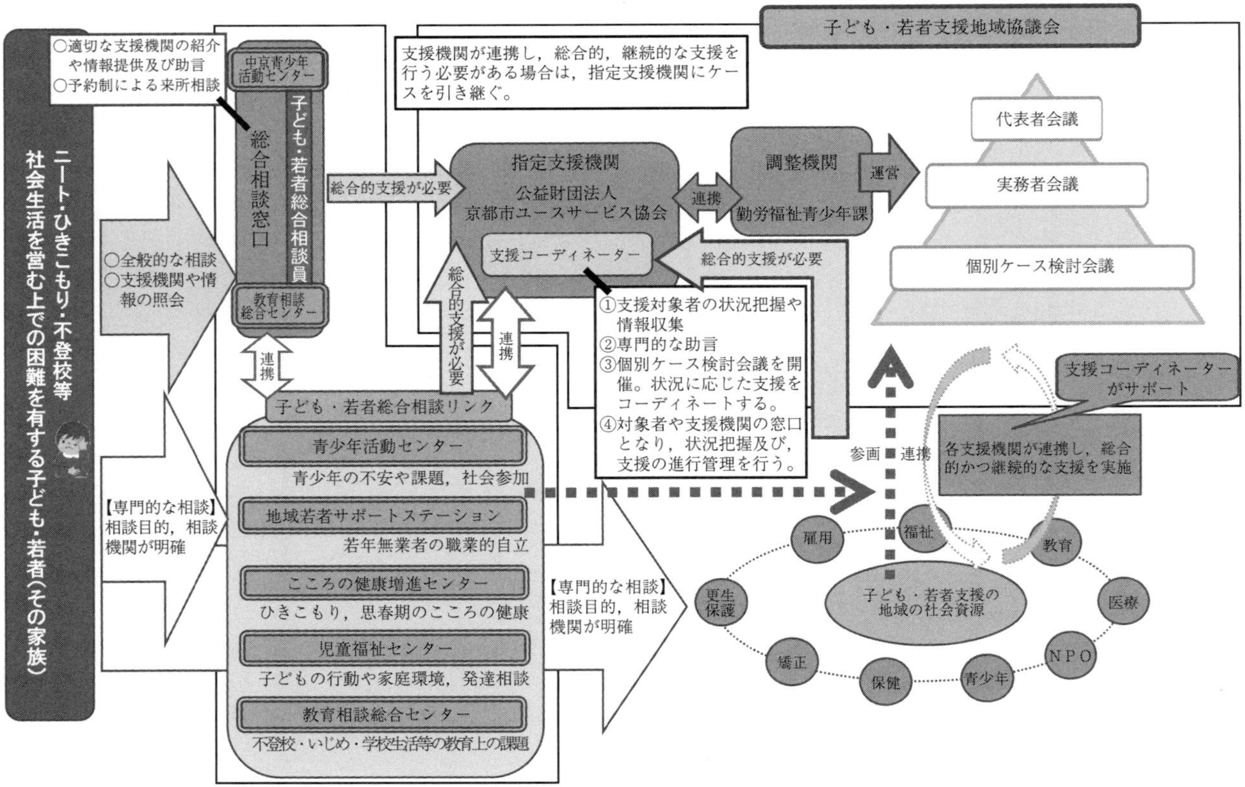


出所：京都市文化市民局勤姿福祉青少年課（一部著者修正）

ブスポットや地域若者サポートステーションの受託に加え，2010年には京都市子ども・若者支援地域協議会の設置に伴い，指定支援機関に指定され，協会内に新たな部署として「子ども・若者支援室」が創設された。また，7つのセンターのうちのひとつに「子ども・若者総合相談センター」の機能を持たせるべく，「子ども・若者総合相談窓口」が併設された。そして，他の6つのセンターも子ども・若者総合支援システムの一翼を担う機関として位置づけられ，役割が再定義されることとなったのである。センターには，「子ども・若者支援室」「子ども・若者総合相談窓口」そしてサポステと一体的に運営されていることを最大限に活かし，それらと有機的に連動する取り組みが求められるようになった。それは，組織としての新たな社会的使命だと言ってもよい（図8—1）。

## 2　青少年施設の今日的役割と職員の職業的アイデンティティ

　これまで見てきたように，「子ども・若者法」は，従来それぞれの機関・団体の枠内で展開されてきた支援を統合するという方向性において，大きなインパクトを持つものである。7つのセンターも「子ども・若者総合相談リンク」のひとつに位置づけられ，相談目的がはっきりしていて適切な専門機関が判断できる場合には「外部連携」が，相談内容が複雑で判断が難しい場合には「子ども・若者支援室」との「内部連携」が，それぞれ求められることとなった。

　また，子ども・若者支援施策の展開とほぼ時を同じくして，センター事業それ自身にも，現代の重要な社会課題を反映した変化が現れている。たとえば，「子どもの貧困」問題への対策としての，「中学3年生学習支援プログラム」の受託である。これは，貧困の世代間連鎖を断ち切るべく，生活困窮世帯の子どもの高校進学をサポートするというものである[5]。センターにとって初めての本格的なターゲット型事業であり，2014年度は6つのセンターが取り組んでいる。ほかにも，子ども虐待防止を目的に2004年の改正児童福祉法において設置された「要保護児童対策地域協議会」[6]への参加や，全国の都道府県で警察機関を中心に進められている「非行少年等立ち直り支援事業」への協力など，子ども・若者の抱える福祉的な課題や困難の改善・解決を図るという今日的な役割がセンターに期待されている。

　こうした一連の動きは，サポステや「子ども・若者支援室」に属する職員はもちろん，センター所属の職員をも「対人支援職」という社会的カテゴリーに組み込もうとするものである。それは同時に，これまで特に意識する必要のなかった，

対人支援にかかわる他の機関あるいは他の職種との関係のなかで仕事をする必要が出てきたことを意味する。協会では，アルバイトを除く常勤職員50数名中，精神保健福祉士，社会福祉士，臨床発達心理士，産業カウンセラーといった対人支援関連資格を持った職員は少なく，「子ども・若者支援室」やサポステを中心に配置されている。また，中堅職員を中心にキャリアカウンセラーの資格取得が順次進められているものの，必ずしも専門資格を持つわけでないセンター職員の不安は小さくない。「センターで困難ケースに責任を持って正しく対応できるだろうか」「専門機関につなぐといっても，まず相手先のことを知らないと利用者に正しく情報を出せない」といった声は，手探り状態の現場をよく表している。

こうした事態への対応策のひとつとして，専門職化が考えられる。協会は，大学等との共同研究を進め，ユースワーカーの資格化や養成講座に積極的に取り組んでいる。若者が抱える「課題や問題が大きい程，関連する機関と交渉し協働していくことが必要になってくる。しかし，そこで所属するスタッフの資格や専門性を尋ねられ，それによって信頼していい機関かどうかを値踏みされるのだが，"社会的に認知された"専門資格を有しないと，必要な協力関係や情報交換ができないということが問題になってきた」ためである（水野・遠藤 2007, 86）。それでは，青少年施設の職員に固有の専門性とは，実際にどのようなものであろうか。石橋（2006）は，対人支援領域で隣接して起こる専門職化の連鎖のなかでは，サービスの標準化と他職種との差異化によって「専門領域」が形成されると指摘する。その一方で，「専門領域」からこぼれ落ち続ける「非専門領域」が存在するという。つまり，既存の専門職が「専門領域」としなかった「非専門領域」の中から，後発の職種が新たに「専門領域」を形成し専門職化を目指す，という構図であるが，サービスの標準化や他職種との差異化が困難な領域がどうしても残される。それが，個別性が強く，非定型的な営みを中心とした業務である。したがって，人間へのトータルな関与を目指す援助職は，みずからの専門性を明確に示すことができないジレンマに陥ると石橋は言う。この議論に従うなら，「トータルな意味での若者の成長」を支援するという仕事は，実にさまざまな対象や目的や方法論を包含するものであり，固有の「専門領域」を明確に規定することは困難であるといえよう。

センター勤務を経てサポステに異動したある若い職員は，相談に訪れた保護者との初回面談の際，「専門相談員の方に話を聞いてもらいたい」と言われ，その後，「自分は何者なのか」としばらく悩んだそうである。彼女は言う。

「私の面談は，専門相談にあくまでもつなぐためのもので，そこ（専門相談）には立ち入れないんです。（中略）保護者の方は，真剣にお子さんの今の状況の話をされるんですけど，自分と同じぐらいの年齢のお子さんだったりとか，むしろ私より年上のお子さんの，ひきこもりとか就労に関しての悩みを，専門相談員でもない私はどういう姿勢で聞いたらいいのかなとか，どういう受け答えをしたらいいのかなと。保護者の方から見て私はどう思われているのかなっていうのは，すごい葛藤しました」

この職員が「自分は何者なのか」と悩んだように，対人支援者としての専門性が問われるということは，職業的アイデンティティの問題でもある。ただし，このことを，職員たち個々の「ゆらぎ」の問題に還元することは適切ではない。たしかに，前節で見たように，センターの実践には個人の力量が色濃く反映されてはいるものの，そこは「労働の場」として組織化されている。職員の専門性やアイデンティティをめぐる課題をどのように組織的に統御していくのか，労働組織としてのマネジメントの方向性が大きく問われているのである。

## 第3節　力量形成の土台を再構築する

### 1　包括的な支援体制のための労働編成

これまで見てきたように，子ども・若者支援施策の展開によって，青少年施設の職員たちは「対人支援労働者」という社会的カテゴリーに埋め込まれ，職業的アイデンティティや専門性を自らに問わなければならない状況におかれている。

第一義的な問題は，労働編成のあり方である。子ども・若者総合支援システムにおける指定支援機関の業務が，だれにでも担えるものでないことは明らかである。多くの職種の間で横断的な連携をつくることの現実的なむずかしさは，既にさまざまな形で報告されている。社会生活上の困難を抱えた若者からの相談内容を吟味し，適切な機関・団体につなぎ，またケースによっては複数の機関・団体の間をコーディネートするという仕事は，さまざまな職種の業務内容とその法制度的な位置づけ，職業倫理などに精通していなければ務まらない。そのため「子ども・若者支援室」には現在でも，社会福祉士，精神保健福祉士といった国家資格を持つ職員のほか，豊富な行政経験を持つ退職公務員や退職教員が配されているが，高度な専門的知識や技能が求められる業務については，原則的に専門職配

置で臨むことが必要である。その上で，個別性が強く，非定型的な業務を中心とするセンター職員の専門性や力量形成の問題があらためて焦点化される。

　先述のように，子どもの貧困，児童虐待，少年非行など，青少年を取り巻くさまざまな課題については，福祉事務所，学校，児童相談所，警察機関，NPOなど，多くの関係機関とやりとりをする局面が少なくない。この意味で，インテーク，アセスメント，さらには社会資源の組織化など，相談援助の基礎的な力量を担保することが求められるだろう。では，これらに回収できない領域をどのように考えるのか。「トータルな意味での若者の成長」を支援するという理念のもとで，地域に開かれ，すべての若者を対象とした青少年施設の固有性である。従来，この固有性は，職員の実践のもっともコアな部分でありながら，ブラック・ボックスに包まれ，属人的な経験の積み重ねとして理解されることが多かった。第1節で見た事例のように，若者の表面的な課題だけでなくその背景も捉えながら，手を尽くして関わっていくプロセスは，定型的なものではありえない。それは，個々の職員の信念や力量によって大きく左右され，個別性が高い。しかし，個別性が高いからこそ，組織としてのマネジメントが必要であり，見えにくいものだからこそ，その中身を言語化し，社会に対してその意味や価値を説明することが必要である。それは，むずかしく言えば，組織としての説明責任（アカウンタビリティ）の問題である。

　英米のソーシャルワーク論における「エビデンスに基づく実践（Evidence-Based Practice）」の議論を初めて日本に紹介した秋山は，「今日の言説では，教育においても社会政策や社会福祉援助・支援においても，その結果（outcomes）は測定すべきことになっている」と指摘する。その上で，「人間の全体を対象とする実践科学においては，測ることの出来るものと，測ることが極めて難しい領域があることを弁えること」に注意を促しつつも，「測ることが難しいからとの理由で，実践者個々の主観に委ね，科学性の維持を没却することがあってはならない」と述べている（秋山，2011，36〜37ページ）。

　また，特に公共部門においては，その支出に見合う効果を測定する上で，数値はますます強い政治的パワーを持ち，現場にとって無視できない圧力となっている。子ども・若者支援の領域で活動してきた民間団体の多くは，子ども・若者の持つ課題の多様性，長期的支援の必要性，包括的支援の重要性などを強調し，この点に強い疑問を呈してきた（労働政策研究・研修機構編，2010／同，2011）。しかし，ほんとうの意味で数値中心主義に対峙するには，その実践の具体的な中

身をブラック・ボックスから解き放ち，効果測定の俎上に載せることが必要であろう。そうでなければ，実践の確かさを示す「証拠」が結局は数値しかないという，逆説的な事態にさえ陥りかねないのである。換言するならば，数値に解消できない成果を具体的に"見える"化し，かつそれを説得的に"見せる"化することである。

こうした社会的要請に対する組織的課題として，労働の科学性を担保するマネジメントの問題が浮上してくる。それは，自らが何者であり，自らの労働が何であるのかという，職業的アイデンティティの再構築にもつながっていく。

## 2　労働の科学性を高める

それでは，青少年施設における労働の科学性を担保する上で，どのようなことが重要だろうか。その方途は，フォーマルなしくみからノンフォーマルな習慣まで，幅ひろく構築できるだろう。

まずフォーマルには，ケース検討やスーパービジョンの制度化である。職員それぞれが，どのような対象をどのように理解したか，いかなる関わりの見通しを持っていたか，関わるために用いた資源や方法はどうであったか，結果として対象はどのように変化したのか，といった検討をもとに，実践の方法論や価値観をふり返り，議論する機会である。協会では，「ユースワーカーらしい考え方」を深める「事例研究会」が定期実施されている。月に1回，各センター，サポステ，子ども・若者支援室から1人ずつ職員を招集し，輪番制で報告者が出す記録をもとに，共同でケース検討を行なうものである。事例報告者は，主な登場人物やそれらを取り巻く人や環境の状況，自分自身の言動や感情などを記した，時系列的な記録を提出する[7]。このように，集団的な「ふり返り」が業務としてフォーマルに制度化されていることがまずは必要であるが，どのような軸や焦点のもとで事例検討を行うのかが重要である。だれに，なぜ，どのように関わったのかといったような事実記述的な言語化と，その意味づけはまったく別の問題である。「ふり返り」はいわゆる省察的学習論の系譜に属する実践であるが，力量形成のプロセスで見た場合，「ゆらぐ」ことが常に望ましいわけではない。「ふり返り」による省察的学習は，実践の基礎や土台を確立する他の研修方法とともに構成されて初めて意味を成すものである（高橋 2009）。

また，フォーマルに制度化されている「評価」も，職員たちの方法論や価値観が問われる機会として有効である。職員たちが書く事業計画書には，「目的」およ

び「目標達成を測る指標」を記載する欄がある。その指標は，参加者の主観的な「満足度」等ではなく，客観的な「状態目標」であるべきとされている。しかし，年間を通じた継続的な参加が前提となる事業もあれば，1回の数時間で完結する単発イベント型の事業もある。「状態目標」を設定すべきとはいえ，綿密に指標を組み立てるべき事業と，参加者数などを中心に簡素な指標を設定すればよい事業とを，あらかじめ精査することが必要である。これは，事業の社会的重要性や優先順位を整理して取り組むということでもある。

また，事後的に行なう評価では，何らかの数値や，アンケート等に書かれた「参加者の声」といったものに依存せざるを得ない。そのため，「実際に何が起こっていたのか」という社会過程を評価の視点に組み込む意味では，意識的なプロセス評価が必要である。

一方で，事業のように計画書・報告書や評価といったフォーマルな枠組みが存在しない，たとえば「ロビーワーク」のような日常的実践は，ともすれば日々の中でそのまま流れていき，評価の対象として忘れ去られてしまいがちである。ロビー記録を日常的につけるなど，より意識的な取り組みが求められる。

そして，労働の科学性を高めるためにもっとも重要なことは，みずからの実践を説明可能なものにするための論理を備えることである。事業の目的および指標の設定や，その実現のための具体的なプログラムのデザインは，どのような根拠に基づいているのか。同じ領域で「先進的」とされている事例に学んでいるのか，あるいは何らかの理論によって正当性が担保されているのか。そしてそもそも，今日の社会情勢や政策動向からみて，その取り組みはどれほど必要性の高いものなのか。このような「前提の問い」が，実践の妥当性を鍛えていく。また，プロセス評価や日常のロビー記録のように，具体的に何が起こっていたのかをできるだけ正確に記述することが必要となる取り組みでは，その正確性を支える視点や技法が欠かせない。たとえば，グループ・ダイナミクスの理論では，「課題達成機能」と「集団形成・維持機能」という2つの視点から人間関係が進んでいくプロセスを捉えるとともに，グループの意思決定のあり方やメンバーの行動の展開，暗黙の規範などに着目する。日々の出来事をただ観察するのではなく，整理して捉えるためには，こうした理論モデルを援用することが有効である。対人支援職にとって，理論や技法などの形式的知識を学ぶことと，経験に基づく実践的知識を積み上げていくことは，決して二者択一の世界ではない。経験を的確に意味づけ，労働の科学性を高めるためには，形式的知識への習熟は欠かせない。

次に，ノンフォーマルな習慣として大切なのは，日常的な実践コミュニティであるセンター単位での討議である。繰り返しになるが，職員は完全にひとりで働ける「自由人」ではないし，事業も個々バラバラに展開されているわけではない。先に述べた「前提の問い」を踏まえつつ，それぞれの現場で，「いま，何が，なぜ重要で，そのためにどのような手順で何に取り組むのか」という基本ストーリーが共有されていることが望ましい。また，他の関連機関との関係も含め，センターに何ができるのか，できないのかという共通認識の整理も必要である。

 それぞれの現場では，月に1〜2回，「事業ミーティング」と呼ばれる職員会議が行なわれており，各事業の進捗状況，気になる利用者，それぞれの職員が直面している悩みや課題，今後めざすべき方向性などが省みられる機会がある。また，日々の記録を介した職員同士のやりとりも行なわれている。職員同士の「なにか仕事しながらの会話」が，職員としてのあり方や若者との関わり方の話題に派生して，気づけば30分，40分と経っていることも多い。こうした討議の過程が，職員の職業的アイデンティティの構築と力量形成を支える土台として捉えられ，意識的にマネジメントされることが重要である。換言すれば，組織マネジメントの問題として，職員の力量形成に結びつく機会がいかに日常に多層的に埋め込まれているか，ということが問われなければならない。

 以上のような，「問い」と「答え」の応酬からなる集団的な討議の先に，仕事の意味や価値に関する「理念」が不断に再解釈される探究的な風土が拓かれていく。「ユースサービスの理念」とは何であり，他のアプローチや社会的機能とどう重なり，どう異なるのか。青少年施設の職員にとって「連携」がキーワードになっていることは先に述べたが，他の機関や職種との異同を意識した上で，自分たちの組織の「理念」を実践の文脈の中で具体的に彫琢していく過程に，力量形成の機会が埋め込まれている。

 そして，こうした討議が，既存の事業体系の見直しや職員の働き方といった，自分たちの労働を規定するもののあり方にも波及することによって，「労働の場」は変容していく。日常的に多様な若者と関わりつつ，この協同過程に深く参与することが，職員たちにとって職業的アイデンティティを育む土壌となるのではないだろうか。

## おわりに——力量形成を支える組織マネジメント

「労働の場」という文脈のなかで職員の力量形成を捉える際に重要なのは、生産的な評価や討議を可能にする組織的条件である。「労働の場」はフラットな「仲間集団」ではない。機能性や透明性といった視点から、評価や討議の過程がいかなる質のものであるべきかが検討されなければならない。

私たちの組織は、ジェンダー構成に加え、正規職員／非正規職員、センター職員／子ども・若者支援室やサポステの職員、協会プロパーの職員／専門相談員／退職公務員、といったように、いくつもの「分離線」が複雑に生じやすい構造を持つ。こうした「分離線」は、「私たち」「あの人たち」というような組織内対立の種として大きな影を落とす（木本、2003）。このような「分離線」を越境するのは容易なことではないが、組織のミッションや存立のあり方が問い直され、職員の職業的アイデンティティが揺らぐときにこそ、職員たちがつくってきた関係の質が問われる。それは、それぞれの立場から自分の信念やものの見方、考え方を表明し、それを闊達に議論し合える風土がいかにつくられているのかという問題でもあり、組織としての意思決定のプロセスがどのようになっているのか、という問題でもある。力量や職業的アイデンティティとは、個人で獲得するものではなく、「労働の場」のありように規定されたものであるということを、いまいちど強調しておきたいと思う。

（上原　裕介）

注

1) このような青少年施設の代表的な例として、1997年に開設された東京都杉並区の児童青少年センター「ゆう杉並」や、2003年に開設された東京都調布市の「青少年ステーションCAPS」、2002年に勤労青少年ホームから転換した横浜市青少年交流センター「ふりーふらっと野毛山」などがある。
2) サポステは2013年8月現在、全国に160ヵ所設置されている。もともと不登校・ひきこもり経験者の支援に取り組んできた実績を持つNPO法人を中心に、労働者協同組合、労働者福祉団体などが受託している。
3) ヤングジョブスポットとは、フリーター等の若者に対して、適職選択やキャリアに関する相談、職業に関する適性などの心理検査、適職発見のためのグループ活動の支援な

どを実施していた厚生労働省の若年者支援事業である。2003年から独立行政法人雇用・能力開発機構により設置が進められ，2008年3月31日に全施設が廃止された。
4)「子ども・若者支援地域協議会設置・運営指針」(内閣府政策統括官 (共生社会政策担当) 決定，2010年2月23日) による。
5) 子どもの貧困対策としての学習支援事業の概要とその実態については，別稿 (上原・繁澤，2015) を参照されたい。
6)「要保護児童対策地域協議会」とは，要保護児童 (保護者のない児童又は保護者に監護させることが不適当であると認められる児童) 又は要支援児童 (保護者の養育を支援することが特に必要と認められる児童) 及びその保護者若しくは特定妊婦 (出産後の養育について出産前において支援を行うことが特に必要と認められる妊婦) の早期発見や適切な保護又は支援を図ることを目的とする地域ネットワークである。児童福祉法第25条の2に規定されている。
7) この「事例研究会」の取り組みについては，協会職員である水野の論考 (水野，2004) を参照されたい。

## 参考文献

秋山薊二 (2011)「エビデンスに基づく実践 (EBP) からエビデンス情報に基づく実践 (EIP) へ：ソーシャルワーク (社会福祉実践) と教育実践に通底する視点から」『国立教育政策研究所紀要』Vol. 140.
石橋潔 (2006)「専門職化によって形成される専門領域と非専門領域：その理論的枠組み」『久留米大学文学部紀要：情報社会学科編』Vol. 2.
木本喜美子 (2003)『女性労働とマネジメント』勁草書房。
宮崎隆志・穴澤義晴・間宮正幸 (2008)「"ユースワーカー"の養成・研修に関する実践的研究」『マツダ財団研究報告書：青少年健全育成関係』Vol. 20.
水野篤夫 (2004)「実践をふりかえる方法としての事例研究と職員の力量形成」，日本社会教育学会編『成人の学習』東洋館出版社。
水野篤夫・遠藤保子 (2007)「実践報告：ユースサービスの方法とユースワーカー養成のプログラム開発――ユースワーカー養成に関する研究会の議論から」『立命館人間科学研究』Vol. 29.
内閣府 (2010)『ユースアドバイザー養成プログラム (改訂版)』。
大村英昭 (1994)「演じる子どもと観るおとな」『季刊子ども学』Vol. 4.
労働政策研究・研修機構 (2010)『若者の就業への移行支援と我が国の社会的企業：ヒアリング調査による現状と課題の検討』。
労働政策研究・研修機構 (2011)『「若者統合型社会的企業」の可能性と課題』。

高橋満（2009）『NPO の公共性と生涯学習のガバナンス』東信堂。
高橋満（2012）「若者の社会参加のポリティックス」『社会文化研究』Vol. 15.
上原裕介・繁澤あゆみ（2015）「教育的アプローチによる自立支援の課題――「子どもの貧困」問題を通して」，居神浩編『ノンエリートのためのキャリア教育論――適応と抵抗そして承認と参加』法律文化社。

# 社会教育職の実践コミュニティ

## 第9章　図書館司書の専門性と実践コミュニティの分断

### は じ め に

　一般的に多くの仕事には「対人」に関わる部分がある。また,「支援」という仕事の本質は「曖昧さ」「多様さ」という特徴にあり,支援はこれらの本質を大切にして初めて技術や専門性を育てることができるという（尾崎 1997, ⅰ〜ⅱ）。対人支援の仕事では,常に画一的な答えは存在しないということがその背景にある。本章で注目する図書館司書の仕事では,利用者と直接かかわるカウンター業務が,対人の場面であると想定される。ここでは,そのような図書館司書の「対人サービス」の側面に注目し,司書の専門性形成と実践コミュニティとしての職場のありようについて検討したい。

### 第1節　生涯学習社会と図書館司書

　生涯学習社会における図書館の役割は多様であり,たとえば,① 人と本・知識・情報を結び付ける,② 住民の読書施設,③ 読書をすすめるはたらきかけ,④ 地域の知的遺産の保存・活用,⑤ 生涯学習の支援などがあげられている（大串 2011, 38〜45）。司書の養成課程においても「生涯学習概論」は必修科目となっている（図書館法施行規則第1条）。図書館司書向けに書かれた『生涯学習概論』のテキストには,図書館員は「〈自分のために図書館を利用するみんな〉のために働くこと」を自らの使命と考えなければならないこと（朝比奈 2013, 4〜5）や,「学習支援者としての図書館司書」の役割には「その人（学習者）のニーズや実態に応じた,もっとも適切で魅力的な本との出会い方をプロデュースすること」があることなどが指摘されている（渡邊 2014, 5〜6）。
　図書館法において司書は「図書館の専門的事務に従事する」（第4条2項）とされている。1965年から1980年代半ばにかけて貸出サービスに力を入れられるようになり,カウンターで利用者とやりとりすることによって,よりよい選書や図書館運営をすることが司書の専門性だと考えられるようになった。1990年代後半から分類や目録作成,カウンターでの貸出サービスなどが民間会社に業務委託

されることが多くなり，司書でなくてもできると考えられるようになっていく。そのころからレファレンスサービスの能力が重要だと考えられるようになり，近年では図書館経営の能力も司書の専門的な能力の1つとして求められるようになっているといわれている（国際交流基金関西国際センター 2013, 161）。

　司書の専門性について，日本図書館協会は「利用者を知ること，資料を知ること，利用者に資料を結びつけること」をあげている（図書館員の問題調査研究委員会 1974, 107〜108）。かつては，図書館において労働者の運動を創り出す要求もなされ，本質的に図書館は民主主義の実現において両義的な存在であるがゆえの矛盾を抱えており，司書が公務員であることに起因して現代資本主義社会のしくみとの関連を捉える視点が抜け落ちてきたともいわれた（図書館労働者の会・横浜 1983, 17〜19）。しかし，公立図書館と司書の役割の明確化についてはこれまでの運動は必ずしも成功しておらず，司書職制度の確立に関してはほとんど成果を上げていない（薬袋 2001, 1）。現在の司書職制度は，制度確立を希求する動機においても，また制度の有効性においても，社会的な理解を得ることはできていないと指摘されている（渡邉 2008, 119）。司書の専門性の具体的な内容については，研究者や現場の司書からさまざまな言及がなされてきたが，本章ではそのような制度下における司書の専門性形成について検討したい。

　また，図書館は女性が多く働く職場である。図書館で働く職員の男女構成比を明確に把握できる資料は多くはないが，「平成23年度社会教育調査」によれば，公共図書館の司書の数は16,923人，司書補459人であり，司書の女性割合は87.2％，司書補86.1％である。司書の職員数に占める割合は46.7％で，専任の割合は35.5％である。社会教育調査によれば年々図書館の職員数は増加してきているが，専任の割合は減少し，女性の割合は増えている。すなわち，公共図書館で働く職員の増加分の多くは，非正規で働く女性の増加であるといえる。現職の非常勤女性職員のレポートによれば，図書館の非常勤として働くメリットは「好きな仕事ができる」こと（異動がなく，雇用年限がくるまでは図書館業務だけに専念し能力を高めることができる），「身軽である」ことであり，デメリットは「待遇が不十分」であること，昇給がなく「勤続すればするほど賃金が能力に見合わなくなり，勤労意欲を持続するのが難しく」なること，「まとまった時間を要する仕事がしづらい」ことなどである（日信 2001, 6〜8）。こういった状況を引き受けているのは多くは女性であるという図書館職場のジェンダー構造についても，司書の専門性形成の現状とともに検討したい。

## 第2節　調査の概要と分析方法

（1）調査期間：2010年12月〜2015年2月。
（2）調査対象者：司書9名，司書資格の有資格者（潜在専門職）3名。
　司書資格を取得し短期間でもその職種で働いた経験を持つ女性を選定した。司書9名の内訳は，公共図書館司書2名（正規1，非正規1），大学図書館司書5名（正規2，非正規3），男女共同参画施設ライブラリ司書1名（指定管理者の財団の短時間正職員），図書館業務受託会社社員1名（正規）である（いずれも調査当時）。このほかに，大学図書館管理職経験者，公共図書館司書（正規），図書館業務受託会社社員（正規）に対してヒアリング調査を行っている[1]。
（3）調査方法：司書としてのキャリア形成過程および司書の専門性についての半構造化インタビュー。
（4）分析方法：インタビューデータを逐語録におこし，専門性形成と職場にかかわる内容を，コーディングによりキーワードを抽出してテキストをカテゴリー化して分析した。
　以下では，上記のインタビュー分析から，司書の専門性が職場という実践コミュニティでどのように形成されているのか，また非正規化する職場での専門性を形成するしくみの揺らぎについて考察していく。なお，以下の記述の「　」内は調査対象者が実際に語った内容を逐語録から引用している。

## 第3節　職場でつくられる司書の専門性

### 1　資料・情報と利用者をつなぐこと

　図書館法によれば，図書館の重要な役割は〈一般公衆（国民）〉に資料と施設を提供することである。司書の専門性について，実際に図書館で働く司書は，自分たちの持つ「技術や知識」を「一般に還元」すること，資料や情報と利用者との「橋渡し」をしていくことと語り，直接利用者と関わる対人サービス（資料の提供）と，そのための環境整備（資料の収集，整理，保存）に司書の専門性を見出している。館種によって，どちらの業務に比重がおかれるかの違いがある。多様な利用者に対応する必要のある公共図書館では対人サービスが，利用者とのかかわりが比較

的「定型的」な大学図書館においては環境整備が、より重要視される傾向にあるようである。

## 2 対人サービスで求められる知識とスキル

司書自身は、カウンターにおける対人サービスの仕事について、〈対人援助職〉や〈学習支援者〉として自覚しているわけではない。近年ふえつつある「教育支援」や「学習支援」と分類される仕事は、司書の日常業務やルーティンワークではなく、利用者教育や地域連携事業などに属するものとして区別してとらえられることが多い。

ここではひとまず、日常的なカウンター業務における司書の仕事の実際についての語りから、具体的にどのような知識やスキルが求められるのかについて述べる。

（1）「定型的」になりつつあるカウンターでの対応

司書が利用者と接するのは、多くはカウンターであり、そこでの短いコミュニケーションから利用者のニーズを的確に把握し、迅速に対応することが求められる。レファレンスは、利用者の問いに応え、新たな資料との出会いを促す「学習支援」でもある。しかし、大学図書館では「正直な話、レファレンスってあんまりない」状況もふえ、図書資料の所在などの「探し物のお手伝い的」なことが多く、比較的「定型的」なものになりつつあるといわれる[2]。

公共図書館においても「もうほんとに簡単なレファレンス」が多くなっているが、「年配の方」からは「まだあります」といい、「ネットで調べられるらしいんだけど、分かんないみたいなことは、やっぱり来ます」という。高齢者だけではなく、「若い人」でもパソコンに触ったことがなく、「情報格差が、大学で習ったときよりもすごい激烈な形で出ている」とも感じている。インターネットを利用した情報検索を「自分でもうやれちゃう人は、図書館は多分ほとんど当てにされてないだろうな」と感じているが、そういうことに「不慣れな方」は、ネット予約を勧めても「ああ、使わないからいいですっていうのも、やっぱありますね」という。大学図書館に比べて公共図書館は「まだまだブック」ともいわれるが、利用者である地域住民の多様性のなかで、「情報格差」を踏まえた対応も求められている。

## (2) 所蔵資料についての知識

　カウンターで求められる知識として必要とされる内容は，図書館の館種やそれぞれの職場によっても大きく異なっている。カウンターで最も頻繁に求められるのは図書の所在を的確に，迅速に伝えることであり，そのことに付随する力量が基本的に求められている。公共図書館司書によれば，かつては 7,8 万冊の蔵書であれば，リクエストされた図書の所蔵の有無や配架場所が即座にわかっていなければならないという人もいたという。

　分類法や書架の配置を把握できていなければ，利用者が求める図書のある場所を正確かつ迅速に案内することができない。分類法は，司書資格取得のための学習もそれなりには「役に立つ」が，実質的には「役に立たない」ことも多い。分類法やそれに基づく書架の配置もそれぞれの職場で独自のものを採用している場合も多く[3]，実際に職場に入ってから，自館の所蔵資料やデータベースについて把握していく。こういった知識を身につけるには，「本に触る」，「棚に触る」ということがまず重要であり，OJT でカウンターでの対応や配架作業を繰り返しながら「皮膚感覚として」身につけていく。

## (3) テクニカルスキルとノンテクニカルスキル

　カウンターで求められるスキルについていえば，司書としての業務に直結した専門知識や技量である「テクニカルな」スキルとノンテクニカルなスキル[4]がある。カウンター業務における「チームワーク」の重要性が指摘されており，そのなかでカウンターで起こったことをつたえていく「引継ぎ」の重要性や利用者からのリクエストを共有するしくみについて語られている。

　利用者からの「あるはずの本」がないという訴えを例にしていえば，その本を見つけるためにはさまざまなテクニカルなスキルが求められる。実際の図書館での本の動き，利用者の動きを熟知し，その本がある場所の可能性を探っていくのは，司書としての「テクニック」，「長年の経験」で培われたスキルによるところが大きい。その本をどこまで探すかということや，その状況を利用者にどう説明するのか，「利用者が敏感」なことにどう応対するのか，それらの全体にかかわる「チームワーク」などは，どちらかというと，司書としてのノンテクニカルなスキルによるものでもある。こういった日常業務における「チームワーク」を基盤にして，〈集団としての専門性〉が発揮できる職場がつくられていく。

### (4) 利用者について知る

　司書の専門性の1つともされる「利用者を知ること」は，利用者との日常的な関わりの経験をつむことで身につけられていく。

　男女共同参画施設の情報ライブラリで働く司書は，カウンター業務を担当するようになり，「お客さんからいろいろいわれることで，ああこういうこともしとかなあかんのやっていうようなものに気づかされた」という。カウンター業務を担当することで見えるようになる「その人の動きとか，どんなニーズがあるかとか，そういうのつかんで」仕事に反映させていく。また，「接客態度」や「言葉かけのしかた」についても，「一度こっぴどく，あのクレーマーなお客さんにぶち当たったことがあって，えらいめにあったりしてて，だからあの，丁寧に慎重に接客しなきゃ駄目だなぁとかっていうふうなことを学んだりとか」といい，自らの経験のなかから対人サービスの方法を身につけていったことを語っている。

　日常のカウンターでいかに利用者のニーズを把握するかということは司書の力量であるが，利用者との関わりが「定型的」になりつつある現状では，カウンターで経験できることにも限界がある。カウンターだけでは把握しきれないニーズについて把握するさまざまな活動も行われている。ある大学図書館では，学習環境に関するニーズを把握するためにも学生アンケートや教員ヒアリングを実施した経験から，カウンターで接することだけではわからなかったニーズを把握することができたことが語られている。

### 3　対人サービスの特性をどう身につけるか

#### (1) 利用者のための「切りがない」仕事

　カウンターでのサービス業務は利用者への対応をするという性質上，図書の整理業務などに比べて「自分の段取り」ではなく，人によって「どこまでサービスするかっていう加減」も違い，業務に「切りがない」ともいわれる。

　たとえば，前述のような「あるはずの本」がないという事態に対してどのようにふるまうか。本がないのは「ちゃんと管理ができてない」自分たちの責任であり，図書を提供できない状況は正しく「サービスの低下」であると考えて対応するかどうか，また，どこまで図書を探すのかについても「別にラインがない」なかで，その図書ばかり探していては「ほかのことができなくなる」という問題もある。そういった本を「みんなで手分け」してようやく見つけて利用者に提供することができれば「ああ，よかったってな」という気持ちになるという。彼女たちの仕

事は「自分たちのため」でなく「利用者のためにやってる」ことが基本の「切りがない」仕事であり、どこまでと明確な制限のない場面で，司書としての「ボランティア的要素」が求められるという。そういった要素は個人では「でこぼこ」があるが，職場の「チームワーク」により〈集団としての専門性〉が発揮される。個人は職場でそのような経験をつみかさねることにより，求められる役割にどこまで応答すべきなのかを学んでいく。

（2）「それ以外」の仕事の曖昧さ

近年増加している図書館における委託や派遣について，「決められたことしかやってもらえない」という問題が語られている。業務を委託する際には，業務を「切り分け」ていく必要がある。しかし，図書館の対人サービスには，「ボランティアの要素が多分に含まれている」ため，「ここまでが仕事」という区切りのないものを，「無理やりこう，線引きをするような」状況は，図書館における「サービスの低下以外にない」という。図書館のサービスにおける業務内容には，「決まっていること」だけでなく，「それ以外」のことが含まれ，特に「対人」の場面では日常的に「それ以外」の「いろんなことが発生する」ため，それに一つ一つ対応していかねばならない。図書館のサービスは，「ここまでって決めてやるような仕事じゃない」のであり，そのような決まりきった仕事以外の「曖昧さ」にうまく対応していくスキルが現場で求められる司書としての力量といえよう。

このような司書の仕事に求められる「ボランティア的要素」や，決められた仕事以外の「曖昧さ」を職場で経験していくなかで，多様な状況に臨機応変な対応ができる柔軟性をそなえた司書としての力量が形成されていく。

（3）「カウンセリングマインド」と「タフ」な接客スキル

男女共同参画施設のライブラリで働く司書は，カウンター業務においては「カウンセリングマインド」が重要であり，「相手に共感を示しながら」対応する必要があるという。大学図書館などにくらべると，「いろんな人が来る」ため，「全然見当違いのことをふられたりしても，それは困るという，大変ですねみたいなのを1ついれて，で，それはうちとは関係ないんですけれども，例えばこういうところが余所にはありますよって紹介したりっていうような」対応も必要になる。そういった対応をするためには，接遇ともいえるスキルや紹介先についての知識が求められる。

公共図書館においては，利用者からの要求が「厳しく」なり，「お客さんが難しい」こと，物流の作業量の増大（ネット予約などによる）などにより，業務は「肉体労働と感情労働」になりつつあるともいわれる。公共図書館はその「敷居の低さ」から「いろんな人」が来るという環境のなかで，カウンターでは「専門性うんぬん」よりも「接客スキル」がまず求められるという。クレームや投書の増加，利用者の「マナー」の悪化により窓口はかなり「疲弊」しており，「どうしようもないこと」が「やっぱり多い」という状況がある。それゆえ，職場の人員削減とあいまって「専門性の部分以前に，ある程度タフじゃないと」，「本が好き，図書館で働きたい」というだけでは「あまりもたない」という職場環境になってしまっている。

### 4　司書の専門性の中核はなにか

#### （1）「システムに強い」ことは司書の専門性か

最近の図書館では，所蔵資料検索や情報検索にかかわるシステムが重要な位置を占めている。しかしその導入や改変にあたっては，必ずしも現場の司書の意見は十分反映されているとはいえないようである。

公共図書館でパートとして働く女性は，職場でシステムが変わったとき「館長も，現場の人は口出ししないで，入ったのをそのまま使ってくださいというような感じだった」という。図書館として「こういうふうにしてほしい」ということを「SEさんに話ができる人って，なんかあんまりいない」ことと，彼女自身がパートであるため「要望を上げても，通じないというか，温度差みたいなものがどうしてもやっぱりある」という。

公共図書館の正規職員は，「今，専門職としてって考えると，システムなんですけどもね」といい，図書館での情報システムをいかに構築していくかに関わることができるようになり，「調達するにも業者さんと話し合えるぐらいのシステムに対する知識が必要」と考えている。システムに精通する人材は少ないことから，システムに関する能力が「私の能力としては，いるなと思っています」という。

彼女の尊敬する上司で，児童サービスに関して「ものすごい知識と調整能力を持」ち，退職後も「ボランティアで読み聞かせ」をしている女性がいるが，このような「お好きで，知識もあってみたいな方」こそが「専門職だなと思う」と彼女はいう。その上司とはキャリアも「立場」も異なる彼女は，システムに関することについて必要性を感じつつも「でもそれは専門性ではないなって思って」いる。しかし，「そういう専門的な人の気持ちが分かる人が，こういうところにおること

も大事なので」と考えているが,「だとすると私に,私が高めていかないといけない専門性というのは,司書の専門性じゃなくなってくるんですよ」という。
　図書館のおかれる社会状況の変化によって,司書に求められる能力は変化している。従来的に司書の専門性であるととらえられてきたものを見直し,新たに位置づけていくことが求められている。

　（2）「調整能力」は司書の専門性ではないのか
　公共図書館には「一般・児童・郷土（地域）」の3領域があり,「主に一般畑を歩いてきた」という司書は,3領域のなかで「郷土資料とかだと,結構学芸員みたいな感じになってくる」ため,「それはそれですごく専門性が高いなと思う」のだが,彼女がキャリアをつんできた「一般担当ってなると,専門性がすごい曖昧」であるという。彼女は現在「係長」となり,役職が上がったことによって求められる能力が「専門職としての能力ではなくて,行政職としての能力だったりする」という。
　具体的には,「ボランティアさんと共同して作業しよう」,「スキルの高い市民の方と一緒に事業をしていきましょう」というような場面での「調整能力」や,「委託とか,アルバイトさんとかのマネジメント能力」などである。彼女にとっては,「自分の管理,自分がやることでっていうのではなくて」,そういった調整能力が求められる職場の立ち位置のなかで,「ただそれは,図書館の専門職としてのものなのか」と思ってしまうようなところがあるという。「専門職として」ということを問われると,「それは仕事をする上で誰もが必要なものだよな」と感じ,「行政の人も同じかなって思ったりはしますね」という。
　こういった調整能力やマネジメント能力は,社会教育職員としては必須で求められるものであるが,図書館司書自身は,そのような感覚をあまりもっていない。司書の専門性の本質は,そういった内容ではなく,図書館資料や情報についての知識を基盤として,その図書館資料や情報を介していかに利用者と関わるかということと理解されている。それゆえ,資料や情報を介さない「人とかかわる」内容については,本来的な司書の専門性ではないという感覚をもつのではないか。司書の養成課程において必修の「生涯学習概論」も,司書の具体的な業務内容との関わりで捉えられることは少ないようである。

## 第4節　非正規化する職場で専門職を育てるしくみとその揺らぎ

### 1　司書職正規採用のキャリア形成のしくみ

　もともと，自治体で正規の司書職採用を行っているところは多くない。それでも，司書職採用が行われてきた職場には，採用された人を専門職に育てていくしくみがあった。採用された人は，「順番に，平のときに担当を持って，いろんな仕事」をやり，そのなかで「自分の専門職のなかの専門性（児童サービス，地域資料など）を身につけながら，主査になり，係長にな」っていく。その過程で「自分の後輩が入って」きて，「後輩」を育てていく経験をしながら地位も「上がっていく」というキャリア形成をしていくという。

### 2　OJT で人を育てるしくみ

　前述したような司書に求められる知識やスキルの習得は，職場での OJT によることが多い。自分で「本を触り」，「棚を触り」，利用者と関わり，さまざまなことを「先輩」から「教えてもらう」ことで仕事のしかたを身につけていく。30代の正規職員の司書は，自分がどうやって仕事のしかたを身につけたかについて，「人，いわゆる OJT ですね」といい，「やりながらずっと教えてもらってたという気はしますね」という。彼女の入職当時は，カウンターで「もうほんとにその場で教わる。何かあったらすぐ呼んで，みたいな感じでした」という。つまり，「何かあったとき」に対応できる人がそばにいて，「すぐ訊ける」体制が職場にあることが，OJT で人を育てていく大前提として必要である。

### 3　職員の減少や委託化による OJT で人を育てるしくみの揺らぎ

　公共図書館で新人教育を担当する司書は，新人には「棚を触りなさい」「本を触りなさい」と伝え，利用者に言われて本を探す時も「コンピューターに張り付いていろいろ探すんじゃなくて，まず本を触りなさい，見に行きなさいからなんです」という。貸出や返却をふくめた単純作業と思われるところも，「でもやっぱりその辺を，ずっとそういうのを2, 3年やっぱりやっとかないと，うまく育たないよみたいなのは，今はすごく思います」という。彼女自身が新人のときは，「みんなが寄ってたかって教えてくれる感じだったんですけど，やっぱり寄ってたかって教

えるような暇がなくなってきたというのもある」といい，彼女の職場では，「やはり正職員が減ったことによって，単純作業的なことが実際できなくなってきた」という。カウンターでの単純作業と思われることも，「新人のときってそういうの，やっぱりやらな」ければならず，「そんなのも無駄かっちゅうと，やっぱり無駄じゃないよなってまだ思っているんですけども」という。現在の職場は，委託やアルバイトがそのような「単純作業」や「下仕事」とされる業務を担うようになり，新規採用の正規職員がする機会が少なくなっている。新採1年目でいきなり選書をする人も出てきているが，「（新人の）彼女が育つのは大変やろうなってすごい思います」という。彼女は新人教育に関わるようになって，「今の状況に合わせた育ち方」があるばずだが，自分自身はそう育ってきたわけではないので，「どうしたらいいのかっていうのが見えない」という。

### 4 研修の機会の保障はなされているか

　司書の職務に求められる知識とスキルをいかに発展させていくかについては，OJTだけでなく，研修も重要である[5]。正規の司書職採用がなされている公共図書館では，多くの研修機会があって「勉強とかは割としやすい」環境があり，「長い研修制度」のような「交換職員制度」によって「いろんなことやらして」もらい「よく勉強させてもらった」という。研修制度としては，機会の数だけでなく，職場で研修に参加するための配慮があるかどうか（旅費の予算化，職員配置など）の問題もあり，地域差もかなり大きい。

　研修で得た知識は，職場に持ち帰って共有できるような体制もとられている。研修内容を職場の「共有ホルダーにいれて，いつでも見れる」ようにしたり，報告会を行うなどである。ある委託会社では，担当業務と関連した研修制度を確立しており，受けてきた研修の内容は，「レポートを書いて回し読み」をしたり，「ほかの人へのレクチャーの機会」を設けるなどして学んだ内容を個人にとどめておかず，「吐き出せ」といっているという。研修で得た知識やスキルを個人だけのものとせず，「ノウハウを集団で情報共有する」しくみが意識的につくられている。

　非正規の場合は，職場によって状況は異なるが正規に比べて研修機会は不十分である。あるパート司書は「（有資格ではない正規の）職員さんが選んで来る話しか来ないんですね。ほかにどういう研修があるとかも全然わかんないし，そういう情報は一切おりてこない」といい，自主的にいくつかの団体に加入している。自分の業務に直結するものだけではく，興味関心に基づいて自主的に参加するこ

とができる「勉強会」や「研究会」は多様にある。「やっぱり身銭を切らないと知識はつかない」ともいわれ，自主的に参加する学習の重要性も指摘されている。しかし，研修が組み込まれていない職場においては，司書の専門性の向上や維持が個人の責任に委ねられてしまう弊害もある。非正規の労働条件の低さから「ダブルワーク」せざるを得ず，そのために多くの時間を使うため，自らの専門性を高めるような研修に自分の自由時間を削って参加する余裕がなくなっている人もいる。彼女の職場には，職場から勤務時間内に職員を研修に出す余裕はなかった。こうした現実は，司書の専門性を維持するためのこれまでのしくみが崩れつつあることを示している。

## 5　正規の司書は専門性を確立してきたのかという問い

公務員としての図書館員を専門職として位置づける運動は結局失敗したという指摘がある（根本 2011，123 ～ 128）。入職するとき以外に競争にさらされない職場では，新しい業務を開拓するような意欲は湧きにくく，公共的なサービスに従事しているという職業倫理以外に，工夫したり研究したりといったことへのインセンティブが起こりにくいという。今回のインタビューでも，同様ことは指摘されている。

自治体によって「司書採用がないところと，司書採用があるところ」で，どれだけ「サービスが違って」いるかを考えると，明確な違いがあるとはいえない。アウトソースが入って，「ある程度ちゃんとした会社が運営したら，よっぽどその方がサービスがようなってる図書館ってのは，いっぱいある」という。利用者からみて「非正規であろうが，正規であろうが，ちゃんとした知識を持った，よい図書館員がよいサービスをしてくれたら，よい図書館」であって，必ずしも正規職員の司書が「よいサービス」を形成し，確立してきたとは評価できない現状がある。とはいうものの，現在の図書館職場で進む非正規化は，専門性を高めようとする動きにつながるとは思えない現状にある。

## 6　非正規化が職場にもたらしたもの

（1）　職務分担・権限の違いによる専門性形成の制限

職場で正規の職員が減り，非正規が増加していくなかで，カウンターに出たり図書の整理をしたりという司書の専門的な仕事は非正規の職員が行い，正規職員は管理職ではなくても「管理的な仕事」や「会計」を分担するという職場の状況

が増えている。正規職の司書は自分は「専門的な仕事をしていない」という思いを抱えている場合もある。

　非正規として働く司書は，正規の仕事の負担を増やすような提案や行動はあまりしていない。嘱託職員として働いていた潜在司書は，働きはじめた当初は「カウンターに座れるだけでうれしかった」というが，そのうちに「ほんとに面白いことやれるのは正職員じゃないと無理なんだなとは思った」と語り，「ちょっと力入れたいな」「こうやったらおもしろいね」という提案をもっていても，その提案を「形にはしていけない立場だから」，「(正規の)負担になってもあれだし」として，実際には「言わないね」と語っている。自分の立場を理解し，正規の負担になることを懸念（職場はぎりぎりの人数で運営されており，余裕がない）しての判断によるものである。非正規として働きながらそれなりに力量を形成してもその発揮が雇用形態から生まれる配慮によって阻まれてしまう。

　ある委託会社の社員は，図書館の管理運営ができるスタッフの育成について，「15年非常勤だった人とか，20年嘱託だったっていう人を採用して，(管理職として)なんにもできないなと思うときがあります」という。非正規として「今与えられてる範囲の中で，1対1の利用者サービスで自分が最上と思うことができる」ことで「満足してしまう人」や，「いわれた仕事をずーっとやってきた人には，うちで責任者は多分できないです」という。権限や裁量が限られた非正規として誠実に職務を積み重ねることは，より広い視野や視点をもって図書館運営を担う管理職になることには必ずしもうまく接続しないようである。

（2）　権限や時間の制限による専門性発揮の妨げ（専門性を非正規が支える職場）

　ある地方都市の公共図書館では，正規職員は司書資格なしの3人（館長・副館長・職員）であり，数年で異動してしまう。司書資格が応募条件になっているパート15人で職場をまわしており，時給，勤務日，勤務時間などの雇用条件が厳しく[6]，「それでもまあいいです」という人が来るためパートには「熱心」な人が多い。パートは勤務時間が限られ「残業は絶対できない」ため，18時に閉館して18時15分に帰宅しなければならず，毎日「忙しい」。時間的な制約だけでなく，権限にも制限があり，「決済取るようなレベルの仕事はやっぱりできない」という。たとえば，学校への団体貸出を担当していたとき，学校に直接聞きたいことがあっても「自分ではどうしてもコンタクト取れない」といい，「そういうチャンネル」

がなく,「職員さんを通じて」,「お願いしてやった」という。

職場の雰囲気も「館長の方針によってもまた全然違う」ことがある。「ノータッチ」な人もいれば「ものすごくがっちり管理するタイプの人」もいる。彼女が入職した当初は,朝礼でパートが「この間ちょっとトラブルがあった方がいて,今日いらっしゃるので,対応はちょっと気をつけてください」,「あそこの配置を変えたので,ちょっと見といてください」といったことを伝えていたが,3年ほど「がちがちな館長が続いたこと」があり,「それからはもう,ほとんど朝礼でも言わな」くなってしまった。「パートの人からそんなこと言うなんてとんでもないみたいなことが,空気があって,向こうの方に。あなたたち,パートのくせに何言ってるのみたいなのがあったので,もうそれからはほんとになくなってしまっ」たという。正規の職員の「タイプ」によって,「やっぱりすごく,断絶が厳しい」という。

(3) 求められる「たくましさ」と「継続してもらう」しくみ(アウトソースの職場)

非正規化により,正規採用が少なくなり,非正規のためなかなかキャリアが積めない,あるいはキャリアに見合った労働条件を得られないという状況は,現在も多くの職場でみられる。しかし,それは「直営の時代の話」ともいわれ,業務委託が進むなかで,新しいキャリア形成のルートもできつつあるという。異業種からの参入も増加している委託会社によっては,スタッフの面倒を見る時間もない「自転車操業」の状態のため,スタッフへの十分な指導もできず,基本的には多くのスタッフは「使い捨て」であり「よく辞める」という。しかし委託会社の非正規で「残ってちゃんとやれてる人」は「たくましい」。委託化が進む中で,「非正規のスペシャリストみたいな人」が出てきており,委託会社を渡り歩くなど「自分のスキルと実力があったら食いっぱぐれない」ともいわれはじめている。アウトソースの職場では「たくましさ」や「スキルと実力」を自らの力で身につけていくことが求められる。一方で,いかに職場に定着して働いてもらうことができるかは大きな課題である。

ある図書館業務受託会社では,正社員は図書館業務の実務から離れ,図書館の管理運営の統括,スタッフの管理などの業務を担う。実際に図書館現場で働き実務を担当しているのは非正規の社員(1年更新の契約社員,時給の契約スタッフなど)である。この会社では,司書養成課程をもつ大学からの要請を受け,会社説明会を行うこともあるという。新卒での正規職への就職が極めて困難な現状で,

委託会社の非正規社員が1つの選択肢となり，司書の資格を生かした就職が可能な職場として定着しつつあるようにも思われる。もちろん，中途入社も多い。この会社では，スタッフが担当する業務と関連した研修制度[7]を設けており，そこで「スタッフのモチベーション」をつくり，会社への帰属意識も高めたいと考えている。「自分は時給950円のスタッフ」に過ぎないと考えるのではなく，けっして高くない処遇であっても「働いててよかったと思いながら継続してもら」う，これからのステップアップにつながる見通しをもたせるためのしくみとして研修制度は不可欠であるという。

## 7　職場の非正規化とジェンダー

### （1）　女性はいかに「適応」し，「折り合い」をつけるか

　図書館職場におけるジェンダー構造は，職場が非正規化していることと強く関係している。今の職場の状況は，多くの参入希望者に「図書館で働くこと」と引き換えに，労働条件がよくないこと（収入の低さ，生活の不安定さ）を甘受することをしいている。図書館で働く女性が多いのは，女性のほうがその状況を受け入れてしまいがちな状況に置かれているからともいえる。そもそも，前述のある地方都市の公共図書館のパートのように予め「夫の扶養の範囲内」の収入で「経済的な条件をクリア」した人の職場として図書館が想定されてしまうのは，そういった低い労働条件でも「来る人がいる」という状況があるからである。これは，女性が非正規雇用に誘導されるプロセスとして指摘される〈強制された自発性（そうせざるをえないような状況下で，人が一応は自発的に選ぶという形で状況適応的に物事を決定すること）〉にほかならず，女性はそのように「選ばされている」のである（熊沢2007，116～128）。

　非正規で働く女性の多くは，非正規であることに決して満足しているわけではないが，「非正規しかない」という状況のなかで，「図書館で働く」ことにこだわるのならば，避けてとおれない選択として入職している。こうした入職過程を経験することで，彼女たちの労働条件面に対する要求は予め抑制されてしまう。非正規で働く彼女たちが語る職場の状況はまさに〈やりがいの搾取〉ともいえ（本田2007，116～119），経験を積み，スキルを磨いても変わらぬ労働条件で「専門職なのに非正規」という矛盾に対して，「高い志を持って，貧乏に耐えられるかどうか」向き合わざるを得ない。向き合った結果，司書の職場を去る人も多く，そういった経験をつみ重ねる彼女たちの意識は一様ではない。矛盾した立場に「適応」

するための「折り合いをつける」方法は多様である。

　長く非常勤として働いてきた既婚者の司書は，要求しても得られないということがわかってしまっている状況のなかで，そういった要求について「あんまり考えないようにしてたかな」という。「考えずに，自分自身の働き方を完結すればいいんだっていう，やっぱり自己満足かな」といいながら，「それの方が，自分自身の精神的なストレスはないし，働いてるっていう意欲的に働けるし。やっぱり自分のテンション下げたくないもんね」という。そのように「割り切る」ことは，日々のやる気を保つために必要不可欠である。

（2）「非正規で長く働く」ことを支えるしくみ

　男女共同参画施設の情報ライブラリで働く司書は，指定管理を受けている財団の短時間正職員であり，「ダブルワーク」も行っている。彼女は仕事に対して「現状維持の基本スタンス」できたが，職場の状況から「主任」となり，「下っ端の仕事」だけでなく管理的な仕事もしなくてはならず，ジレンマとストレスを抱えている。しかし，「配偶者がいて養ってくれるわけでもないから，独りで生きていかなきゃいけないし，食ってくってことを考えたときに」，「下っ端仕事でいいんだって，それが楽だから」というままではなく，「そういうことを意識して自分で動かないと，あんまり先が見えないかなって思ったりする」という。彼女は，今後の自分のキャリアについて，「華々しい未来は描きにくい」といい，「最悪コースを考えたときに，最悪の中で，よりましな結果になるように何ができるかみたいなこと」を考えているという。たとえば，所属する財団が指定管理を取れなかったときにどうするか，そういうときに「評価してもらえるようなものを自分が身につけるっていうことって，何だろうって考えてたりする」という。

　非正規で長く働いてきた人にとって，これまで正規職員が経験してきたようなキャリア形成過程を経験していくことはもはや想定できない。自分の置かれた状況のなかで「生き残って」いくために，自分の能力やその価値を客観的に考えざるを得なくなっている。そんな中で，自分の将来のために個人でできることは，「潰しがきくようにしとく」ことであり，今現在切実に求めているのは，今の自分の「やる気をスポイルされないしくみ」であると彼女はいう。そのためには，働きつづける中で「ある程度やりがいを感じたときにキャリア展開が描ける」ことが求められている。スキルやキャリアに関して「ステップアップしていくようなルート」を示したり「キャリア相談」を受ける機会を設けたりするなどして，「非正規で長

く働く」ことについて,「ある程度モチベーションを持って,展望を持っていけるしくみ」が求められている。

雇用条件の違いにより分析された職場での人間関係のむつかしさはインタビューで多く語られたが,〈集団としての専門性〉の発揮を求められる職場において,いかに非正規で働く人の「やる気をスポイル」しないで,その実現が図られるかが実践コミュニティとしての職場において重要になっている。

## まとめ

司書の「資料・情報と人をつなぐ」という専門性に求められる力量は,職場での多様な経験を積み重ねることで形成されていく。対人サービスにおける〈集団としての専門性〉の発揮のためには,「チームワークをよくする」ための日常的な職場の営みがあり,そのような職場での経験をもとに対人に関わる「曖昧さ」に対応できる多様な力量が形成される。司書自身は必ずしも〈学習支援者〉としての自覚を強くもっているわけではないが,それは,司書の専門性が図書館資料や情報についての知識を基盤としていることと関連している。〈学習支援者〉として,資料や情報を介して人がどう学習し変化していくのかをみていく力量の形成は,司書の専門性のありかたそのものに内包される課題といえるかもしれない。

非正規化が進む図書館の職場についての語りは,労働者に保障されるべき労働による生活保障の喪失,そして職場における人を育てるしくみの揺らぎ,対人に関わる「曖昧さ」に対応できる力量形成の困難,それによる〈集団としての専門性〉の発揮や維持のむつかしさなどの現実を如実に示している。非正規で働く人は,自分のよりどころは「自分の好きな仕事をしている」という誇りであるという。司書にとって最も大きな課題は,その誇りを支えるしくみをもつ職場,いかに「やる気をスポイルされない」で専門性を発揮し維持できる職場をつくっていくかということであろう。

また,社会における図書館について考えてみると,司書の仕事の公共性は社会的に認識されているとはいいがたい。司書自身も,司書の仕事を「そんなに求めてる人いないんじゃない」といわれ,いい返せなかったという経験を語っている。司書は「現場を好む」といわれ,「プレイヤーとしてのスペシャリスト」を志向する人が多い。図書館をとりまく社会的状況を鑑みて現状を憂う人からは,そのこと自体への危惧も語られている。

司書が，より広い意味での〈学習支援者〉となるためには，専門職としてのアイデンティティを形成できるような実践コミュニティを職場でつくり，利用者だけでなく〈一般公衆〉を対象にするような生涯学習社会における図書館の役割を展望できる専門性を形成する必要があろう。たとえば，公共図書館で語られた「お客さんの難しさ」をどのように引き受けていくのか。「敷居の低さ」を強みにした新たな社会的役割の模索（ホームレス支援への接続や不登校の子どもの居場所としての取り組みなど）も行われている。専門職として，自分たちで専門性をつくっていく営み，社会に自分たちの仕事の専門性を提示していく役割を自認し，その実現をめざす活動をさまざまなかたちで組織できる職場（実践コミュニティ）をいかにつくるかは大きな課題でありつづけている。

（廣森　直子）

注

1 ）本調査は，科研費（若手B）（研究課題名：女性専門職のキャリア形成に関する実証的研究）および，青森県立保健大学チャレンジ研究費（研究課題名：女性専門職のキャリア形成と生涯学習にかかわる研究）を得て行った調査である。本書のテーマである対人援助職の力量形成を目的に行ったものではないため，限界がある。調査の詳細については『女性専門職のキャリア形成に関する実証的研究——司書と栄養士を事例として——（平成23年度〜平成26年度科学研究費助成事業（若手B）成果報告書）』2015年3月を参照されたい。
2 ）そういった対応を現場では「クイックレファレンス」ということもあり，そこでカウンセリング的な対応をすることで利用者がなぜその資料を必要としているかという背景を聞き出し，新たな情報を提供して「利用者を育てる」ことが，利用される図書館になるために必要であるということも指摘されている。
3 ）たとえば，男女共同参画施設併設のライブラリなどでは，ドメスティックバイオレンスに関する図書を1つに固めて分類，配架している場合もあれば，いわゆるNDC分類にそってドメスティックバイオレンスにかかわるものでも法律のところであったり家族問題のところに分類されていたりする場合もある。
4 ）ノンテクニカルスキルは認知的，社会的スキルであり，状況認識，意思決定，コミュニケーション，チームワーク，リーダーシップ，ストレスマネジメント，疲労への対応が含まれるとされる（ローナ・フィリンほか，2012，1〜4）。
5 ）「平成23年度社会教育調査」によれば，図書館の職員研修の実施施設数の割合は87.1％であり（ただし複数回答），公民館56.0％，博物館54.1％に比べると高い。

6）時給は900円以下，交通費支給200円まで，土日勤務あり，休日出勤手当なし，18：15までの勤務時間，月12日（夫の扶養の範囲内）と月15日，1年更新。この条件では，遠くからは通勤できず，子育て中の人には厳しい勤務時間であり，公募をだしても応募は少ない。業務委託の話は何度も出ているが，試算しても直営のほうが「安い」という。

7）会社負担の研修は，すべて業務と明確に関連づいたものであり，本人の希望だけではなく，本人のレベルや能力を上司が判断して受講を決める。

## 参考文献

朝比奈大作（2013）『図書館員のための生涯学習概論（JLA図書館情報学テキストシリーズ」別巻）』日本図書館協会。

日信葉子（2001）「「専門」非常勤制度という矛盾の中で」『ず・ぽん』ポット出版，4〜15ページ。

本田由紀（2007）「〈やりがい〉の搾取——拡大する新たな「働き過ぎ」」『世界』762，109〜119ページ。

国際交流基金関西国際センター編（2013）『図書館のしごと——よりよい利用をサポートするために』読書工房。

熊沢誠（2007）『格差社会ニッポンで働くということ——雇用と労働のゆくえをみつめて』岩波書店。

薬袋秀樹（2001）『図書館運動は何を残したか——図書館員の専門性』勁草書房。

根本彰（2011）『理想の図書館とは何か——知の公共性をめぐって』ミネルヴァ書房。

大串夏身（2011）『これからの図書館・増補版——21世紀・知恵創造の基盤組織』青弓社。

尾崎新（1997）『対人援助の技法——「曖昧さ」から「柔軟さ・自由さ」へ』誠信書房。

ローナ・フィリンほか（2012）『現場安全の技術——ノンテクニカルスキル・ガイドブック』海文堂。

図書館員の問題調査研究委員会（1974）「図書館員の専門性とは何か（最終報告）」，『図書館雑誌』68（3），104〜111ページ。

図書館労働者の会・横浜（1983）『図書館運動の新たな原理を求めて』せきた書房。

渡邉斉志（2008）「司書職制度の限界」田村俊作・小川俊彦編著『図書館の現場——公共図書館の論点整理』勁草書房，84〜125ページ。

渡邊洋子編著・前平泰志監修（2014）『講座・図書館情報学 ① 生涯学習概論——知識基盤社会で学ぶ・学びを支える』ミネルヴァ書房。

# 第 10 章　博物館職員の専門性と力量形成

## はじめに

　博物館は，様々な活動を通じて教育，学術，文化の発展に寄与してきたが，今日，人々の学習要求の多様化・高度化や社会の進展・変化に対応し，さらに積極的な役割を果たすことが期待されている。今日の博物館が担うべき機能は，生涯学習社会への移行を遂げていく中で，博物館法が制定された半世紀前とは大きく変化しており，とりわけ人材育成や専門能力の開発が早急に解決すべき課題となっている。

　たとえば，2009年に「これからの博物館の在り方に関する検討協力者会議」から出された報告の中に，大学における学芸員養成科目の改善について触れられている部分がある。その中には，博物館経営の評価，博物館と大学機関との連携，展示の評価と改善・更新，博物館教育の双方向性，博物館の利用実態と利用者の博物館体験の把握，博物館活動の情報データ化，実務実習といった項目が挙げられており，情報と経営についてより発展，充実させようとする意図があるばかりでなく，市民を重視する博物館の社会的使命と役割や連携に重点が置かれていることがわかる。その一方で，そもそも現代のニーズに応じた高度な専門性や，グローバルスタンダードを満たす専門性の水準とは何なのかという点に関して，博物館に関係するすべての人が広く同じ課題意識をもち追究しているわけではない。

　本章では，学芸員養成の現状と課題，そして，専門職員の中でも対人支援を中心的な業務とする教育担当職員の専門性形成の概要を紹介する。これは，博物館専門職員の専門性やその力量形成のあり方を探究するものであり，「学芸員の専門性とは何か」「その力量形成はどうあったらいいのか」といった基本的な問いに対し，回答を試みるものである。

## 第1節　学芸員養成の現状と課題

### 1　博物館と学芸員

　博物館とは，博物館法第2条の定義によれば，「歴史，芸術，民俗，産業，自然科学等に関する資料を収集し，保管（育成を含む）し，展示して教育的配慮の下に一般公衆の利用に供し，その教養，調査研究，レクリエーション等に資するために必要な事業を行い，あわせてこれらの資料に関する調査研究をすることを目的とする機関」である。また，博物館は，美術館，科学館，資料館，郷土館，動物園，水族館等などの総称であり，その数は，平成23年10月現在，登録博物館は913館，博物館相当施設，博物館類似施設を合わせると全体で5,747館と微増傾向にある[1]。このことは，図書館や公民館などとともに，人びとの学習活動を支援する社会教育施設として，博物館が重要な役割を果たす可能性を示すものだと考えられる。

　このなかで，学芸員とは，博物館資料の収集，保管，展示及び調査研究その他これと関連する事業を行う博物館法に定められた，博物館におかれる専門的職員であり，登録博物館には，博物館法第4条3項，および4項に規定される学芸員を置くことが義務付けられている。これは，専門性を有する学芸員が，博物館にとって重要な人的資源であることを端的に表している。ゆえに，学芸員資格は国家資格として，資格要件が法律上に明確に定められており，平成23年度10月現在では，全国の登録博物館には3,304人，博物館相当施設には1,092人，博物館類似施設には2,897人の学芸員が配置されている[2]。

　学芸員資格を得るには，大学での養成科目の履修，試験認定，無試験認定，講習による資格取得といった方法があるが，この中で大学において養成科目を履修する者が有資格者のほとんどを占めている[3]。大学で修得すべき博物館に関する科目はこれまで，8科目12単位であったが，他の社会教育関係の資格である司書や社会教育主事と比べて科目数・単位数とも少ないことや，学芸員の質の向上を目的とする立場から，平成24年4月1日に改正「博物館法施行規則」の施行により，新課程9科目19単位に変更されたことは，記憶に新しい。これにより，平成25年4月現在，300の大学，短期大学が学芸員養成課程を持ち，年間で推定約1万人の学生が学芸員有資格者になっている[4]。しかしながら，学芸員の職業的

専門性を疑問視する声は長らくきかれ，博物館の活動を支援する高度な専門性を有した高度職業人の人材養成が強く求められている。

## 2　多様化・専門化する学芸員の専門性

このような状況の中で，平成24年の博物館法の改訂に伴い加わった新設科目である，博物館のコレクション機能を重視した「博物館資料保存論」，博物館のコミュニケーション機能に焦点をあてて構成された「博物館情報・メディア論」および「博物館教育論」は，学芸員資格の高度化への要請に対応することを目的とした，高度人材によって博物館を時代に即した施設へと改善・進化させる方策として位置づけられる。

学芸員はこれまでにも，専門性をもった研究者であり，その教育普及者であり，さらに博物館資料保存などの技術者であることを求められてきた。しかし，今日では館の専門性や職の専門性を考慮する，役割分化した専門性を求められる傾向が強まっていることに加え，来館者を支援し学習活動等への貢献することも重視されており，「学芸員の専門性とは何か」「その力量形成はどうあったらいいのか」という問いはより一層複雑化している。

また，これまでの基本機能に加え，あらゆる市民の学習支援の機会を提供する場として博物館自体の機能が拡大していることからすれば，学芸員の専門性をめぐる問題は，多様化しながらも高度に専門化していることがわかる。特に，博物館の教育機能に関する基礎的能力を養い，博物館の利用と学びを理念的・実践的に学ぶことは，現代のニーズに応じた高度化，専門化にとってひときわ重要であることが指摘される。

一方で，このような時代的要請に準拠した，教育の基礎理論から博物館教育の実践までの内容をバランスよく扱う授業が行われているかは不確かである。依然として多くの授業は，学芸員経験者が，自己の体験や経験によって博物館活動を語る，旧来の体験談・経験談的博物館学に終始していたり，担当者の専門領域に偏った授業が行われていたりするという見方もある。また，こうした大学間の養成内容の格差だけではなく，学芸員の再教育の必要性も多様化し専門化する学芸員の養成カリキュラムにおける課題であり，今後は知識習得の問題と，習得された知識を実施技術に結びつける問題との双方を学芸員制度の問題点として検討していく必要がある。

(1) 専門的知識の問題

　博物館の専門職員には，各分野についての専門的力量が第一に要請されるという考えがこれまでは強く，その他の学芸員としての技術や能力は，現職での経験的な積み上げで十分であると考えられてきた。しかし，矢島（1987）らは，学芸員養成の諸問題として，大学における学芸員養成課程の問題を概観しながら，基本的教育としての教育論，展示論の基本の不足の問題を指摘している。こうした中で，平成24年4月1日改正「博物館法施行規則」の施行にともなう新カリキュラム実施により，「博物館教育論」が新科目として設置されたことは，博物館教育の基礎が理論的・実証的に検討されつつある兆しともとることができる。しかし，教科書となる出版物の数からわかるように，実情としては，博物館教育の基礎を押さえる内容そのものは，学術性を確立している途上にあると言わざるをえない。学校教育や家庭教育とは異なる特質をもつ博物館教育の基礎的概念が未だ曖昧な状況において，「モノを見せ，告知」する陳列から，「モノで見せ，語り掛ける」展示への転換の必要を説いた倉田（1979）の指摘は，いまなお重要な意味を持つといえるだろう。これは，「展示物を見せる」と「展示物をつうじて見せる」のちがいを明らかにするものであり，前者では，博物館や学芸員の研究成果としての知識を来館者に伝達するオブジェクト中心の展示の力が求められているのに対し，後者では，来館者を考慮した双方向的で対話的なかかわりを通じて来館者なりの解釈を促す来館者中心の展示を可能とする技能が求められることになる。

　博物館教育の実現の基礎を固めるためには，来館者が既存の知識を用いてモノを「知ること」と，モノから読み取った情報を「解釈すること」を重視しながら，教育論，方法論，展示論を概論化することが必要であるが，特に，これまであまり焦点化されることのなかった後者に関して，学芸員養成課程のカリキュラムで専門的に検討されることが重要であろう。

　この時に，配慮すべきは，学芸員養成課程で身につけられる専門的知識が実務に活かされるものかどうかという点である。学芸員を対象とする聞き取り調査では，大学での学びと，実際の職務がほとんど関連性をもたないことが指摘されている。それは具体的に，大学では個人の能力への研修が多く，講義内容も概念的なものが多いのに対して，実際の学芸員という職種は，研究だけではなく対人的な実践を中心とする職種であり，学芸員養成課程で身につけた知識と実際の職務との関わりが非常に希薄であったというものである。つまり，現状において学芸員養成課程での学びは，学芸員としての専門性を形成するものというよりも，資

格を付与するもの，あるいは，就職にあたっての選択肢として学芸員を考えるきっかけを与えるものとなっていると考えられる。このように，専門的なカリキュラムの内容面だけでなく，実際の職務においてその知識がいかに役立てられるものであるかについても，今後整理されることが求められる。

（2）専門的知識と実践の問題

専門職としての力量形成の方法については，専門的知識のみならず，博物館が直面している問題状況の整理や把握を進めながら，現場の問題性を見極め，実践課題として設定し，解決のための活動を実践していけるような，対人的な実践を含む力量が求められる。こうした力量は，学芸員職を経験し，豊富な経験から高度な判断力を形成することによって形成するものとされているが，学芸員を対象とした調査では，研修や指導体制が制度として保障されていない場合が多く，対人的な実践に関しても専門的力量形成の機会がないまま職務遂行を余儀なくされている実態が語られた。

また，博物館学芸員の力量形成に関する先行研究や事例をみると，対人的な実践に対応するための知識や技術は，入職後に国内外の博物館の活動事例を参考にしながら，担当者が手さぐりで確立していく場合が多くあり，困難な運営状況の中，時代が求める博物館像の実現化を暗中模索してきた様子がうかがえる。つまり，このような，対人的な実践に関わる博物館の知識や技能といった力量は，複雑かつ暗黙的な部分が多く，だれもが活用できる実践的な知識として概念化されないまま活動が続けられていることがほとんどであることが指摘される。そのために，博物館教育における手法や技法は，断片的な情報の集まりとして適応されてきた一方で，「なぜ博物館で教育なのか」という博物館教育の意義を追求し，現場における課題を明らかにし，手法や技法に反映させ来館者の学びを促す活動として十分に検討されてきたかは定かではない。たとえば，財源獲得の支持基盤を形成するために来館者をサービス利用者とみなす博物館では，施設設備やあらゆる教育的配慮が形骸化し，教育的意図が観賞の妨げとなっている例もみられる。博物館教育における専門職としての力量形成の方法を考えるとき，専門的知識のみならず，博物館が直面している問題状況の整理や把握を進めながら，現場の問題性を見極め，実践課題として設定し，解決のための活動を実践することの重要性を理論として明示化することが，対人支援を中心とする専門職員養成における専門性を検討する際の基礎になるといえる。

## 第2節　博物館の教育担当職員の専門性

　博物館の基本機能は，資料の収集，保管，展示，調査研究，教育普及である。このなかで，博物館に関する知識を授ける解説を通じて，展示や既存の知識を来館者が「知ること」を志向した教育的展示や活動とともに，来館者が自分で発見し確認し納得しながらモノの「意味を構成すること」を促しながら，地域課題の解決にも寄与することが，博物館が担う教育的機能の一面である。特に，今日において，来館者との直接的な会話を可能とし，住民のニーズの的確な把握と住民参画の促進を図ることのできる教育普及活動は，博物館と社会や，あらゆる人びととの双方の橋渡しを果たすコミュニケーションの有効な手段として考えられており，教育担当職員は，コミュニケーターと呼ばれることもある。こうした，コミュニケーターと呼ばれる教育担当職員は，従来の学芸員に求められてきた専門性とは異なる，専門的力量が求められている。ここではつぎに，コミュニケーションの媒体としての機能を果たす教育専門職員の専門性について焦点をあて見ていきたい。

　博物館の教育担当職員の専門性について，著者たちの実地調査を通じて，専門性の要素を導き出し，整理すると，専門性は以下のような3つの役割と4つの専門性形成の要素にまとめられる。

【教育専門職員の役割】
① 来館者と交流し，関係性を構築する。
② 教育プログラムや教材をつくり実践する。
③ 博物館の社会文化的役割を明らかにし果たす。

【専門性を形成する要素】
① 技能，② 知識，③ 経験，④ 態度

### 1　教育担当職員の役割

　専門職としての学芸員の力量は，前述の通り実践を通して形成されると理解されるが，ここでは，博物館においてモノや人の交流を促進する教育担当職員のコミュニケーターとしての役割と専門性について考えてみたい。

まず，英語のcommunicatorという単語は，「アイデアや感情について他者が理解できるように話すことができる人」と訳される（『ケンブリッジ英英辞典』第2版）。このコミュニケーターという語を，博物館の文脈に置き換えるとき，明確で効果的な方法で情報を伝え，刺激となる適切なモノを提供することを通じて，（来館者の）記憶や心的活動を促進するものとして理解することができよう。つまり，コミュニケーターは，来館者とのさまざまなコミュニケーションの方法の輪郭を描くものであり，来館者の知識の習得，蓄積，変換，使用といった，記憶や心的活動を促すための適切な情報やモノを提供し，来館者との相互理解を進めながら協働を促すことを基礎的役割としている。さらに，今日の博物館が，博物館外の組織，機関とのネットワークを構築しながら，あらゆる人びとの参加を促すことや，協働の中から見える社会的・地域的な課題に対して解決のための新たな仕組を創造することも求められていることからすれば，その発展した役割は，対話や共感を引き出すための道筋をデザインするものとして考えることができる。

以上をふまえると，博物館における市民や来館者との対話や実践を引き出す，教育担当職員の役割は，来館者と交流し，関係性を構築するために，適切な教育プログラムや教材をつくり実践し，活動の中で博物館の社会文化的な役割を明らかにすることだと推察できる。こうした博物館教育担当職員は，現状では，博物館における教育普及担当職員，教職員などからなる嘱託職員，単発のプログラムに関わる専門家などがそれにあたる。

## 2　教育担当職員に求められる要素

さらに，教育担当職員としての役割を果たすために必要とされる専門性を形成する要素は，従来の学芸員職に求められた「技能」「知識」「経験」に加え，あらゆる市民に対し，対等に接することのできる「態度」が求められる。この，4つの要素から専門的な能力をさらに詳しくとらえ直すと，以下のようになる。

① 技能

あらゆる人が博物館を身近に感じられるための新たな仕組みや学習活動を創造するための能力。たとえば，あらゆる市民とのコミュニケーション力，ニーズや課題の把握・分析能力，博物館の魅力を伝えるためのプレゼンテーション力，プログラムや教材を創造するデザイン力，そして活動を外に発信し記録するための情報収集・編集・発信力などがこれにあたる。

② 知識

専門的な既存の知識を中心とする専門分野に関する知識に加え，多様な価値観や物事に関する多角的な視点から，社会の現状を把握し分析するための分野横断的な知識。これまで学芸員は，特定の分野に関する深い専門性において，知識を蓄積し，対人的な信頼関係を構築し，職務をこなしてきた。しかし，来館者を含むあらゆる人との対話促進の役割を担う教育担当職員においては，領域化された知識を総合利用するための知識の枠組が求められる。

③ 経験

技能を培う経験や対人を中心とする実践の経験。教育担当職員は，多様な人，組織，機関とのネットワークを利用しながら，あらゆる人びとの博物館への参加を促し，コミュニケーションを通して相互理解を進め，現場や社会の課題解決のための新たな仕組みや活動，プログラムを創造し，実践する専門職員である。これらの経験は，教育担当職員が既にもっている知識などと関連づけられることによって，熟練した技能を生み出す。

④ 態度

博物館の方向性や価値を多様な人々と共有しながら，教育活動を創造するための姿勢であるだけでなく，来館者自身が他の人と協力し，異なる観点や意見を尊重し，文化の多様性を理解するようなきっかけを与えるための態度。技能，知識，経験がその専門性の形成の要素として求められる教育担当職員は，あらゆる人の価値観を理解し，尊重し，受容しようとこころみる，公平で平等な態度が求められる。

## 3　専門的力量の形成プロセス

教育担当職員の専門的な力量形成は，教育的な役割や要素などから説明されるが，実際は，博物館の専門性や状況，体制などに応じながら，実践のプロセスを通じて技能を覚え身につけ，職務に慣れることで形成されていく。一方，従来の専門的力量の形成プロセスは，大学の学芸員養成課程の内容の問題に加え，入職後の力量形成のための指導体制が整っていない点にも問題がみられる。

著者たちが実施した学芸員調査でも，学芸員の中から，見て学ぶ工程に対して，「何となくやり過ごしている」「本当の大事なことを教わらずに来ていて，実地に

みんななあなあで身に着けたような感じになっているところが結構問題」などの意見が聞かれた。

このような問題意識をうけ，ここでは，専門的力量形成のプロセスに関して，「基礎的能力の形成」「応用力の形成」「熟達した能力」の3つの段階に分けることで，それぞれの段階の詳細を聞き取り対象者から出された代表的なものを抽出し，掲載しながら，専門性を獲得する工程について言及したい。

（1）基礎的能力の形成

まず，教育担当職員の基礎的能力の形成のための初期段階では，既存の博物館教育に関する概論をふまえながら，入職した博物館における機能や展示の特色を理解し，プログラムを実際に企画するための能力を形成することが求められる。

この段階では具体的に，学芸員養成課程において，概論的な理解と初歩的な専門理解を獲得したうえで入職したのち，電話対応，館内の歩き方等，基本的なことを学び，年間の仕事の流れや内容を理解することに加え，先輩職員が担当する企画の副担当として，それぞれの段階に立ち会いながら，どのようなことを行っているのかを見て教わることが求められる。多くの場合，入職1年目では副担当という立場から，会議等のさまざまな現場に立ち会いながら，博物館の資料や特質を把握し，教育担当職員や他の職員の仕事を見て学び，教育事業における基本的なノウハウを覚ることとなる。さらに，さまざまな人が利用できる博物館環境を整備するために，情報の収集や発信，コミュニケーションに関する技能を実践の中で養い，公平で平等な対話を可能とするための態度を形成することが，教育専門職員の初期における力量形成の理想的な流れとなる。

〈学芸員の声〉

もうアドバイスしてあげる暇がないっていうか，そういうことはどうしてもあるので，なるべくちゃんとサブって付けて，今はやるようにしてます（50代学芸員）。

段階にそれぞれ立ち合いながら。そのときはのみ込めてないんですけど，何をやってるかをまず見るという，そういう研修ですね（40代学芸員）。

1年目，2年目ぐらいでは，結局，基礎はなんとなく教えられるんですが，

それは系統だったものではあんまりなくて、結局先輩たちがそれぞれの経験の中で培ってきたものを、ある程度上積みを教えてもらうというような（40代学芸員）。

実地に教わりながら、わからないところはさらに自分でその中で発見してどんどん聞くようにというような。……オン・ザ・ジョブっていうんですかね（40代学芸員）。

（2）応用力の形成

基礎的な能力の形成プロセスを通じて、現場における基礎的な実践活動を押さえた段階で、より広い視野から現場の状況を明確に把握し、課題を明らかにしながら、教育プログラムを実際に企画し、さまざまな人々の参加に働きかけるような仕組みをつくる能力を形成することが求められる。

この段階で教育担当職員は、予算取り、企画、交渉、撮影、記録の作成等をこなす必要があり、これらの業務と並行して、来館者対応などの対外的な仕事もこなすことが求められる。教育担当職員は通常、年に複数回開催される教育プログラムのうちの1つに携わればよいのではなく、異なる段階にある、異なる企画に同時並行で関わることとなる。さらに、現状では、職員の仕事には、他の学芸員の補助的なものも含まれるため、専門職員はほぼすべての活動に直接的、間接的に関わり、それぞれの準備を手伝ったり、バックアップに回ったりしながら、複数の異なる業務をこなす能力をこの段階で身につけることになる。またここでは、状況に応じて柔軟に対応しながら企画を計画するだけではなく、来館者の立場に立ったニーズの把握、現状の分析を交えながら、具体的なプログラムや教材づくりのために、綿密な計画を練る能力が求められる。

〈学芸員の声〉

だから予算取りして、企画して、出品交渉に行き、下手すると撮影にもいき、そして図録も書きながら、展覧会の実際借りる準備をして、実際にトラックに乗って借りに行って、展示をして、やっとオープンです（50代学芸員）。

展覧会担当者は思い入れがいっぱいありすぎて、全部見てほしいわけなんですね。それを整理して、いかに効率よく、ぱっと一目見て、「来ようかな」って

いうふうに見せるかっていう，そこの頭の切り替えですよね（50代学芸員）。

構想段階は対外的な責任で，どう枠組みを作ってお金を確保して，誰を巻きこんでやるかっていうところは，やっぱりある程度責任がある立場にならないと回せないところなんですよ（40代学芸員）。

責任を持てる力というか。責任持って最後までやる力というか，そういうところかなとは思うんですけど（40代学芸員）。

より具体的に，この段階の教育担当職員の力量形成のプロセスをみたい。教育プログラムを実施するためには，プログラムを構想することから始まる。この構想段階において担当職員は，何を使って，誰に対して，どのように見せ，どのようなつながりによって企画を実現するのかという，大きな枠組みを戦略的に設けることが求められる。この時，担当職員には，博物館の所蔵物をしっかりと把握すること，それらのモノを活かすプログラムを実施するためにモノと活動内容とを一致させること，そして固有の活動コンセプトを開発することが求められる。また，プログラムの構想の段階において，展示するモノを一通り確認，把握し，興味のある対象を選び出したうえで，どのような教育的実践が可能であるか，先行研究や事例などを参照しながら考究しなければならない。ここでは，モノとコンセプトを一致させ，「生きたモノの伝わり方」をするプログラムを構成することが，教育担当職員の専門的な働きとなる。

（3） 熟達した能力

教育担当職員の主だった仕事は，教育プログラムの企画と実践，教材の開発などであるが，プログラムの中でも所属する博物館を越えた人的・物的資源への交渉など，信頼関係によってネットワークを広げ，活動を円滑に行う技量が，卓越した教育専門職員の能力として形成されている。

教育プログラムを，よりよい協働の企画へと形づくるためには，館内の人的・物的資源に限らず，これまでの活動の中で構築してきた信頼関係からなるネットワークを用いながら，外部の資源を有効に利用することが求められる。このような館の垣根を越えた活動を可能とするためには，交渉と信頼が欠かせず，どうし

てそれが必要なのか，プログラムの概要を含めて明確に説明することが求められる。そのため，熟達した担当職員は，専門分野の正しい理解に加え，モノや人と企画との関連を明確に位置づけ説明し，説得する能力と信用が求められることとなる。それと同時に，借りたモノや人を有意義に正しくプログラムの中で扱うことのできる構成力も問われる。このことから，研究や経験の蓄積からなる専門的力量そのものが，館の外部との信頼やネットワークを築くきっかけとして働くこともあり，専門職員の技量が教育プログラムの規模や博物館のあり方を決定することが指摘できる。

　他方，このような技量が専門職員にない場合，モノや人を貸し出してもらえず，構想した企画が実現できないこととなる。また，プログラムを企画する担当職員に力量としての研究の蓄積がないと，モノを理解していないちぐはぐな活動や，何をどう伝えたらいいのかをわかっていない活動など，プログラムそのものがすぐに忘れられる体験となる懸念もある。研究の蓄積があり，裏付けがある担当職員の活動は導入も滑らかで，伝えたいコンセプトが来館者に伝わるような工夫がなされ，体験が印象的なものとなる。卓越した教育の専門職員は，モノと来館者をよく見て，何を見せ伝えたいのかを考え，見せるモノと関わる人をよく調べるというプロセスを自ら学びとって，自然と実行していく能力が備わっている。このプロセスには，プログラムのストーリーをどのようにつくるのかという，活動の順序や文脈など，質と大きく関連する要素が意識的・無意識的に設定され，ひねった見方や新しい切り口をもち，来館者の体験を有意味なものとする。

〈学芸員の声〉
　それからあとは，やっぱり長年の信頼関係を築いていくっていうことですね。……「あの人はずっと担当してきてるから大丈夫だろう」とか，そのような見方もされますので，専門分野的な（50代学芸員）。

　なんかほとんど職人と同じように，やってるうち，ずっと一人前目指してみたいな感じじゃないかとは思います（50代学芸員）。

　やっぱり実現する力があるというか。色々思ってることも，周りのみんなも納得してくれるし，そのご所蔵者，資料の借り先も納得してくれるし，いろんな人からも信頼されていて，あの人に頼めば実現するっていう，そういう人で

すね（40代学芸員）。

「こういう展覧会で，あの学芸員が言ってきた以上，やっぱり貸さないわけにいかないよね」っていう研究者たち，専門家たちという評価があるんです（30代学芸員）。

## ま　と　め

　博物館の専門職員の力量形成，なかでも対人的な実践を中心とする教育担当職員の力量形成における課題は，それぞれの博物館や博物館を取りまく環境，地域社会によって課題の現れ方が異なってくることが想定される。しかし，高度化する学芸員の専門性に養成課程がどのように対応することができるのか，専門的な知識体系をどのように構築するのか，そもそも専門性とはなんであるのかといった現在想定される問題は，広く現場に共通する課題だと考えられる。

　特に，現場の課題を把握，分析し，あらゆる人びとに対応するような，対人支援を中心とする専門職員の力量形成は，博物館が創造性と柔軟性を発揮し，館の専門性や地域社会の特性に対応した実践を展開するために重要となるだろう。本章では，博物館の専門職員のなかでも教育担当職員を例としながら，その役割を，来館者と交流し関係性を構築すること，適切な教育プログラムや教材をつくり実践すること，活動の中で博物館の社会文化的な役割を明らかにすることとし，「基礎的能力」「応用力」「熟達した技能」の3段階から力量形成のプロセスを仮定した。今後の課題としては，博物館が社会に貢献できるような活動をおこなう視点から，養成カリキュラムの内容の整備により，館や地域の特性に応じて企画や運営を行える人材育成を行うだけでなく，人材の力量を形成する実践でのプロセスにおいて，博物館が直面する課題の解決に貢献する新たな知識や活動を創造し，あらゆる組織，機関，ひとびとを取り込みながらネットワークの組織化を促進するような，博物館の社会文化的な力の形成を促す仕掛けを専門職員の力量形成に連関させ検討することがあげられる。

　これまで以上に多様な人びとの参加，協働を生み出しながら，専門職員の力量形成のみならず，博物館そのものや教育プログラムの機能そのものを創造する実践が行われる現場においても，専門職員の専門性とその力量形成における理論の構築は求められる。力量形成のあり方に具体的なイメージを与えるだけではなく，

現場において専門職員が培う意識的・無意識的な知識や理解を言語化し，だれもが応用できる実践的な知識として発信していくことが，専門性とその形成をめぐる問題の中心課題だといえる。

（渡邊　祐子）

注

1）文部科学省「平成23年度 社会教育調査報告書」によれば，博物館への入館者総数は平成7年度以降ほぼ横ばいで推移しているが，博物館数は増加傾向にあるため，1館当たりの入館者数は減少傾向にある。
2）さらに，「平成23年度社会教育調査報告書」によれば，博物館学芸員のうち専任の割合は72.6％，博物館類似施設では37.8％となっており，平成20年度に実施された前回調査の81.4％，52.4％と比べて，下回っていることが理解できる。
3）文部科学省「学芸員養成の充実方策について『これからの博物館の在り方に関する検討協力者会議』第2次報告書」8ページ参照。
4）「一方で，学芸員資格取得者数と実際の博物館における採用者数に大きな懸隔がある。高度な専門性を有する質の高い学芸員の養成は，我が国の博物館振興のために望ましいことであり，大学における博物館に関する科目・単位の充実を図ることに加え，課題となっている登録制度の見直しや，社会的に博物館活動に対する理解や支援の向上が図られれば，博物館における学芸員等の採用が増加することも期待される」(「学芸員養成の充実方策について（2009）」)。

**参考文献**

矢島國雄（1987）「学芸員養成の諸問題について」明治大学学芸員養成課程年報3，34～39ページ。
倉田公裕（1979）『展示論　博物館学』東京堂出版。
日本博物館協会編，鶴田総一郎他共著（1956）『博物館学入門』理想社。
額田雅裕（1996）「地域博物館・学芸員の現状と博物館活動の地理的分野」立命館地理学8，39～49ページ。
村田良介（1997）「期待される学芸員」社会教育研究16，95～105ページ。
加藤有次・鷹野光行・西源二郎・山田英徳・米田耕司（1999）『生涯学習と博物館活動』雄山閣出版。
倉田公裕・矢島國雄（2004）『新編博物館学』東京堂出版。
對馬由美（2004）「博物館教育普及活動から見た学芸員の資質に関する研究」教育研究所

紀要 (13), 47 〜 56 ページ。
これからの博物館の在り方に関する検討協力者会議 (2007)「新しい時代の博物館制度の在り方について」文部科学省。
これからの博物館の在り方に関する検討協力者会議 (2009)「学芸員養成の充実方策について」(「これからの博物館の在り方に関する検討協力者会議」第2次報告書) 文部科学省。
文部科学省 (2011)「平成23年度文部科学省社会教育調査報告書」
　http://www.mext.go.jp/b_menu/toukei/chousa02/shakai/kekka/k_detail.
君塚仁彦・渡辺美知代・池尻豪介 (2013)「博物館学芸員の雇用・労働をめぐる現状とインターンシップに関する一考察」東京学芸大学紀要64（1）, 23 〜 38 ページ。

# 第11章　公民館職員の専門性と力量形成

## は じ め に

　公民館職員に求められる力量を明らかにし，研修の編成を構想するときに，2つの研究方法がある。1つは，あるべき姿を法的規程や制度から演繹する方法。もう1つは，職員が実際にどのような仕事をしているか，そこで必要とされる専門性・力量とは何か，それがいかに形成されているのか，ということを実証的につかみ議論する方法である。

　社会教育職員研究をふり返ると，かつては前者の視点からの研究が主流であった。しかし，いま必要なのは実態を実証的につかみ，かつあるべき職員の専門性や，その研修機会のあり方を併せて考えつつ議論する方法である。なぜなら，改革のなかで指定管理者制度などの導入もあり公民館の「労働の場」そのものが変化し，多様化しているからである。専門性を高めるためには「省察が大切だ」とくり返し主張するだけの議論は正しい方法的態度ではない。

　以下，奈良市公民館の約10年の経験をもつ職員のヒヤリング調査をとおして公民館職員に求められる力量を明らかにし，その研修機会についての構想を示したい。

　以下では，まず，省察的学習論などを批判的に吟味しつつ，公民館職員を含む社会教育職員の専門性とその形成のプロセスをいかに研究すべきなのか，という方法の問題を論じる。これをふまえつつ，奈良市公民館職員の調査分析をとおして職員の専門性とその力量形成のプロセスを明らかにし，最後に，職員研修のあり方についての提案を試みる。

## 第1節　社会教育職員の専門性をいかに論じるのか

### 1　省察と力量形成

　専門職の力量形成という課題を考察する場合，省察的実践家モデルによる研究がもっとも有力な流れを形成している。佐藤学らの教師研究，三輪建二らの社会

教育関係職員の一連の研究がある。本研究の課題や意義を明らかにする上でも，この省察的実践家モデルの立場に対する批判的検討は欠かせない。社会教育領域の研究を中心に検討をすすめよう[1]。

近年の社会教育・生涯学習の研究では，この「ふり返り」や「意識変容」という概念の検討が研究の中心的位置の1つを占めている。しかし，純粋な理論の紹介から一歩踏みだし，これを力量形成という現実的な問題に適用しようとするとき，いくつかの問題が鮮明にあらわれる。やや乱暴な議論になるが，これらの研究に共通する問題の1つは，まず，「ふり返り」ありき，「ふり返り」が神格化されているという，問題意識の転倒にある。職員の力量形成を考えて，その方法的意義を論じるのではなく，「ふり返り」のために力量形成の問題がとりあげられる，とでもいってよいだろう。なぜなら，もし社会教育関係職員の力量形成を考えるとすれば，次のようなことの検討を踏まえて議論が展開されるはずだからである。

① 職員は，いかなる空間＝関係のなかで，どのような仕事をしているのか。
② 職員は，いかなる課題につきあたり，そして，どのような力量が求められるのか。
③ 職員の職業的キャリアをふまえて研修をいかに構造化し，制度化するべきか。

ところが，クラントン，ショーンなどの名前はでてきても，こうした諸課題への言及も，いな，まなざしも感じることはむつかしい。そもそも，「意味パースペクティブ」や「意識変容」とは事例ではどのような内容なのか。「社会教育関係職員」とはだれなのか。どのような実践的課題をもっているのか。その論述は抽象的なものに終始して不明である。そこで論じられる「学習支援者」は，実はどこにもいない架空の像でしかない。だれが，どのように「ふり返る」のか。何をふり返るのか。結果として，どう変容するのか。それは実践をどう変えるのか。これらの〈問い〉はすべて開かれたままにとどまる。

## 2　実践の理念・価値の共同的構築

省察的学習では，職員の実践の基盤，実践する「前提」を批判的に省察し，変容させることの意義をくりかえし主張していることは周知のことである。力量形成においても，この主張は一貫している。確かに，「学習支援者が無意識に持っている教育観・役割観や，自分の考えや行動の基礎となっている前提を批判的にふり返ること」（倉持 2004, 164）は重要である。一般的な言説としてみれば，その主張に異論があろうはずはない。しかし，それは無条件に妥当性を有するのだろ

うか。
　まず，第1に，その理論が個体主義的な心理学主義に依拠するものであることである。これは研究として，心理学的アプローチを否定するものではない。しかし，彼らの議論のように，職員個人をとりあげ，しかも，その認知的な側面だけをとりあげて力量形成の問題を論じられるのだろうか。「ふり返り」による研修は重要だとしても，それは他の研修方法とともに構成されねばならないのであるが，彼らの研究にそうした射程はない。焦点を「ふり返り」に限定したという反論もあろうが，この「ふり返り」をどのような社会的文脈におくのかということが問題なのである。
　第2に，職員の力量形成を1つのプロセスとして把握する必要がある。「初心者」から「熟練者」へ，平たくいえば，職員として「一人前になる」という経歴のなかで見る必要である[2]。例えば，初期キャリアの課題の1つは，実践に求められる「考え方」をしっかりともつことである。著者がよって立つ立場ではないが，合理主義的モデルでは「一人前になる」とは，技術・技能の習熟，これらの価値を内面化することとしてとらえられる。さらにいえば，その後の日常業務においても，それが揺らぐことが望ましいわけではない。誤解を恐れずにいえば，こうした「考え方」に支えられた実践の〈ルーティン化〉はあながち否定されるべきではない。
　第3に，社会的拘束性である。この実践における「前提」や意味は職員個人によりつくられ，頭の中にあるものではない。それは協同的性格を持ち，かつ協同的実践の関係をとおして構築されつつ内面化される。具体的な関係性の中でつくられるからこそ，文脈との切断は致命的なのだ。これに加えて言うと，自治体職員であれば，国の政策・制度，自治体の計画や目標により実践の考え方は拘束される。すぐれた職員は，こうした制度的な枠組みに一面では拘束されながらも，国の政策や施策，自治体の計画などを資源としてしたたかに利用する。政策や制度をどう見るか，どう利用しうるかは，その人が参加する組織の性格に依存する。あたかも「前提」を自由に変えうるかのような議論は空想であるばかりでなく，ときに有害である。というのは，職員の力量形成を個人の意識や努力に還元する議論に帰着するからである[3]。
　しかし，これらの「前提」が揺らぎ，その存立が問われる局面があらわれる。「批判的にふり返ることの重要性」が指摘できるのは，個人的にも，集団的にも，これが揺らぐような「危機」が実践の課題としてあらわれたときである。このとき，

実践をつくる職員たちの関係の質が問われる。実践のなかで磨かれた感性と，あるいは，問題の所在を示唆してくれる仲間の存在が力量形成において重要な資源となる。それは職員の成長と結びつく学ぶ動機を形成するとともに，同時に，1つの活動システムとしての生涯学習関連施設をつくりかえる契機ともなりうる。

### 3 実践を支える学びの空間

　意識変容論や「ふり返り」を強調する論に内在する問題の1つは，その心理学化，とりわけ，その個体主義的能力観あるいはアプローチにある。ここでいえば力量形成を個人の能力としてとらえる方法的態度である。こうした批判をうけることは不本意だというだろう。しかし，そこでは，学習支援者と職員・学習者との認知的側面にだけ焦点をしぼって「ふり返り」を主張するだけである。職員は，いかなる施設にも，組織にも属することのない〈自由人〉であるかのようである。しかし，そもそも現実の職員のすぐれた実践は，彼ら個人の力だけで行われるものかどうか，考えてみる必要がある。

　もう1つの問題が残されている。これまでの社会教育・生涯学習研究では，すぐれた職員個人，職員集団にのみ注目して専門性を論じてきた。生涯学習関連施設を1つの活動システムとして見ると，そこに問題がある。職員の実践はもちろん一人の力だけで実施できるものではない。同じ職務の仲間の存在を欠くことはできない。しかし，それだけではなく，彼らの事業の企画や実施にあたっては館長や事務系職員が講座を支え，住民のなかの運営委員などの協同の力によって実施されるという構造がある。とすれば，生涯学習関連施設の実践を職種や階層の異なる職員たちが協同してつくりだすものとしてとらえること，そして実践から生じる課題解決にあたってもこの協同の力によらねばならないのだ，と考えねばならない。そして，職員の力量形成は，こうした協同関係の質に規定されるものとして論じることが重要である[4]。

　この点で，宮島が福祉職に関連して「職場では，専門性は個々の職員の働きによって発揮されているが，それはばらばらに発揮されるというよりも組織の中で統一的に遂行されている」（宮島 2004, 215）と指摘している点は示唆的である[5]。こうした立場に立つことによって，技術的な「ふり返り」の強調に終始するのでもなく，あるべき職員像を提示するのでもない，実践に即した具体的な提案が提示できるのではないか。

## 第2節　公民館職員とは何か

(1)　「専門職」としての任用

全国的に見ても，公民館職員の任用において専門職としての資格が求められることは少ない。この点，奈良市の公民館職員たちは，「社会教育に関する専門的な知識・経験を有する」という要件のもとで奈良市生涯学習財団に採用され，「専門職」として各公民館に配属されている。この専門職制度は，その後の奈良市の指定管理者制度の導入や外郭団体の統廃合において重要なポイントとなってきた。

しかし，実態として，入職時点で専門性を持って働くことができる職員は皆無といってよい。他の専門職もそうであるが，資格と実際の職務能力には大きな乖離が存在する。それは，職員たちの専門的力量は，日々の仕事をとおして獲得されること端的に示している。

(2)　公民館職員像

ヒヤリングによれば，奈良市の公民館職員たちは，次のような定義の専門職としてとらえられる。

　公民館職員は，生涯学習の理論と住民の学習を組織する専門的な技術（アート）を利用して，住民一人ひとりが自らの自己実現をとおして地域社会のウェルビーイングを高めることをめざす活動へ参加することを支援します。わたくしたちは住民の学びの自主性・主体性を大切にし，彼らとともに活動し，学びつづけます。

これは調査結果の要約であり，行政や住民からの認知があるわけでも，職員の方たちすべてがこうした力量をもっているわけでもない。しかし，一番問題なのは，この定義にある専門性，使命，価値について職員たちの間に共通理解や確信がない点である。職員たち一人ひとりは仕事に「やりがい」を感じ，よく頑張っているが，それはあくまで個人ワザにとどまり，職員集団としてともにすすもうとする姿勢が弱いことも，この研究からみえてくる。

## 第3節　公民館職員の専門性とは何か

### 1　プログラムをデザインする力

（1）　デザイン力とは何か

　公民館職員には，サークルなど学習組織の支援，管理運営など多様な役割が期待されるが，職員たちの仕事の中核にはプログラムづくりがある。職員たちの「やりがい」は，このプログラムの評価をとおしてつくられている。

　ヒヤリングをみると，このプログラムのデザインは決してむつかしい技術ではない。もっとも中心的な仕事だが，形だけのデザインだけならすぐできる，しかし，それだけでは十分ではないと職員たちは考えている。そのとき職員たちが問題とするのは，デザインの技術面ではなく，そのプログラムに利用者の「願い」や自分たちの「思い」がどれだけ込められているか，という点である。経験を積んだ職員たちは，めざすべきプログラムをつくるために，自らの「意識が変わっていかないと」できないと指摘する。

　では，その意識の変化とはどういうことだろうか。

（2）　熟練の技を支える〈視点の転換〉

　職員たちはだれでも市民に対して魅力的なプログラムを提供しようとする。そのとき自分の経験をとおして求められるであろう内容を考える。

　　職員1：とにかく事業を企画して，とにかく運営して，というのが，必死でしたね。受け手の人たちがどう感じているのかとか。どういうことが求められているのかとか。そういうことを見る余裕がなかったと思います。

　しかし，それでは不十分である。なぜなら，それは「自分を中心に考える」段階にとどまるからである。次の段階では，市民のニーズを把握して「市民のために」講座をつくろうと考える。さらに少しすると意識が変わっていき，「市民とともに」活動し，学ぶことをめざすようになる。

　　職員1：何かを教えたり，諭したりするなどということは，とんでもない勘

違いだと思っていて。……わたしもその人たちも一緒に育つというのがプロセスだと思うので，あのー，一人前になるというのはいつだろうという感じです。

市民とともに学ぶからこそ職員たちは自らを高めるために学びつづける必要があると感じることになる。

このように職員の成長をとらえるとき，キャリアを深めるに従って，技術的な習熟という面だけではなくて，プログラムをつくるときの〈視点の転換〉があることをつかむことが大切な点である。これは公民館職員の「意味パースペクティブの変容」，とでもいえよう。

それは数回のワークショップにより「気づく」ことですむ問題ではない。10年にわたる実践への参加の経験のなかで鍛えられ，ここが大切な点だが，同時に，自らの力量を高めることに支えられてはじめて発揮できる力である。

職員たちは自分の専門的力量がついているのか，なかなか確信をもてないという悩みをもっている。それは，職員の成長では技術・技能の進歩だけではなくて，こうした〈視点の転換〉が重要であるにもかかわらず，その転換を自覚することがむつかしいことに起因する。

ここから示唆されるのは，プログラムのデザイン力とは，利用者との関係に支えられるものだということである。したがって，住民・利用者との信頼関係の構築は職員たちにとってもっとも重要な課題となる。

## 2　利用者との信頼関係をつくる力――ラポールの形成

### （1）　利用者とのつながりをつくる

利用者との関係の構築は公民館に赴任した時からはじまる。職員たちにとって，窓口にくる利用者への応対が最初の接点として認識される。窓口での「笑顔の挨拶」は利用者との関係をつくるきっかけだが，これがまた〈基本〉だということを職員たちは強調する。

> 職員2：いちばん最初に心掛けたのは，利用者の人に挨拶をしようということと，挨拶だけで終わるんじゃなくて，できれば頑張って一言声を挨拶とは別にかけてみようっていうのは，心掛けてはいたんですけど。

窓口で，「おはようございます」，「ありがとうございました」だけでは終わらな

い。もっとパーソナルな関係をつくるために，例えば，名前をおぼえて一人ひとりに対して意識的に「名前で」声をかける。自分も「高橋さん」，「佐野さん」と名前で呼ばれることを期待する。名前で呼び合う関係は，利用者との関係性の変化のバロメーターとして認識され，やがて少し慣れてくると職員たちは利用者と積極的に会話をつくっていく。

　　職員5：全然違いますね。名前で呼んでもらえるっていうのが，やっぱり大きく変わったなと。「職員さん」って言われてたのが，やっぱり何かあったら，「高橋さん，こうなので部屋使いたいんやけど，いけるやろうか」とか。

挨拶であるとか，声かけなどの意味は，外部者には気づきにくい働きかけである。こうして利用者，住民たちと気軽に話ができる関係が徐々につくられる。

（2）　求められるものを瞬時に察知する
公民館にはたくさんの市民が，多様な目的のために来館する。しかし，事務室で応対を見ていると，定期的に訪れる人はある程度固定していることがわかってくる。窓口での対応をくり返すなかで，職員たちは利用者が何を求めているのかを瞬時に察知できるようになっていく。むしろ，「職員たる者，瞬時にわからないと」とも述べる。なぜなら，利用者が何を求めているのかを素早く察知して適切に対応することが，利用者との信頼関係をつくる条件の1つだからである。

　　職員4：毎回来られて，毎回同じような形で関わっていたら，もう来はった時点で，「あ，何を言いに来はるな」って大体分かったりとかすると思うんですよ。だから，向こうが全部言わんでも，すぐにパッと動けるようにはできると思うんですね。……そこを相手が求めてはることをどうつなぐかとかっていうのは，ぱっと判断して対応しないといけないと思うんです。

「適切さ」，その基本は一人ひとりに合わせた対応である。すぐわかるように，こうした対応ができるためには不断の緊張が必要であり，それは職員としての〈意欲〉や〈構え〉を示すものでもある。

### (3) 会話からニーズを汲み取る

次に職員がめざすのは,会話のなかから利用者のニーズを読み取る力である。窓口での職員の意識的な働きかけは,「会話からニーズを汲み取る」という一点に集約される,といった方が正確だろう。

職員たちは「質問せずに」ニーズを汲み取ることに,おおげさに言うと拘りつづける。それは,こう考えられよう。「質問」すると,職員と利用者との関係はたちまちフォーマルなものに変換してしまうが,本当のニーズはその関係を意識しなくなったときに「語られる」と職員たちは感じている。

しかし,何気ない会話のなかからニーズをつかみ取ることは易しいことではない。10年の経験を経てもえることがむつかしい洞察力である。

### (4) コミュニケーション力

公民館の仕事は,住民たちとの関係をつくる実践,人びとの関係性を資源としながら働きかける実践である。こうした対人支援職だということに公民館の仕事のむつかしさがある。

看護師の力量形成でも患者やその家族たちとの対応は「一人前」から「達人」になる関門となる力量の側面である。なぜなら,正解のない,どんな状況でも同じ対応が正しいわけではない性格をもつからである。状況を見極めながら,とっさに対応する洞察力と判断力,認識力,表現力,行動力が総合的に必要となる。つまり,職員の力量の中心には,このコミュニケーション力がある。

利用者との関係は,一方では,職員の「やりがい」を生みだす母胎だが,他方では,苦悩の源泉でもある。この両者の関係のなかで「揺れながら」も積極的に学び働きつづける,それが公民館職員の姿といえよう。

## 3 地域の力を高める――コミュニティワークの技法

### (1) 地域づくりにおける公民館職員の役割

公民館は地域づくりの課題との関係で役割が期待されている。しかし,職員が地域づくりのなかでどのような役割を果たすのか,どのような力量が求められるのかという点は明確ではない。

この点で,奈良市公民館職員のヒヤリングは示唆に富む。結論からいえば,公民館職員たちは地域に根ざした,魅力的なプログラムをつくるために地域にでて住民に働きかける。それがコミュニティワークとしての機能をもち,地域づくり

に結びつく。教育事業をつくるために地域にでるわけであり，そこに教育職としての固有性がある。あくまで教育的実践なのである。

（２）　地域のニーズ・資源を探る
　職員がめざすのは，その地域らしい事業づくりである。それには地域そのものをよく知らねばならない。そのもっとも有効な方法とは地域の歴史や文化を担う人たちから直接学ぶことである。公民館をでて活動する余裕がたくさんあるわけではないが，職員たちはできるだけ小まめに地域行事などに顔を出すことに心がけている。

　　職員６：「来てくれてるんですね」って地域の方が言ってくれるんです。……「お祭りいいね」とか言ってきてたら，奥さんのほうが「これ，だんななんです」とか言ってね，またそれで顔見知りになったりとか。だから，やっぱり地域の何かっていうときには，出ていくっていうのが大事かなって。

　これはコミュニティワークの基本であり，職員が地域に関心をもち，学ぶために足を運ぶ姿勢があるからこそ，住民たちとの関係が生まれるのである。ここで大切なのは，歴史や伝統文化を知るということではない。地域の人材や団体を知り，その人・団体とのつながりをつくり，広げることが〈ワザ〉である。コミュニティワークでいうと，資源の発掘という技法である。

（３）　地域のネットワークをつくる――資源を育む
　職員たちは地域にでながら，住民や住民組織との信頼関係をつくり，事業に協力してもらいながらネットワークをつくっていく。
　このネットワークの形成も公民館職員の専門職としての技術の１つであるが，それをつねに自分でつくる必要はない。他の機関がつくるネットワークを利用する力も試される。例えば，学校支援本部には公民館も参加するが，中心になって組織しなくても，このつながりを利用する。

　　職員６：そこ（学校支援本部）には，地域の連合会長さんがみんな委員に連ねてる。民生さんの代表さんも来てる。で，役員さん，小学校のそれぞれのコーディネーターさんとか，地域の方がいる。そこへ顔出すっていうのはものす

ごく大きいことで，そこでの役割って特にないんですけど，こっちはそれを逆手に「いつもお世話になってます」って感じで，公民館だよりとか配ったりとか，挨拶をしたりするだけで顔と顔がつながるから，なんかっちゅうときには効いてきますね。

　支援本部は地域の様々な個人や団体が参加するように組織されている。それを意識的につくる仕掛け，これは，専門用語でいえばコミュニティ・リソース・ネットワーキングというコミュニティワークの技法である。

（4）　地域を自分の「ポケット」にする――資源を動員する
　公民館職員の力量とは個人の力量であるかのように語られる。だが，見てきたように，公民館職員の力量とは利用者の理解と参加により支えられ，さらには地域の諸機関のネットワークのなかではじめて発揮される，すぐれて関係的な能力として理解されるべきである。

　　職員11：どうしても最初の頃は，自分の興味のある分野だとか，自分の知り合いっていうので人脈をたどっていくもんなんですが，仕事のネタっていうのは街中にたくさん落ちてるんだなっていうのを，日々の来館者との接遇の中でも情報を得ることができますし，街中を歩くだけで，そういったものっていうのはあるんだなというのを。

　このように，個人として見た場合，いかにすぐれた職員でも新しい事業のアイディアを無限にもっているわけではない。このとき頼りとなるのは，地域の人びととのネットワークの広がりである。ある職員は，これを「わたしのポケット」と呼ぶ。地域には講座のネタがあり，事業を一緒につくる住民の仲間の方たちが存在する。これを地域課題や状況に照らし合わせながらプログラムとして展開することが職員の腕の見せ所となる。

（5）　地域のビジョンをともにつくる――計画化と評価
　公民館の目的とは，よりよい地域をつくることである。公民館の目的の「社会福祉の向上」は，いまでは地域のウェルビーイングを高めることと理解すべきだろう。

その実現には地域の団体や住民たちが共通の目標や認識をもつことが出発点である。それには，関係する個人や団体が一堂に会し，意見を出し合う機会をつくる必要がある。例えば，福祉の諸機関，町内会，行政などさまざまな組織や個人が地域の課題を出し合い，共通認識をつくり，活動の計画をつくることがめざされる。

しかし，公民館職員がこうした力量を十分持っているわけでも，研修機会があるわけでもない。地域計画・合意形成の技法は今後の必要な課題だといってよいだろう。

### 4　職員の価値と倫理——一人ひとりの自己実現を支援する

公民館職員にとって，めざすべき共通の価値とか，倫理はもっとも大切な側面である。なぜなら，職員の見方・考え方，そして実践を方向づけるものだからである。

職員たちは地域づくりを公民館活動の目的にあげるが，同時に，それは住民一人ひとりの自己実現をくぐり抜けての目的だということを指摘する。ヒヤリングでは「一人ひとりに寄り添う」ことだと表現されている。

　　職員6：やっぱり寄り添うことですかね。いらっしゃるかた一人ひとりにね，みんなに寄り添うことはできないけども，でも，寄り添っていこうっていう気持ちとか，そういうのは大事かなって思います。

　　職員3：来られたかた一人ひとりによって気づきは違うっていう思いがあって，それをつなぐのが自分の仕事っていうようにすごく最近は思うようになってきてるんですね。

それぞれ表現こそ異なるが，職員としての共通した利用者への「構え」を語っている。それは，利用者を一括りにして考えるのではなく，住民たちが公民館や講座にどのような思いをもってくるのか，一人ひとりの生き方や思いを理解しながら，それぞれの異なる「思い」の実現を支援することが職員の役割だと理解される。この先に住民の主体的な参加が生まれ，それにもとづいて多様性と包容性をもつ地域社会が形成されていくイメージである。

そのためには，住民の自己決定や活動への積極的な参加が尊重されねばならな

いことはいうまでもない。地域における社会正義の実現とあわせて職員の大切な価値である。

## おわりに――公民館職員の力量の構造と研修機会

### 1 公民館職員の力量の構造

最後に，試論的に，公民館職員の語りの分析から整理される専門的力量を，図示しつつ構造的に示してみたい（図11―1）。

まず，第1に，構造の中心には価値や倫理が位置づくべきである。これが職員の実践を方向づけるもの，専門職の場合には「倫理綱領」として共有されるべきものである。先の分析では「一人ひとりの自己実現を支援する」と表現されていた。住民の自己決定や参加を大切にしていることも，この価値や倫理に含まれる。

第2に，それを踏まえてでてくるのが利用者とのラポール，信頼関係をつくるための職員たちの姿勢であり，これをつくる技術である。洞察，認識，表現力などをふくむコミュニケーション力が必要となる。

第3に，公民館の利用者との関係だけではなく，職員たちは積極的に地域にでて住民との結びつきをつくろうと働きかけていた。これがコミュニティワークの技法である。具体的には，次の4つの側面，① 地域ニーズのアセスメントの技術，② 資源を開発・動員する技術，③ 諸資源をネットワーク化する組織化の技術，そして ④ 地域計画づくりと評価の技術である。

第4に，職員の実行力を支えるより具体的な技術である。① プログラムのデザイン力，② ファシリテーション力，③ 生涯学習の理解，情報の発信・収集力，そして ④ 管理・調整力，などがキャリアパスを考えるとき大切となる。

これは調査の知見を整理した試論である。大切なのは，職員の方たちがともに議論しながら，共通認識をつくりだしていくことである。専門職とは，すでにあるものではなくて，集団的に認知を広げつくりだしていく，広い意味で言えば，政治的なプロセスだからである。誤解を恐れずにいえば，なくても主張するべきことである（正しく言えば，「めざすべきもの」）。

図 11—1　公民館職員の専門性の構造（概念図）

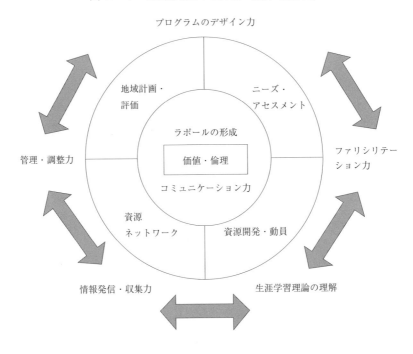

## 2　研修機会の編成——学習する組織をつくる

　公民館の職員の力量とは，個人のものではなくて，住民と職員たち，異動してきた職員を含めて歴史的に蓄積してきた「関係的能力」である。したがって，生涯学習財団としての組織的，制度的な研修の仕組みをつくることが職員の力量形成にとって不可欠である。それは生涯学習施設のガバナンスでもっとも中心的な課題の1つである。
　公民館職員の専門性の構造からは，職員たちが協同で力量を高めるための研修機会をどう構成するべきか，その基本が浮かび上がってくる。
　第1に，もっとも外側の具体的な5つの力量の内容を見ると，これは学校というフォーマル・エデュケーションや職員同士のワークショップなどノンフォーマル・エデュケーションで学ぶことができる内容である。職員の研修機会を計画的

に組織化する必要がある。

　第2に，これに対して，コミュニティワークに関する4つの力量や利用者・住民との「ラポールの形成」などの力量は，まずフォーマル，ノンフォーマルな学習機会で基礎を学び，つづいて「ケース研究」や「事例検討会」など実践的な協同学習がもっとも有効な方法となるはずである。

　第3に，職員がもつべき「価値・倫理」である。これは職員の実践を方向づける「価値」とか，「倫理」の内容を明確化し，協同学習のようなノンフォーマルな学びやインフォーマルな学びとしても，公民館職員としてつねに実践をふり返りつつ，確認し合うことが求められよう。

（高橋　満）

注

1）以下の論述は，高橋（高橋 2009）のなかで展開したものである。
2）Laufer（Laufer 1996）たちは，活動理論の立場から，この初心者から熟練者へいたるプロセスを論じている。
3）津田（津田 2003）は，学習支援の関係における権力関係の問題を鋭く指摘している。学習支援者＝教育者が介入することの倫理性とともに，この権力的関係への批判的な意識をもたねばならない。その意味で，省察が必要となる。
4）日本社会教育学会編『現代社会教育の創造――社会教育研究30年の成果と課題』（東洋館出版）で指摘されているように，専門職化の議論は，むしろ「不当配転」への理論的批判の視点として議論されてきた。そこでは職員集団の組織化や職員相互の協力と連帯について触れられているが，あくまであるべき姿として語られ，職場の実態を分析した議論ではない。遠藤知恵子（遠藤 1996，202～203）も，とくに補章のなかで「公民館自体にも立場の異なる職員がおり，それぞれ異なった役割を担っている。これら社会教育専門労働者そのものを焦点とした分析から社会教育職員の専門性の内実を明らかにすることは課題として残されていた」と指摘し，① 研修機会の解明，② 個人のキャリアと力量形成の関連，そして ③ 職務遂行における連携と機能分担の実態に関する実証的調査の必要性を示唆している。しかし，とくに第3の点についてはその後の分析は十分なものではない。
5）この点は，保健師を対象に，松下拡（松下 2008）も繰り返し指摘している。

## 参考文献

遠藤千恵子(1996)『現代の公民館――地域課題学習と社会教育施設』高文堂出版社。
Laufer,A. Edith, and Joseph Glick, 1998, Expert and novice differences in cognition and activity: a prctical work activity, in: Engestroam, Yria, Middleton, Davis (eds), 1998, *Cognition and Communi-cation at Work*, Cambridge University Press.
松下拡(2008)『住民主体の保健活動と保健師の仕事――生活習慣病対策の場合』萌文社。
日本社会教育学会編(1988)『現代社会教育の創造　社会教育研究30年の成果と課題』東洋館出版。
高橋満(2009)『NPOの公共性と生涯学習のガバナンス』東信堂。
津田英二(2003)「生涯学習の支援をめぐる理論と課題」,鈴木真理・津田英二編著『シリーズ生涯学習における社会教育5　生涯学習の支援』7～24ページ,学文社。

# 終章　力量形成と実践コミュニティ

## はじめに

　これまで対人支援職者の専門性とその力量形成のプロセスを,「看護・福祉職」「子ども・若者支援職」「社会教育職」という3つの領域に即して分析してきた。本書は,これら対人支援職者に求められる力量とは何か,それがどのように形成されるのか,そして,その力量形成を支える研修や学習支援のあり方を明らかにすることを課題としてきた。その際に,状況的学習論の正統的周辺参加という「分析視座」から実証分析を試みてきた。
　この終章では,実証的研究からえられた重要な知見と今後の課題をまとめたい。

## 第1節　対人支援職者の「労働の場」と学習

### 1　多様性・流動性・不確実性——実践の場の特性

　対人支援職の専門性とその形成を考えるときに,彼・彼女たちの仕事が「対人サービス」だという「労働の場」の特殊性を踏まえた議論が必要である。それは,クライアントの生活や状況に即して行う「双方向性を持った協働の過程」(第5章),対人支援者と利用者・クライアントとの間の「相互行為過程」である(第1,2章)。したがって,対人支援では,同じ対応が人により,あるいは実践の社会的文脈により,まったく異なる意味をもつことが少なくない。専門職者が対応すべき状況は多様であり,つねに流動的であり,不確実性をもつ。そのなかで「生の固有性に合わせた固有の働きかけ」(第2章)が専門職者には求められる。
　したがって,実践においては,正しい自己認識(技術的側面を含む)と利用者,クライアントとの信頼関係の醸成と,彼らに対する深い理解が必要となる。とりわけ信頼関係の醸成は,実践の「基盤となる関係性」(第7章)である。この信頼関係の基盤に立って,はじめて深い利用者理解が可能となる。この点は,すべての専門職者が強調した点である。図書館司書であれば,「利用者について知る」ことが職務として規定されているし,看護師であれば,クライアントの病状や治

療等の経過を踏まえた理解が必要であり，公民館職員たちも窓口対応に注意を集中する。この信頼関係の重要性は，利用者たちとの関係に限られない。協同が求められる他の専門職者や職務に関連するすべての人びととの相互の信頼関係が，よりよい実践を実現するために必要とされる（第10章）。

さらにいえば，個別性や，非定型的な対応が即座に求められるゆえに「蓄積された知識」，言葉をかえれば，実践のレパートリーを豊かにすることが求められる。しかし，同時に，この「蓄積された知識」にもとづく実践がもつ危険性を指摘している（第8章）。「蓄積された知識」に依拠したり，「変な知識」がつくと，先入観で対応してしまう危険性がある。だからこそ，省察をとおして「固定したイメージや理解の仕方」をつねに揺さぶること，修正するプロセスが重要だという。尾崎新（尾崎1999）が指摘するように，対人支援者は，「揺らぎ」を契機として成長をつづけるのである。

専門職の領域でもエビデンスにもとづく実践が大切だという主張は大きくなりつつある。しかし，「数値」や「指標」は判断の1つの要素ではあるが，対人支援職者の「労働の場」は，専門職者の主体性と，利用者・クライエントの主体性が出会う場であり，彼らと「共にある」場である。だからこそ，実践において自己省察が求められるのである。「数値」や「指標」に全面的に依拠することは，実践の規格化・標準化をもたらす結果となる。

## 2 協同によりつくられる「労働の場」

成人教育の理論では，深い学びが行われるためには，自由で，平等な人びとがつくる「理想的対話状況」の中での自己内省的な対話を通して意識変容することの重要性がつねに強調されてきた。しかし，それは，よく言えば理念型であるが，それは架空の議論でしかない。この議論は，イデオロギーとしての自由主義と個体主義的な学習者把握を前提として組み立てられている（高橋2009, 68～95）。

しかしながら，本書でくり返し確認したように，この対人支援は，職員が一人で実践するものではなく，多様な人びとにより構成される協同的実践として行われる。それは，同一の専門職による協同である場合もあるが，一般的には，異職種の専門職との協同による実践として力量が発揮される。専門職者に求められる実践的課題に適切に対応するためには，同種の専門職同士，異種の専門職間，住民たち，そしてクライエントや利用者たちとの協同の実践が不可欠である。

このように対人支援職の実践の場は，多様な職種により構成され，かつ，現在

終章　力量形成と実践コミュニティ　279

の職場には，役職上の権限関係だけでなく，正規・非正規という雇用形態の違いも存在する。したがって，専門職者の力量形成やアイデンティティの形成を分析するときに重要なのは，それぞれの職種間には法制度であったり，社会的威信上の明示的あるいは暗黙の権力序列があるということ，さらに，この専門性や発揮されるべき力量が制度により拘束されるものであることを確認することである。政策・制度の変更をとおして専門性や専門職者のアイデンティティの再定義が求められることを認識することも大切な点である。後者の点について，看護師やソーシャルワーカーでも，そして児童館職員，ユースワーカー，図書館司書，学芸員などの分析では，より明示的に指摘された点である。

　上原が確認するように，後発で専門職化をめざす対人支援職（社会福祉職はこの範疇に属するが，社会教育職は専門職化を目指す主体がない）は，すでに社会的認知がある程度確立している隣接する専門職の「専門領域」からこぼれ落ち続ける「非専門領域」を引き受けつつ，新たな職種を形成しようとしたり，「固有の専門領域」をつくりあげようとする戦略をとる（第8章）。それは技術的な過程ではなく，すぐれて政治的な過程なのである。こうした状況は，専門職性や専門職としてのアイデンティティに「揺らぎ」を生みだすことになる。

## 3　労働に埋め込まれた教育の仕組み

　専門性の形成のプロセスを明らかにしようとするとき，「労働の場」が学びの機会として，フォーマルにあるいはインフォーマルに，どのように構造化されているのかということを明らかにすることが大切な点である。この点でも，学ぶ機会が各専門職の実践の場に「埋め込まれて」存在することが確認できた。とくに，この点は，看護師がつくる「労働の場」がもっとも明確であった。「初心者」から「一人前」になるプロセスにおいて，「労働の場」に新任の看護師を育てる仕組みがあり，そのなかで，先輩看護師が学びを支援するという役割が明確化しているという点である。高橋の言葉では，「学びつづける文化」とでもいえる風土が存在している点が大切である。それが「職務に埋め込まれた教育の仕組み」である（第3章）。

　他の専門職でも，「労働の場における学び」を支援することが求められるはずであるが，それは看護師ほど意識化され，かつ明確化しているわけではない。その理由はいくつか考えられるが，同じ職場に専門職者の集団が存在しないという専門職者配置の特性が，その1つである。だからこそ，力量形成の視点から見て大

切な点は，職場の実践コミュニティを越えた専門職者のコミュニティの必要性である。この点は，実践コミュニティの「越境」のところでさらに論じよう。

専門性の形成という視点から大切なのは，「職務に埋め込まれた教育の仕組み」が明示化・制度化されることである。なぜなら，これがあってはじめて職員たちの学習を意識的に支援することが固有の教育課題となる。この点について，上原は，さらに踏み込んだ提案をしている。彼によれば，力量形成の機会が「日常に多層的に埋め込まれているのか」という点が大切であるが，さらに，職員同士の「こうした討議の過程が，職員の職業的アイデンティティの構築と力量形成を支える土台として捉えられ，意識的にマネージメントされることが重要である」（第8章）という。つまり，専門職の力量形成は，なによりも組織のマネージメントの課題なのである（高橋2009，173）。

## 第2節　対人支援職者の専門性と力量形成

### 1　個体主義的能力観の転換——形式知と実践知

本書では，状況的学習論の立場から実践コミュニティへの参加として専門性の形成を考察してきた。その中心的メッセージは，従来の学習論では，学習とは，人の成長・発達の歩みにそって科学的で抽象的な知識の断片を覚えることであり，その蓄積された知識が人びとのさまざまな生活・活動に転移されると考えてきた。これに対して，知識や情報そのものが状況依存的であり，実践コミュニティへの参加のプロセスを学習としてとらえると主張する。したがって，フォーマルな教育の場で得られた知識や資格は，それ自体では実践的な力を持たない。これは各専門職の事例分析でも確認できた点である。専門職の専門的力量は，個人の所有物として，「ポータブル」なもの，つまり，持ち運びができるものではない。

この点に関連して，事例では，形式知と実践知の関係について以下のように知見を提示している。高橋は，形式知は，それ自体では「労働の場」での実践力にはならないこと，専門職者の実践コミュニティへの参加をとおして，具体的に言えば，現場で使うことをとおして実践知として身体化される（「学びほぐす」）ことにより意味をなす，と指摘している（第3章）。くわえて，高橋は，「看護師たち，あるいは医師をも含めた協同の討議のなかで，形式知と実践知，患者の情報等が総合化されて，新たな知がつくられるというプロセスをとる。そして，この知の

創造という側面こそが,〈参加としての学習〉の大きな意義なのである」(第3章),と主張する。

これに対して,上原は,「対人支援職にとって,理論や技法などの形式的知識を学ぶことと,経験に基づく実践的知識を積み上げていくことは,決して二者択一の世界ではない。経験を的確に意味づけ,労働の科学性を高めるためには,形式的知識への習熟は欠かせない」(第8章)と,両者の関連を整理している。櫻も,異種の専門職との協働のためには,医療の世界の形式知としての専門知が必要不可欠であることを指摘している(第5章)。この議論は,専門職のもつ技術的合理性と省察的実践との関連ともつながる議論である。専門職の資格は,高等教育機関で教えられる専門知の「獲得」により付与されるだけでなく,利用者・クライアントの信頼を獲得するためにも必要であり,さらに,労働の場の実践コミュニティへの十全な参加のための条件でもある。ただし,知それ自体が一種の行為であり,参加をとおしてはじめて意味をもつことも確認した点である。

## 2 専門性とその形成のプロセス

本書で究明したい課題は,対人支援職者の専門性とは何か,それがいかに形成されるのか,ということを明らかにすることにあった。松本が指摘するように,「対人支援職の力量形成は,対人支援職のアイデンティティ形成の過程として描くことができる」(第2章)のであるが,それは,「同一性」というという意味でのアイデンティティではなく,絶えず形成され,かつ絶えず新たにつくられるプロセスとしてとらえるべきである。さらに,その求められる専門性自体が社会的な課題や政策の変化のなかでつねに変化しつづけていること,かつ,対人支援職者のキャリアのなかでたえず変化するものであることについては,先に指摘した。したがって,実体としての専門性の内実を語ることは正しい方法的態度ではないだろう。各専門職者の専門性についての詳細は,各章の論述に譲ることにしたい。

しかしながら,対人支援職としての専門性の「核」というべき共通の基盤がある。ここでは,社会教育職の専門性を考えるときに重要な点を確認したい。

第1に,価値や倫理の重要性である。対人支援は,多様な専門職者たちの協同を必要とする労働である。したがって,これらの行為を統一した方向への導くものが必要となる。この「実践を方向づける」ものこそ,価値や倫理である。周知のように,国家資格としての看護師やソーシャルワーカーなどの専門職がもつ「倫理綱領」の存在は専門職化の条件でもある。それは「行動指針であり,自己の実

践を振り返る際の基盤を提供する」ものである。専門職の力量形成を考えるときに，もっとも大切な点の1つであるが（第1章），従来の社会教育の研究では，これに触れる研究はほとんどみられない。本書の分析では，李が「職員の働く価値，姿勢と力量形成の条件を解明することの重要性」（第7章）を確認している。

第2に，これも対人支援者の労働の特質にもとづく「共通の基盤」の1つとしてコミュニケーション能力がある。もちろん，それは会話力や接遇力ではない。先に指摘したように，対人支援職者の実践とは，利用者・クライアントとの間の「相互行為過程」であり，そのときどきの状況を即座に察知して判断し，そして，クライアントや利用者に働きかけることが求められる「生の固有性に合わせた固有の働きかけ」（第2章）である。だからこそ，即興的な判断にもとづく行為，新たな実践知を創造することがたえず求められる。この実践を支える力量が，コミュニケーション力である。

したがって，専門職者が経験を深めるにしたがって，実践では，個別具体的で，身体的，技能的なものよりも，状況の認知，評価や判断，調整力など，「労働の場」のアフォーダンスを「正しく」理解し，利用者やクライアントの支援に活用するために適切に動員することのできる調整力へと重点を移していく。労働の場において必要とされる力量とは，個人に内在するものではなくて，協同の労働で必要とされる集団的な力なのである。それは日々の労働の場を構成するメンバーたちの実践力を推し量り，彼・彼女たちの組織的構成をつくることのできる力量であり，それにもまして大切なのは，その労働の場を学習する組織・環境として組織化する力量なのである（第3章）。

さらにいえば，この「状況の認知」には，働く専門職や施設をめぐる社会的要請に関する認識が含まれる（第10章）。専門職者の力量は，彼・彼女たちのキャリアで求められる力量との関連で分析されるべきであり，抽象的に論じられるべきものではない。

## 第3節　実践コミュニティの「分断」と「越境」

### 1　実践コミュニティと協同

対人支援職者の実践の場では，他の専門職との連携や協同あるいは民間の機関や住民たちとの連携が必要とされる。したがって，1つの実践コミュニティへの

参加のプロセスを分析するだけではなく，実践コミュニティ間の関係に焦点をあてて考察する必要がある。この点は，レイヴやウェンガーたちの研究でも課題として認識されつつも深めて追究されなかった点である。

香曽我部は，専門職者の実践コミュニティが，1つの保育所に限定されない広がりを持つことの意義を指摘している。例えば，保育士が専門性を高めていくプロセスでは，自らの「保育実践コミュニティの量的拡大」をともなうこと，それは「中核となる気の合う仲間『コア仲間』」を介しての人びとのつながりである。それは，まさに「間隙に生じるコミュニティ」なのである。そして，「そのつながりは有機的なネットワークとしてZ町の保育士全体に張り巡らされ，それが機能していると考えられる。つまり，保育士の専門性向上は，個人内だけの出来事ではなく，保育士を取り巻く他の保育士達集団の在り方と相互作用しつつその向上が図られていると考えられるのである」(第6章)，と指摘している。

さらに，専門性や専門職のアイデンティティの形成を分析する際により重要なのは，異種のコミュニティ間の関連であろう。なぜなら，第1に，アイデンティティの「揺らぎ」が成長の契機となるからである。複数の実践コミュニティには，明示的な，そして暗黙の権力序列が存在する。例えば，ソーシャルワーカーであれば，医師 → 看護師 → ソーシャルワーカーという序列の関係があり，だからこそ，医療職との関係において専門職としての正統性に「揺らぎ」を感じざるをえない。つまり，「正統性をめぐる闘争」(第2章)がある。上原は，「他の機関や職種との異同を意識した上で，自分たちの組織の『理念』を実践の文脈の中で具体的に彫琢していく過程に，力量形成の機会が埋め込まれている」(第8章)と述べている。この「揺らぎ」をのり越えるにあたって，職場内あるいは職場を越えたソーシャルワーカーという実践コミュニティが肯定的な自己像を形成するうえで大きな意味を持つことは，櫻の研究(第5章)でも指摘されている。こうしたプロセスを経て「揺らぎ」は，専門性の形成の重要な契機となるのである。

## 2　実践コミュニティの「越境」

第2に，現在の対人支援職者の実践コミュニティの構造を見る際に大切なことは，対人支援職者の職場にも非正規職の雇用など，専門的力量をもちつつも，この協同をむつかしくする条件が広がっているという点である。この点については，広森が詳細に論じている(第9章)。広森によれば，図書館司書資格をもちつつも，正規の職員は管理的仕事を担い，非正規の職員が専門性のある職務を担う現状が

ある。かつ，非正規の職員たちには権限や裁量の余地がほとんどないなかで，専門性が形成されないというジレンマがある。これが，実践コミュニティにおける「分断」である。つまり，非正規という地位のために参加の経路が遮断されており，この結果，「職場における人を育てる仕組みの揺らぎ」が広がりつつある。そもそも非正規の専門職という形態の存在自体が多くの矛盾を孕んでいるのだが，この雇用形態が専門性の形成にどのような影響を与えているのかという点については，さらに実証的な検討が求められよう。

第3に，実践コミュニティ間の「越境」の重要性についても触れておこう。それは，保健師であれば，「行政職員を巻き込む」（第4章），看護師であれば，「相互支援関係」（第3章）である。櫻は，これを「専門性の共存」（第5章）という言葉で表現している。この点について，高橋（高橋2009，113～114）は，「越境」しつつ「共存」する条件として3つの点を確認している。それは，実践コミュニティの実践を重ね合わせること，そのなかで異なる職種のコミュニティの成員間の交渉が開かれていること，そして，新しい実践コミュニティがつくられ，共通の目標，ルール，価値や意味を共有することである。櫻の分析では，それは，「多様な行為者と活動システムのあいだを横断し，コミュニケーションをとりながら，相互の学び合いと協働をおこなっていくことから生まれる。多様な実践コミュニティによる触発，横断的な学びはソーシャルワーカーが共同体の熟練した一員となるプロセスであり，同時に学習によって専門性を客観的な視点で見直すことであるべき姿の再認識をして専門職アイデンティティを獲得していく」（第5章）と，いわば，「拡張された学習」としてとらえられている。

したがって，「学習する組織」論が重視するように，実践コミュニティにおける人びとの関係の質こそが専門性の形成にとってもっともクリティカルな論点となる。異種の専門職間の協同の形成のプロセスのなかでの学習は，今後，より詳細に分析すべき研究課題である。

## おわりに

教育者が学習を支援するというとき，私たちは2つのレベルを分けて考える必要がある。1つは，個々の学習者の支援ということであり，もう1つは，創発的協同の関係性をもつ学習環境をデザインすることである。

従来の社会教育の専門職研究では学習者あるいは学習サークルの個々の学習の

支援の力量として専門性の形成を議論してきた。省察的学習論は，こうした個体主義的志向をもつ理論であり，その極端な一面化である。こうした議論の前提に立てば，力量形成の問題を，社会教育関係職員個人の意識や努力の問題に矮小化する議論に帰着することになる。個々の学習者の学びのプロセスに即して教育的に働きかけうる技術と哲学をもつことは大切ではあるが，これまでの検討から明らかなように，すぐれた実践，力量形成という課題は実践が組織される場である職場の関係のあり方そのものを批判的に問うべき課題である。

つまり，集団的に実践を省察する職員集団がつくられていること，それを保障する組織・運営がおこなわれていることである。同時に，研修を権利として保障することを確認するとともに，それを施設の運営管理の仕組みとして制度化しうるような組織的力量が，学習の組織者には求められる。

(高橋 満)

### 参考文献

Lave, Jean, Wenger, Etienne (1991) *Situated Learning: Legitimate Peripheral Participation*, Cambridge University Press. (レイヴ, J., ウェンガ, E, 佐伯胖訳 (1993)『状況に埋め込まれた学習——正統的周辺参加』産業図書).

尾崎新 (1999)『「ゆらぐ」ことのできる力——ゆらぎと社会福祉実践』誠信書房。

高橋満 (2009)『NPO の公共性と生涯学習のガバナンス』東信堂。

## あ と が き

　本書は，医療・福祉・教育の領域における対人支援職者の専門職としての専門性やアイデンティティが，日常的な職場の実践コミュニティでいかに形成されるのかを明らかすることを目的とした理論的・実証的研究の成果である。執筆者は，学術振興会から研究助成を受けた研究代表者・分担者で構成する「対人支援職研究会」のメンバーを中心にしている。同時に，執筆者たちは，編著者のひとり高橋満の所属する東北大学大学院教育学研究科・成人継続教育論講座の修了者や院生から構成されている。

　研究会のメンバーは，すでにある程度出来上がっている論稿に手を入れる者から，対象のフィールドから何とかインタビュー調査を得ることが可能になった者まで多様な状況にあった。それぞれの領域における実践コミュニティの役割を実証したいという思い，また，状況的学習論の立場をとるということは共通であるが，「支援」，「援助」，「ケア」などの概念の検討や合意形成は容易ではなく，それぞれの論文で多少の齟齬を感じとられるのではないだろうか。

　さらに，研究技法としてもメンバーによって，SCAT 分析，M-GTA 法，ライフストーリー法などが使用されており，研究会における中間報告や技法の説明などは有意義なものであったが，果たしてこなれたものになっているかどうか，批判をいただきながら今後の研究の展開につなげたいと思う。

　出版に際して，創風社の千田顯史社長および編集責任者の高橋亮氏には，10年前にやはり2人が編著者として編んだ『ジェンダーと成人教育』の出版時と同様，特別のご配慮をいただきました。心から感謝申し上げます。

編著者を代表して　槇　石　多　希　子

　本書は，平成23～25年度科学研究費補助金（基盤研究（B），課題番号23330228,研究課題名「対人援助職者の専門職アイデンティティ形成とジェンダー」（代表者：槇石多希子）による研究成果の一部である。

対人支援職者の専門性と学びの空間
──看護・福祉・教育職の実践コミュニティ──

2015 年 12 月 10 日 第 1 版第 1 刷印刷
2015 年 12 月 15 日 第 1 版第 1 刷発行

編著者　髙橋　満
　　　　槇石多希子
発行者　千田　顯史

〒113─0033　東京都文京区本郷 4 丁目17─2
発行所　(株)創風社　電話（03）3818─4161　FAX（03）3818─4173
　　　　　　　　　　振替 00120─1─129648
　　　　　　　　http://www.soufusha.co.jp

落丁本・乱丁本はおとりかえいたします　　　印刷・製本　光陽メディア

ISBN978─4─88352─226─2